TOPIKレベル対応

STEP★UP 韓国語

비상 한국어

キム・ミスク　著

佐々木 正徳
朴 永奎　監修

初級
2

Jリサーチ出版

はじめに

　昨今の書店を見てみると、韓国語学習者のニーズが多様化していることを感じます。言語の仕組みをしっかり理解し総合的な実力をつけたいと考える方は教科書タイプの本を求めるでしょうし、とりあえず韓国人の友だちと話したいという方は持ち運びのしやすい会話練習本を、文化や社会について原文で知りたいという方は講読テキストを求めることでしょう。

　本書「STEP☆UP 韓国語」シリーズは、そうした既存のテキストのいいとこ取りを目指したものです。教科書のように体系的に学習を進めることができ、さまざまなパターンの練習問題を解くことで会話力や読解力といった語学力に関する力を満遍なく身につけることができます。しかも自習が可能です。もちろん、授業で教材として使用しても大きな効果を発揮するでしょう。

　本書の出版元である「ビサン・エデュケーション（비상교육）」は韓国の教育出版社の一つで、小・中・高校向けの教科書制作や、学習塾を通じたオンライン教育を行っている企業です。教科書作成の経験は「STEP☆UP 韓国語」シリーズでも随所に生かされており、初学者から上級者に至るまで各層のニーズに応えるものになっています。また、オンライン教材もあわせて活用することで、特に海外の韓国語学習者に有用な作りになっています。「初級１」「初級２」「中級１」「中級２」「上級」と順に学習していくことで、着実に実力がついていくことを実感することができるでしょう。

　「初級２」の段階では、「初級１」で身につけた学習習慣を継続し、自分なりのやり方で計画的に学習を進めていきましょう。長続きするように、無理せず、けれど定期的に（できれば毎日、数分でも）学習することが重要です。

本書の特長

１．TOPIKとの対応

　各テキストはTOPIKのレベルと対応しています。つまり、「初級１」が１級、「初級２」が２級、「中級１」が３級、「中級２」が４級、「上級」が５級以上です。独学の場合、自身のレベル把握が困難なことが課題の一つですが、本書で韓国語に習熟していくことで、TOPIK受験前から自身の大まかな実力が把握可能です。「初級２」を終えた後は、ＴＯＰＩＫＩの２級に合格できるようになっているはずです。機会をつくって、チャレンジしてみましょう。

2. 体系的な課構成

　各課では何らかのテーマに基づいて各技能の向上を図ります。状況別の学習を行うことで、特定の場面で使う単語や表現を集中的に学ぶことができ、同じ状況に置かれた際にすぐに応用可能な語学力が身に付きます。学習を進めていくと、初級の段階でも意外と意思疎通ができることに気付くはずです。どこでどう使うか、常にイメージしながら学習していきましょう。

　また、各課は「語彙」「文法」「スピーキング練習」「やってみよう（アクティビティ、発展学習）」「理解度チェック（学習成果の確認）」の順に構成されているため、特定の能力の学習を重点的に行うことも可能ですし、特定分野の復習も容易です。課の最後には、自身の学習成果を確認するセクションがあります。そこで十分に理解していないことが分かれば、先を急がずページを戻り、再度学習するようにしましょう。「急がば回れ」です。

3. 言語情報だけに頼らない説明

　人間の記憶は五感と密接な関わりがあります。文字や音だけでは頭に入ってこない単語も、絵や音と組み合わせると覚えやすいといった経験は誰しもあることでしょう。特に初学者にとっては、単語をイラストや写真を使って覚えることは有効な学習方法です。本テキストはイラストや写真、図、音声をふんだんに用いることで、知識の定着をアシストしています。また、イラストや写真を「見るだけ」ではなく、必ず声に出して実際に「発音」しながら、単語を覚えていきましょう。発音変化の規則を自然と身につけることができます。

4. オンライン教材の活用

　本書はオンラインを活用していることも大きな特長です。各課のコミュニケーション練習では実際の会話の雰囲気を感じ取ることができるように、動画コンテンツが用意されています。役になりきってシャドーイング（聞こえたとおりに続けて発音する練習方法）することで、抑揚や間といった細かな部分まで学習することが可能でしょう。

　また、AI音声認識機能で自身の発音をチェックすることができます。AIなので自身のペースでいくらでも練習を積み重ねることができます。口の形や音の強弱に気をつけて、納得のいくまで練習してみてください。

　これらは従来、独学では身につけることが困難なものでした。韓国で語学留学をしなくてはかなわなかった学習が、いまは日本にいながらできるようになったのです。ぜひ活用し、目標を達成してください。

佐々木正徳　朴永奎

この本の使い方

1 この本の語彙と文法は、韓国語能力試験（TOPIK）の初級語彙目録と文法項目および、国立国語院（韓国）が提示している文法項目を基準にして構成しています。

2 「国際通用韓国語標準教育課程」に従い、日常生活において基本的なコミュニケーションができるよう内容を構成しました。語彙と文法をスパイラル式に繰り返し提示することで、学習者が効果的に学習内容を習得できるようにしました。

3 この本では、ヒアリングやリーディングの例を最初に提示し、その後にスピーキングの学習をするよう構成してます。初級では会話や文章をまねして話してみることも言語習得に役立つからです。

4 学習者のスピーキング能力を向上させるために、さまざまな状況の会話を用意しています。各課において、似通ったトピックを繰り返し提示するのではなく、習得すべき語彙と文法を活用した幅広い状況の会話を学習できるよう努めました。

初級 ❶ おさらい

● さまざまな形式の練習問題や学習項目のおさらいを通して、「初級1」で学んだ語彙と文法を復習してください。

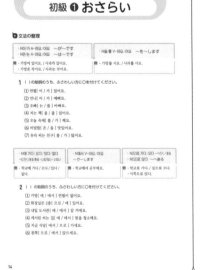

<h1>語彙</h1>

楽しいイラストとともに
学ぶべき語彙を覚えま
しょう。

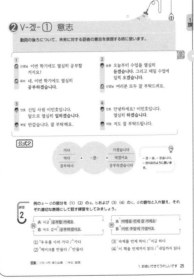

<h1>文法</h1>

各課の重要文法を多
様な会話を通して学び
ましょう。

この本の使い方

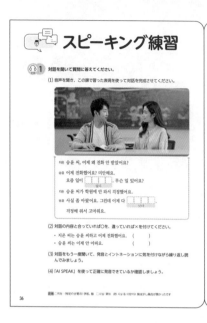

スピーキング練習

会話の音声を聞き、その会話に基づいて想定された多様な状況で話す練習をしましょう。

やってみよう

その課で学習した語彙と文法を活用して韓国語を読み、書き、聞き、話してみましょう。

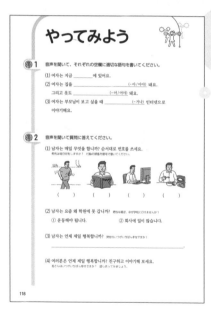

理解度チェック

その課で学習した内容を正確に理解しているか確認しましょう。

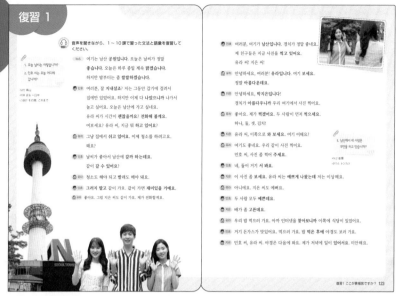

● 会話の音声を聞いて、1〜10課、11〜20課で学習した語彙と文法を確認しましょう。

●巻末には、日本人の韓国語初学者向けに学習の参考になる資料を掲載していますので、ご活用ください。

🎧 音声ダウンロードのご案内

STEP 1 商品ページにアクセス！ 方法は次の３通り！

● QRコードを読み取ってアクセス。

● https://www.jresearch.co.jp/book/b636067.html を入力して
アクセス。

● Ｊリサーチ出版のホームページ（https://www.jresearch.co. jp/）
にアクセスして、「キーワード」に書籍名を入れて検索。

STEP 2 ページ内にある「音声ダウンロード」ボタンをクリック！

STEP 3 ユーザー名「1001」、パスワード「26073」を入力！

STEP 4 音声の利用方法は２通り！ 学習スタイルに合わせた方法でお聴きください！

● 「音声ファイル一括ダウンロード」より、ファイルをダウンロードし
て聴く。

● 「▶」ボタンを押して、その場で再生して聴く。

※ダウンロードした音声ファイルは、パソコン・スマートフォンなどでお聴きい
ただくことができます。一括ダウンロードの音声ファイルは.zip形式で圧縮し
てあります。解凍してご利用ください。ファイルの解凍が上手く出来ない場合
は、直接の音声再生も可能です。

音声ダウンロードについてのお問い合わせ先：
toiawase@jresearch.co.jp
（受付時間：平日9時～18時）

無料 オンライン学習サポートを活用しよう

　本書では、テキスト学習を発展させ、より楽しくアクティブに、また学習効果を一層高めるために、以下の二つのオンライン学習サポートを用意しています。

①会話モデルの映像が見られる

　各課冒頭の会話の場面が、映像をともなって再現されます。どのような表情、口の動きで発話されているのか、言葉のニュアンスとともに確認しながら学習することができます。シャドーイングの練習に使うのも効果的です。

各課の「スピーキング練習」でトライ！

②AI音声認識機能を使って発音チェックができる

　AI音声認識機能を利用した「AI SPEAK」で韓国語の発音チェックができます。自分の発音はどれくらい通じるのか、客観的な判定を通して確認することができます。何度かトライしながら、「通じる音」にブラッシュアップしていきましょう。

判定結果は図でひとめでわかる

★これらオンライン学習サポートは、「STEP☆UP韓国語」の特典サービス専用サイトから利用することができます。専用サイトへは、右のQRコードからアクセスしてください。

オンライン学習サポートについての問い合わせ先
toiawase@jresearch.co.jp（受付時間：平日9時〜18時）

目次・学習内容

課	ページ

初級 ❶ おさらい

▶ 文法の整理

• N이/가 A-아요/어요　〜が〜です
• N은/는 A-아요/어요　〜は〜です

例
- 가방이 있어요. / 사과가 있어요.
- 가방은 작아요. / 사과는 작아요.

• N을/를 V-아요/어요　〜を〜します

例
- 가방을 사요. / 사과를 사요.

1　{ }の助詞のうち、ふさわしい方に○を付けてください。

(1) 연필{ 이 / 가 } 있어요.

(2) 언니{ 이 / 가 } 예뻐요.

(3) 오빠{ 는 / 를 } 바빠요.

(4) 저는 책{ 을 / 를 } 읽어요.

(5) 오늘 숙제{ 를 / 가 } 해요.

(6) 비빔밥{ 은 / 을 } 맛있어요.

(7) 유라 씨는 친구{ 를 / 가 } 많아요.

• N에 가다 / 오다 / 있다 / 없다 〜に行く/来る/ある・いる・ない・いない	• N에서 V-아요/어요 〜で〜します	• N(으)로 가다 / 오다 〜へ行く/来る • N(으)로 앉다　〜へ座る

例
- 학교에 가다 / 오다 / 있다 / 없다.

例
- 학교에서 공부해요.

例
- 학교로 가다. / 집으로 오다.
- 이쪽으로 앉다.

2　{ } の助詞のうち、ふさわしい方に○を付けてください。

(1) 가방{ 에 / 에서 } 연필이 없어요.

(2) 화장실은 2층{ 으로 / 에 } 있어요.

(3) 내일 도서관{ 에 / 에서 } 갈 거예요.

(4) 캐서린 씨는 집{ 에 / 에서 } 방을 청소해요.

(5) 지금 식당{ 에서 / 으로 } 가세요.

(6) 왼쪽{ 으로 / 에서 } 앉으세요.

▶ 動詞の整理

❶ 일어나다	❷ 밥을 먹다	❸ 세수하다	❹ 노래를 하다	❺ 영화를 보다
起きる	ごはんを食べる	洗顔する	歌を歌う	映画を見る

❻ 신문을 읽다	❼ 요리하다	❽ 운동하다	❾ 공부하다	❿ 청소하다
新聞を読む	料理する	運動する	勉強する	掃除する

⓫ 쇼핑하다	⓬ 친구를 만나다	⓭ 커피를 마시다	⓮ 콧물이 나다	⓯ 감기에 걸리다
ショッピングする	友達に会う	コーヒーを飲む	鼻水が出る	風邪をひく

⓰ 야구를 하다	⓱ 피아노를 치다	⓲ 춤을 추다	⓳ 정리하다	⓴ 버스를 타다
野球をする	ピアノを弾く	踊りを踊る	整理する	バスに乗る

以下に示した中から自由に語句を選び、①～⑳の動詞を使って例のように文を作って話してみましょう。

- 어제
- 오늘
- 내일
- 지난주
- 이번 주말
- 이번 방학

例

어제 밥을 먹었어요.

오늘 친구를 만나요.

이번 주말에 쇼핑할 거예요.

▶ 形容詞の整理

❶ 맛있다	❷ 맛없다	❸ 재미있다	❹ 재미없다	❺ 맵다
おいしい	まずい	面白い	つまらない	辛い

❻ 힘들다	❼ 괜찮다	❽ 크다	❾ 작다	❿ 아프다
つらい	大丈夫だ	大きい	小さい	痛い

⓫ 춥다	⓬ 덥다	⓭ 맑다	⓮ 흐리다	⓯ 친하다
寒い	暑い	晴れている	曇っている	親しい

⓰ 피곤하다	⓱ 조용하다	⓲ 친절하다	⓳ 예쁘다	⓴ 활발하다
疲れている	静かだ	親切だ	きれいだ	活発だ

以下に示した中から自由に語句を選び、①〜⑳の形容詞を使って例のように文を作って話してみましょう。

- 어제
- 오늘
- 음식
- 사람
- 신발

- 지난주
- 이번 주말
- 책
- 옷
- 운동

例

어제 **피곤했어요.**

오늘 날씨가 **맑아요.**

저 신발 정말 **예쁘네요.**

▶ ㅂ変則、ㄷ変則、ㄹ脱落 (ㄹ語幹) の整理

1 以下に示された単語を、指示の通りそれぞれ−아요/어요、−았어요/었어요、−(으)ㄹ까요?、−네요、-(으)세요の形にしてください。

(1)

	−아요/어요		−았어요/었어요
춥다		덥다	
어렵다		쉽다	
무겁다		가볍다	
무섭다		귀엽다	
아름답다		즐겁다	
맵다		가깝다	

(2)

	−았어요/었어요	−(으)ㄹ까요?
걷다		
듣다		
묻다		

(3)

	−네요	-(으)세요
살다		
만들다		
놀다		
열다		
멀다		
힘들다		

▶ スピーキングゲーム

○○ ゲームをしながら「初級1」で学んだ内容を使って話してみましょう。

┌─○ ゲームの進め方 ○──────────────────────
│
│ ① サイコロを振って、出た目の数だけ進んでください。
│
│ ② 進んだマスに書いてある質問に答えてください。質問に正しく答え
│   られたらそのマスにとどまれます。答えられなければ元の場所に戻
│   ってください。
└────────────────────────────────────

[출발 START] ▶

① 자기소개를 하세요.
② 감기에 걸리면 어때요?
③ 한국 음식 3가지를 말하세요.
④ 수영을 잘해요?
⑤ 뒤로 2칸 가세요.

①自己紹介をしてください ②風邪をひいたらどうしますか？ ③韓国の食べ物を3つ言ってください ④水泳が得意ですか？ ⑤2マス戻る ⑥お金がたくさんあったら何をしたいですか？ ⑦教室（部屋）に何がありますか？ ⑧1回休む

⑩ 비상 한국어 책이 얼마예요?
⑨ 지금 몇 시예요?
⑧ 한 번 쉬세요.
⑦ 교실에 뭐가 있어요?
⑥ 돈이 많으면 뭐 하고 싶어요?

⑪ 친구를 만나면 뭐 해요?

⑨今何時ですか？ ⑩「STEP☆UP韓国語」のテキストはいくらですか？ ⑪友達に会ったら何をしますか？ ⑫3マス進んでください ⑬金曜日には普段何をしますか？ ⑭⑪のマスへ ⑮先週末、何をしましたか？ ⑯韓国の歌手3人の名前を言ってください

⑫ 앞으로 3칸 가세요.
⑬ 금요일에 보통 뭐 해요?
⑭ ⑪번으로 가세요.
⑮ 지난 주말에 뭐 했어요?
⑯ 한국 가수 3명 이름을 말하세요.

23 연필이 몇 개 있어요?

24 어디에서 살고 싶어요? 왜요?

25 주말에 보통 뭐 해요?

26 옆 친구랑 '가위바위보'를 하세요. 이기면 여기 있어요.

27 한 번 쉬세요.

22 전화번호가 몇 번이에요?

⑰「STEP☆UP韓国語」のテキストはどうですか？ ⑱1回休み ⑲誰と住んでいますか？ ⑳㉔のマスへ ㉑動詞を5個言ってください ㉒電話番号は何番ですか？ ㉓鉛筆は何本ありますか？ ㉔どこで暮らしたいですか？　それはなぜですか？

28 춤을 추세요.

21 동사 5개를 말하세요.

31 선생님하고 '가위바위보'를 하세요. 지면 한 번 쉬세요.

30 성격이 어때요?

29 뒤로 4칸 가세요.

20 ㉔번으로 가세요.

32 한 번 쉬세요.

㉕週末はたいてい何をしますか？ ㉖隣にいる人とじゃんけんをしてください。勝てばこのマスにとどまれます ㉗1回休み ㉘踊ってください

19 누구랑 살아요?

33 힘들 때 어떻게 해요?

34 고향 날씨가 어때요? 3문장 말하세요.

35 어제 뭐 했어요?

18 한 번 쉬세요.

㉙4マス戻る ㉚性格はどうですか？ ㉛先生とじゃんけんをしてください。負けたら1回休みです ㉜1回休み ㉝つらいときはどうしていますか？ ㉞故郷の天気はどうですか？　3文で話してください ㉟昨日何をしましたか？ ㊱歌ってください ㊲形容詞を5個言ってください

36 노래하세요.

17 비상 한국어 책이 어때요?

[도착 GOAL]

37 형용사 5개를 말하세요.

2つの文をつなぐときに使う表現

-고 〜で、〜くて、〜して	・밥 먹고 도서관에 갔어요. ・이 가방은 크고 좋아요.
-아서/어서 〜から、〜ので／〜して	・**바빠서** 전화를 못 했어요. ・어제 집에 가서 숙제를 했어요.
-지만 〜けど、〜するが	・한국어 공부는 **어렵지만** 재미있어요. ・배가 고프지만 밥을 안 먹을 거예요.
-(으)면 〜なら、〜れば、〜たら	・수업이 끝나면 전화하세요. ・책을 다 읽으면 집에 가세요.

文末に使う表現

-(으)ㄹ까요? 〜しましょうか？	・같이 도서관에 갈까요? ・우리 같이 밥을 먹을까요?
-지요? 〜ですよね？、〜ますよね？、 〜でしょう！	・저 사람을 알지요? ・이거 캐서린 씨 휴대 전화지요?
-(으)세요 〜してください	・이쪽으로 오세요. ・안나 씨, 자리에 앉으세요.
-고 싶다 〜したい	・그 책을 읽고 싶어요. ・방학 동안 푹 쉬고 싶어요.
-아야/어야 되다 〜しなければならない	・9시까지 가야 돼요. ・아프면 약을 먹어야 돼요.
-(으)ㄹ게요 〜します、〜しますよ、 〜しますね	・제가 청소할게요. ・제가 방을 정리할게요.
-(으)려고요 〜しようと思います	・책을 빌리려고요. ・지금 밥을 먹으려고요.

1

반갑습니다
お会いできてうれしいです

語彙 💬 🎧 1-1

친구하고 만나면 어떻게 해요?

友達と会ったらどうしますか？

인사하다

あいさつする

악수를 하다

握手をする

반갑다

うれしい、喜ばしい

잘 지내다

楽しく過ごす、元気に過ごす

※第 1 課の答えと訳は P.241 から

1 友達とあいさつするとき、なんと言いますか？　適切ではないものを選んでください。

① 악수를 했어요.　　② 만나서 반가워요.　　③ 잘 지냈어요?

22

성격이 어때요?

性格はどうですか？

성실하다

誠実だ、まじめだ

친구를 잘 도와주다

友達をよく手伝ってあげる

능력이 있다

能力がある

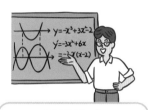

똑똑하다

賢い

인기가 있다

人気がある

부지런하다

勤勉だ、まめまめしい

게으르다

怠惰だ

성격이 급하다

性格がせっかちだ

2 例を参考にして自分の性格を話してください。

例 저는 성실하고 활발해요. 그런데 성격이 조금 급해요.

文法 📖

① V/A-ㅂ/습니다, N입니다　～ます、～です

格式ある状況で、ある動作や状態、事実などを礼儀正しく説明するときに使います。
動詞と形容詞の語幹末にパッチムがあれば−습니다が、パッチムがなければ−ㅂ니다が付きます。ㄹパッチムの場合はㄹが脱落して−ㅂ니다が付きます。

🎧 1-2

1

선생님　안녕하세요? 유라 씨부터
　　　　자기소개를 해 볼까요?

유라　안녕하세요? 저는 **이유라입니다.**
　　　회사원입니다. 만나서 **반갑습니다.**

2

서준　안녕하세요? 저는 **이서준입니다.**
　　　저는 대학교를 **졸업했습니다.**
　　　저는 이 근처에 **삽니다.**

선생님　**반갑습니다.**

3

지은　안녕하세요? 저는 **박지은입니다.**
　　　학교에서 한국어를 **가르칩니다.**
　　　독일어를 배우고 싶어서 **왔습니다.**

선생님　**반갑습니다.**

4

진우　저는 **박진우입니다.** 저는 은행에
　　　다닙니다. 독일어를 조금 배웠지만
　　　잘 **못합니다.** 많이 배우고 **싶습니다.**

선생님　여러분 모두 **반갑습니다.**

公式1

가다		갑니다
좋다	+ -ㅂ/습니다 =	좋습니다
공부하다		공부합니다

유라		유라입니다
회사원	+ 입니다 =	회사원입니다

練習 1

例のa～cの部分を (1) ～ (4) のa～cの語句と入れ替え、それぞれ適切な表現にして話す練習をしてみましょう。

例）　저는 ᵃ안나입니다. 저는 ᵇ독일 사람입니다.
　　　저는 ᶜ한국어 공부가 재미있습니다.

(1) ᵃ캐서린 / ᵇ호주 사람 / ᶜ부지런하다

(2) ᵃ송미숙 / ᵇ의사 / ᶜ친구가 많다

(3) ᵃ얀토 / ᵇ회사원 / ᶜ한국어를 좋아하다

(4) ᵃ김윤오 / ᵇ학생 / ᶜ주말에 농구를 하다

語彙　□자기소개:自己紹介　□다니다:通う　例) 회사에 다니다 会社に通う

② V-겠-① 意志

動詞の後ろについて、未来に対する話者の意志を表現するときに使います。

1

선생님 이번 학기에도 열심히 공부할 거지요?

유라 네. 이번 학기에도 열심히 **공부하겠습니다.**

2

승윤 오늘부터 수업을 열심히 **듣겠습니다.** 그리고 매일 수업에 일찍 **오겠습니다.**

선생님 여러분 모두 잘 부탁드려요.

3

민호 신입 사원 이민호입니다. 앞으로 열심히 **일하겠습니다.**

부장 반갑습니다. 잘 부탁해요.

4

민호 안녕하세요? 이민호입니다. 열심히 **하겠습니다.**

직원 저도 잘 부탁드립니다.

公式2

가다
먹다
공부하다

+ -겠-

= 가겠습니다
먹겠어요
공부하겠습니다

(Tip) - 겠 - は、 - 겠습니다、 - 겠어요のように使います。

練習2 例のa～dの部分を（1）（2）のa、bおよび（3）（4）のc、dの語句と入れ替え、それぞれ適切な表現にして話す練習をしてみましょう。

例
A 지금 ^a공부할 거예요.
B 저도 같이 ^b공부하겠어요.

例
A ^c여행을 언제 갈 거예요?
B ^d이번 주말에 가겠어요.

(1) ^a우유를 사러 가다 / ^b가다

(2) ^a케이크를 만들다 / ^b만들다

(3) ^c숙제를 언제 하다 / ^d지금 하다

(4) ^c이 책을 언제까지 읽다 / ^d내일까지 읽다

語彙 □신입 사원：新入社員 □부장：部長

 # スピーキング練習

1 対話を聞いて質問に答えてください。

(1) 音声を聞き、この課で習った表現を使って対話を完成させてください。

부장 안녕하세요? 이서준 씨. ⬜⬜⬜⬜⬜. 자신의 장점을
　　　　　　　　　　　　　반갑다

이야기해 주세요.

서준 네, 저는 성실하고 부지런합니다. 대학교에 다닐 때 전공 공부도
열심히 하고 아르바이트도 열심히 했습니다. 동아리 활동도 열심히
해서 친구도 많습니다. 또 저는 활발하고 잘 웃습니다.

부장 네, 좋습니다.

서준 이 회사에서 꼭 일하고 싶습니다. 열심히 ⬜⬜⬜⬜⬜.
　　　　　　　　　　　　　　　　　　　　　　　　　　일하다

(2) 対話の内容と合っていれば○を、違っていれば×を付けてください。

・이서준 씨는 성실하고 잘 웃어요.　　　　(　　　　)
・부장님은 활발하고 친구가 많아요.　(　　　　)

(3) 対話をもう一度聞いて、発音とイントネーションに気を付けながら繰り返し読んでみましょう。

(4) 「AI SPEAK」を使って正確に発音できているか確認しましょう。

語彙 □장점：長所　□전공：専攻　□동아리：サークル、仲間

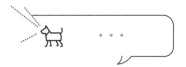

🎤2 **質問に答えてください。**

(1) 次の文はエリックさんの自己紹介です。この文を−ㅂ니다/습니다を使った表現に替えて読んでみましょう。

> 저는 **에릭**이에요. 저는 **미국 사람**이에요.
>
> 한국에서 대학교에 **다녀요**. 기숙사에 **살아요**. 저는 성격이 밝고 **성실해요**.
>
> 한국어를 배우고 싶어서 한국에 **왔어요**. 열심히 **공부하겠어요**.

(2) 次のそれぞれの質問に対する答えを空欄に書き入れ、エリックさんのように自己紹介文を作ってください。

이름이 뭐예요?	
어느 나라 사람이에요?	
어디에 살아요?	
성격이 어때요?	
왜 한국어를 배워요?	

(3) 友達の自己紹介に対して、例のように聞きたいことを質問する練習をしてみましょう。

例

" 시간이 있으면 뭐 해요? "

" 장점이 뭐예요? "

" 언제 기분이 좋아요? "

" "

※他にも自由に質問を考えてみましょう

語彙 □기숙사:寄宿舎

やってみよう

1 音声を聞いて質問に答えてください。

(1) 맞는 것에 ○ 하세요. 内容と合っているものに〇を付けてください。

　① 이 사람은 { 한국어과 학생 / 한국어과 교수 }입니다.

　② 한국어과에 { 외국 학생들 / 한국 학생들 }이 많습니다.

　③ 한국어 공부는 { 쉽습니다 / 어렵습니다 }.

(2) 오늘은 한국어 수업 첫날입니다. 무슨 말을 하고 싶습니까? 말해 보세요.
今日は初めての韓国語の授業の日です。クラスメイトに向かって話したいことを言ってください。

2 サークルの面接での対話です。よく聞いて質問に答えてください。

(1) 이 동아리에서는 무엇을 합니까? このサークルでは何をしますか？

　① 역사를 공부합니다.

　② 이야기를 많이 합니다.

(2) 김윤오 씨는 무엇을 하고 싶습니까? キム・ユノさんは何をしたいですか？

　① 여행을 가고 싶습니다.

　② 역사를 배우고 싶습니다.

(3) 여러분은 무슨 동아리를 하고 싶습니까? 친구하고 이야기해 보세요.
皆さんはどんなサークルに入ってみたいですか？　話してください。

語彙 □과：科　□교수：教授　□면접：面接　□역사：歴史

3　次の文を読んで、(1)～(4)のそれぞれの空欄に適切な語句を書いてください。

> 저는 월요일부터 금요일까지 일합니다. 주말에 보통 10시에 일어납니다.
> 피곤해서 주말에 많이 잡니다. 10시에 일어나서 세수를 하고 밥을 먹습니다.
> 그리고 텔레비전을 봅니다. 청소도 하고 빨래도 합니다.
> 일요일에 친구를 만납니다. 제 친구는 똑똑하고 잘생겼습니다. 친구하고 같이
> 일본어를 공부합니다. 일본어 공부는 어렵지만 재미있습니다. 열심히 하겠습니다.

(1) 이 사람은 ＿＿＿＿＿＿＿＿＿부터 ＿＿＿＿＿＿＿＿＿까지 일해요.

(2) 이 사람은 ＿＿＿＿＿＿＿＿＿(-아서/어서) 주말에 10시까지 자요.

(3) 이 사람은 ＿＿＿＿＿＿＿＿＿에 친구를 만나요.

(4) 이 사람은 친구랑 ＿＿＿＿＿＿＿＿＿을/를 공부해요.

4　「私の一日」について話し、作文してみましょう。

(1) 다음에서 단어를 골라 '나의 하루'에 대해 발표해 보세요.
以下の中から自由に語句を選んで、「私の一日」について話してください。

한국어를 배우다	게으르다	머리가 길다	물건을 사다	친구를 만나다
심심하다	일하다	9시부터 5시까지	음악을 듣다	저녁에 요리하다
집에서 쉬다	책을 읽다	친구를 잘 도와주다	날씨가 좋다	텔레비전을 보다
바쁘다	자전거를 타다	머리가 아프다	미용실에 가다	밥을 먹다

(2) 에서 발표한 내용을 정리해서 '나의 하루'에 대해 글로 써 보세요.
(1)で話した内容をまとめて、「私の一日」について作文してください。

理解度チェック

語彙 **1** この課で習った語彙です。覚えた語彙には✓を付けてください。

- ☐ 인사하다
- ☐ 악수를 하다
- ☐ 반갑다
- ☐ 잘 지내다
- ☐ 성실하다
- ☐ 친구를 잘 도와주다
- ☐ 능력이 있다
- ☐ 똑똑하다
- ☐ 인기가 있다
- ☐ 부지런하다
- ☐ 게으르다
- ☐ 성격이 급하다

分からない語彙が5つ以上あれば、語彙のページを復習してください。

表現 **2** 与えられた語句を、この課で習った適切な表現にして対話を完成させてください。

A 안녕하세요? 저는 안나입니다. 저는 ☐☐☐☐☐☐☐.
독일 사람

만나서 반갑습니다. 잘 부탁드립니다. 열심히

☐☐☐☐☐☐☐.
공부하다

B 안녕하세요? 안나 씨. 저도 잘 부탁드립니다.

- 格式ある状況で礼儀正しく話せますか？　☐
- −겠−を使って自分の意志を表現できますか？　☐
- 性格について話せますか？　☐

分からない表現があれば、文法のページを復習してください。

30

이제
다 나았어요

もうすっかり治りました

学習目標
- ㅅ変則を正しく使える
- −아서요/어서요を使っ
  て理由や原因を話せる
- 症状について話せる

文法
- ㅅ変則
- 〜からです、〜ため
  です

語彙
- 症状
- 病院

語彙

어디가 아파요?
どこが具合が悪いですか？

배탈이 나다

おなかをこわす

땀이 나다

汗が出る

다리가 붓다

足がむくむ

목이 붓다

喉が腫れる

※第2課の答えと訳は P.243 から

1 (1)、(2) のそれぞれの空欄に共通して入る語句を書いてください。

(1)・열이 (　　　　　　　　　)　　(2)・목이 (　　　　　　　　　)

　・기침이 (　　　　　　　　)　　　・다리가 (　　　　　　　　)

　・배탈이 (　　　　　　　　)　　　・얼굴이 (　　　　　　　　)

2課

내과	이비인후과	안과
内科	耳鼻咽喉科	眼科

피부과	소아과
皮膚科	小児科

병원, 약국에서 뭐 해요?
病院、薬局で何をしますか？

주사를 맞다	약을 짓다
注射を打たれる	薬を調剤する

2 それぞれの質問に答えてください。

(1) 감기에 걸리면 어디가 아파요?

(2) 배탈이 나면 어떻게 해야 돼요?

文法

① ㅅ変則 (不規則)

語幹末のパッチムがㅅで終わる動詞낫다 (治る)、짓다 (作る)、붓다 (腫れる、注ぐ) などは、後ろに−아/어や−으が続く場合、ㅅが脱落します。

−아/어요の形にする場合、語幹末の母音がㅏ・ㅗならば−아요を、ㅏ・ㅗ以外ならば−어요を付けます。

1

서준 감기는 좀 어때요?

유라 목이 **부어서** 열도 나고 아팠어요.
그런데 다 **나았어요**.

2 [이비인후꽈]

서준 이비인후과에 가서 주사 맞았어요?

유라 아니요, 그냥 약 **지어서** 먹었어요.

3

유라 서준 씨, 오늘 얼굴이 좀 **부었네요**.

서준 어젯밤에 라면을 먹고 잤어요.

4

유라 밤에 먹으면 건강에 안 좋아요.
저는 밤에는 물도 많이 안 마셔요.

서준 얼굴이 **부으면** 어떻게 해야 돼요?

公式3

낫다		나아요
짓다	+ −아요/어요 =	지어요
붓다		부어요

練習 1

以下の３つの単語の中から (1) ～ (3) の空欄に当てはまるものをそれぞれ選び、適切な表現に変えて対話を完成させてください。

낫다

짓다

붓다

(1) A 감기가 다 _____ (−았어요 / 었어요)?
B 네, 병원에 가서 주사를 맞았어요.

(2) A 요즘 다리가 많이 _____ (−아요 / 어요).
B 그래요? 병원에 가세요.

(3) A 여기가 약국이에요?
B 네, 여기에서 약을 _____ (−(으)면) 돼요.

語彙 □어젯밤：昨夜

34

❷ V/A-아서요 / 어서요　～からです、～ためです

理由や原因を話すときに使います。

2課

1

 지은　민호 씨, 어디 아파요?
　　　표정이 왜 그래요?

민호　아니에요. 그냥 조금 **힘들어서요**.
　　　요즘 일도 많고 바쁘네요.

2

지은　저는 오늘 밥도 못 먹었어요.

민호　왜요?

지은　시간이 **없어서요**.

3

승윤　우리 같이 저녁 먹을까요?

지은　미안해요.
　　　오늘은 집에 빨리 **가야 돼서요**.

4

지은　그럼, 내일 같이 밥 먹어요.

승윤　내일은 제가 시간이 없어요.
　　　아르바이트를 **해서요**.

公式4

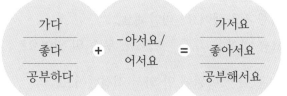

가다			가서요
좋다	+	-아서요/어서요 =	좋아서요
공부하다			공부해서요

Tip
意味や使い方は-아서/어서（～ので、～から）と同じです。主に会話で使われます。

練習 2

例の a、b の部分を (1) ～ (4) の a、b の語句と入れ替え、それぞれ適切な表現にして話す練習をしてみましょう。

例
A ᵃ많이 힘들어요?
B 네, ᵇ요즘 시험이 많아서요.

(1) ᵃ여기 잘 알다 / ᵇ자주 오다
(2) ᵃ공원에 가다 / ᵇ날씨가 좋다
(3) ᵃ배가 많이 고프다 / ᵇ밥을 안 먹다
(4) ᵃ또 김밥을 먹다 / ᵇ김밥을 좋아하다

2. もうすっかり治りました　**35**

スピーキング練習

1 対話を聞いて質問に答えてください。

(1) 音声を聞き、この課で習った表現を使って対話を完成させてください。

지은 승윤 씨, 어제 왜 전화 안 받았어요?

승윤 어제 전화했어요? 미안해요.

요즘 일이 □□□□. 무슨 일 있어요?
　　　　　　많다

지은 승윤 씨가 학원에 안 와서 걱정했어요.

승윤 사실 좀 아팠어요. 그런데 이제 다 □□□□.
　　　　　　　　　　　　　　　　　낫다

걱정해 줘서 고마워요.

(2) 対話の内容と合っていれば〇を、違っていれば×を付けてください。

- 지은 씨는 승윤 씨하고 어제 전화했어요.　　（　　　　）
- 승윤 씨는 이제 안 아파요.　　　　　　　　（　　　　）

(3) 対話をもう一度聞いて、発音とイントネーションに気を付けながら繰り返し読んでみましょう。

(4) 「AI SPEAK」を使って正確に発音できているか確認しましょう。

語彙 □학원：(特定の分野の) 学校、塾　□사실：実は　例) 사실 좀 아팠어요 実は少し具合が悪かったです

 2 例を参考に、医師と患者の役割をしながら話す練習をしてみましょう。

2
課

例

에릭 선생님, 목이 너무 아파서 왔습니다.

의사 언제부터 아팠어요?

에릭 어제 저녁부터 좀 안 좋았어요.

의사 '아' 하세요. 목이 많이 부었네요.

에릭 네, 많이 아파요.

의사 약을 먹어야 돼요.
　　　오늘부터 며칠 동안 죽을 드세요.

에릭 주사도 맞아야 돼요?

의사 네, 주사도 맞으세요.

・相手とじゃんけんをして、勝った方が医師を、負けた方が患者の役割をします。

・以下のように診療科名を書いた「病院カード」を用意します。医師役はカードの中から一枚選び、患者役に見せてください。

내과	이비인후과	안과	피부과

・患者役は、病院カードにふさわしい症状を考えてメモしてください。そして、医師役に症状を伝えてください。

症状

語彙 □죽：粥　□증상：症状

やってみよう

 1 音声を聞いて、内容と合っていれば〇を、違っていれば×を付けてください。

(1) 에릭 씨는 감기에 걸렸습니다.　（　　　　　）

(2) 에릭 씨는 병원에 안 갔습니다.　（　　　　　）

2 音声を聞いて質問に答えてください。

(1) 맞는 것에 ○ 하세요. 内容と合っている方に〇を付けてください。

　① 안나 씨는 { 숙제를 / 게임을 } 했습니다.

　② 안나 씨는 지금 { 코가 / 눈이 } 빨갛습니다.

(2) 무엇이 눈 건강에 좋습니까? 何が目の健康に良いですか？

　_____하고 _____이/가 눈에 좋습니다.

(3) 무엇을 먹으면 건강에 좋아요? 친구들에게 소개해 주세요.
　　何を食べると健康に良いですか？　友達に紹介してみましょう。

3 以下に挙げた症状があるのに病院が閉まっていた場合、どうすればいいでしょうか？　空欄に書き込み、話してみましょう。

감기에 걸리면	• 한국에서는 생강차를 마셔요. • 미국에서는 치킨 수프를 먹어요.
목이 부으면	
배탈이 나면	

語彙 □빨갛다：赤い　□당근：にんじん　□감：柿　□생강차：しょうが茶　□수프：スープ

38

4 病院の案内文です。これを読んで、(1)～(4)でユラ、スンユン、ミノ、ジウンが言っていることが正しければ〇を、そうでなければ×を付けてください。

課

병원 연휴 진료 안내

새해 복 많이 받으세요.
우리 병원은 2월 12일, 13일에도 진료합니다.
오전 9시 30분부터 오후 3시까지 진료합니다.

일	월	화	수	목	금	토
2/11	12 진료합니다	13 진료합니다	14 [설날] 진료 안 합니다	15 진료 안 합니다	16	17

※ 진료 시간 안내: 월요일～금요일 오전 9시 30분～오후 6시(점심시간 오후 1시～2시)
　　　　　　　　토요일 오전 9시 30분～오후 3시(점심시간 없습니다.)

(1) 유라: 오늘은 12일이에요. 병원에 못 가요.　　　　　　(　　　)

(2) 승윤: 설날에는 병원이 문을 닫아요.　　　　　　　　(　　　)

(3) 민호: 토요일에는 오후 3시까지 병원에 가야 돼요.　　(　　　)

(4) 지은: 금요일 오후 1시 30분이에요. 병원은 점심시간이에요.　(　　　)

 5 単語ゲームをしてみましょう。

┌─ ゲームの進め方 ─
① 3人1チームになり、症状に関する語彙10個を紙に書いてください。

② 症状を書いた紙を別のチームと交換してください。

③ 各チームで、1人が紙に書かれた症状について説明し、他の2人がどんな症状かを当ててください。

④ 先に10個の症状全てを当てられたチームの勝ちです。

□진료하다: 診療する　□설날: 元旦、陰暦の1月1日

理解度チェック

語彙

1 この課で習った語彙です。覚えた語彙には✓を付けてください。

- [ ] 배탈이 나다
- [ ] 땀이 나다
- [ ] 다리가 붓다
- [ ] 목이 붓다
- [ ] 내과
- [ ] 이비인후과
- [ ] 안과
- [ ] 피부과
- [ ] 소아과
- [ ] 주사를 맞다
- [ ] 약을 짓다

分からない語彙が5つ以上あれば、語彙のページを復習してください。

表現

2 与えられた語句を、この課で習った適切な表現にして対話を完成させてください。

A 왜 안 먹어요? 음식이 맛없어요?

B 아니요, ⬜⬜⬜⬜⬜⬜.
　　　　　　배가 아프다

A 약을 드세요.

B 먹었어요. 음식은 배가 좀 ⬜⬜⬜ 먹을게요.
　　　　　　　　　　　낫다 (-으면)

- ㅅ変則を正しく使えますか？ [ ]
- -아서요/어서요を使って理由や原因を話せますか？ [ ]
- 症状について話せますか？ [ ]

分からない表現があれば、文法のページを復習してください。

40

学習目標

・ ある事柄を推測して
  話せる
・ ー 지 말고または 말고
  を使って別の事柄を
  提案できる
・ 趣味について話せる

文法

・ 〜でしょう
・ 〜しないで、
  〜ではなくて

語彙
趣味

3

생각만 하지 말고
고백하세요

考えてばかりいないで告白してください

語彙

취미가 뭐예요?
趣味は何ですか？

글을 쓰다

文を書く

독서를 하다

読書をする

만화를 그리다

漫画を描く

신발을 모으다

履き物を集める

악기를 연주하다

楽器を演奏する

빵을 만들다

パンを作る

※第3課の答えと訳は P.244 から

1 絵を見て（　　）に適切な語句を書いてください。

(1)

（　　　　　　）

(2)

（　　　　　　）

(3)

（　　　　　　）

동물을 좋아해요?
動物が好きですか？

고양이

猫

강아지

犬、子犬

동물을 키우다

動物を飼う

동물을 키우면 어때요?
動物を飼うとどうなりますか？

친구가 되다

友達になる

같이 놀다

一緒に遊ぶ

돈이 들다

お金がかかる

집이 더럽다

家が汚れる

2 それぞれの質問に答えてください。

(1) 무슨 동물을 키우고 싶어요?

(2) 동물을 키우면 뭐가 좋아요? 뭐가 안 좋아요?

文法

① V/A-(으)ㄹ 거예요　～でしょう

動詞と形容詞の後ろに付いて、ある事柄を推測するときに使います。

語幹末にパッチムがあれば–을 거예요が、パッチムがなければ–ㄹ 거예요が付きます。ㄹパッチムの場合は–거예요が付きます。

3-2

1

민호 유라 씨는 언제 와요?

승윤 금방 **올 거예요.**
　　조금 전에 전화가 왔어요.

2

승윤 내일 시험이 있지요?

민호 네. 내일 시험은 **어려울 거예요.**
　　지난번에 선생님이 이야기했어요.

3

민호 지은 씨는 지금 뭐 해요?
　　오늘 안 와요?　[가쓸꺼예요]

유라 마트에 **갔을 거예요.**
　　집에 손님이 와서요.

4

민호 마트에 가서 지은 씨를 도와줄까요?

유라 마트가 복잡해서
　　아마 **못 만날 거예요.**
　　　　[몬만날꺼예요]

公式5

가다
좋다
공부하다

+

-(으)ㄹ
거예요

=

갈 거예요
좋을 거예요
공부할 거예요

Tip

V–(으)ㄹ 거예요は、未来の計画を話すときにも使います。「初級1」の11課を確認してください。

練習 1

例のa、bの部分を (1)～(4) のa、bの語句と入れ替え、それぞれ適切な表現にして話す練習をしてみましょう。

例

A ᵃ지은 씨는 ᵇ지금 공부할 거예요.

B 그래요? 알겠어요.

(1) ᵃ안나 씨 / ᵇ피아노를 연습하다

(2) ᵃ리나 씨 / ᵇ사진을 찍다

(3) ᵃ승윤 씨 / ᵇ밥을 먹었다

(4) ᵃ서울 / ᵇ지금 춥다

語彙 □금방：すぐに　例) 금방 올 거예요 すぐに来るでしょう　□아마：たぶん、おそらく 例) 아마 못 만날 거예요 たぶん会えないでしょう

❷ V-지 말고, N 말고 ～しないで、～ではなくて

前節の内容をしないよう促し、後節で別の内容を提案するときに使います。
名詞の後に말고を付けて、命令や提案のほか、疑問の表現も作れます。

🎧 3-3

1

 지은　날씨가 너무 더워요.

　　유라　그럼 우리 밖에 **나가지 말고** 집에서
　　　　　영화 볼까요?

2

 지은　고양이를 키우고 싶어요.
　　　　　하지만 엄마가 고양이를
　　　　　안 좋아해서 안 될 거예요.

　　유라　그렇게 **생각하지 말고** 엄마하고
　　　　　이야기하세요. [생가카지]

3

 승윤　이번 독서 모임은 커피숍에서
　　　　　하지 말고 공원에서 하면 어떨까요?

　　유라　좋아요. 모두 좋아할 거예요.

4

　　승윤　이번 모임에서 이 책을 읽을까요?

　　유라　이 책은 좀 어려워요.
　　　　　이 **책 말고** 저 책은 어때요?

公式6

가다		가지 말고
먹다	+ −지 말고 =	먹지 말고
공부하다		공부하지 말고

 Tip

V-지 말고とN 말고の
後ろには、−(으)세요
(～してください)、−(으)
ㄹ까요?（～しましょう
か?）のような命令や
提案の表現が来ます。

練習 **2**

例のa、bの部分を (1)～(4) のa、bの語句と入れ替え、それぞれ適切な表現にして話す
練習をしてみましょう。bは−지 말고または말고を使ってください。

例
A ᵃ영화 볼까요?
B ᵇ영화 보지 말고 산책해요.

(1) ᵃ마트에 가다 / ᵇ마트에 가다 + 집에서 쉬다

(2) ᵃ자전거를 타다 / ᵇ자전거를 타다 +
　　노래방에 가다

(3) ᵃ이 빵을 사다 / ᵇ이 빵 + 저 빵을 사다

(4) ᵃ이 노래 듣다 / ᵇ이 노래 + 그 노래를 듣다

語彙 □밖:外 □나가다:出て行く、出かける □생각하다:考える

3. 考えてばかりいないで告白してください **45**

スピーキング練習

 1 **対話を聞いて質問に答えてください。**

(1) 音声を聞き、この課で習った表現を使って対話を完成させてください。

유라　지은 씨, 이 만화 정말 재미있어요. 지은 씨는 만화를 잘 그리네요.

지은　고마워요.

　　　　　　　　　　　　　　　　　　　[비스타네요]

유라　그런데 이 만화 주인공이 승윤 씨하고 비슷하네요.

지은　그래요?

유라　지은 씨, 승윤 씨를 좋아하죠? 혼자 생각만 ☐☐☐☐
　　　　　　　　　　　　　　　　　　　　　하다

　　　고백하세요. 아마 승윤 씨도 지은 씨를 ☐☐☐☐☐.
　　　　　　　　　　　　　　　　　　　좋아하다

(2) 対話の内容と合っていれば〇を、違っていれば×を
付けてください。

- 지은 씨는 만화를 잘 그려요.　(　　　)
- 유라 씨는 승윤 씨를 좋아해요. (　　　)

> 생각만のように、만は他の
> ものを除いて만の前にあ
> る名詞ただ1つを表すと
> きに使います。
> (例) 우리 반에서 저만 한국
> 사람이에요. (うちのクラス
> で私だけが韓国人です)

(3) 対話をもう一度聞いて、発音とイントネーションに
気を付けながら繰り返し読んでみましょう。

(4) 「AI SPEAK」を使って正確に発音できているか確認しましょう。

語彙 □주인공:主人公　□비슷하다:似ている　□혼자:一人で　例) 혼자 생각해요 (一人で考えます)　□고백하다:告白する

🎤 2　文を読んで

(1) 次の文はアンナさんの話です。声に出して読んでください。

> 저는 강아지를 좋아해요. 우리 집에 강아지가 3마리 있어요.
>
> 저는 그 강아지들하고 같이 살아요. 강아지하고 같이 살면 안 심심해요.
>
> 집이 조금 더럽지만 강아지가 있어서 행복해요.
>
> 저는 고양이도 좋아해서 고양이를 키우고 싶어요. 고양이도 키우면 어떨까요?

(2) もしアンナさんがあなたと一緒に住むとしたら、どう思いますか？　話し合ってみましょう。

	왜요?
괜찮아요.	
안 괜찮아요.	

🎤 3　自分の趣味を発表し、お互いに質問し合ってください。

(1) あなたの趣味は何ですか？　以下の空欄にそれぞれ書き出してから自分の趣味を紹介してください。

취미가 뭐예요?	
뭐가 좋아요?	
뭐가 안 좋아요?	

(2) 友達の発表を聞いて質問してください。

やってみよう

 1 音声を聞いて、内容と合っていれば○を、違っていれば×を付けてください。

(1) 승윤 씨는 공원에서 산책해요. 　　　　(　　　)

(2) 캐서린 씨는 빵을 만들었어요. 　　　　(　　　)

(3) 캐서린 씨는 강아지를 싫어해요. 　　　　(　　　)

(4) 승윤 씨는 지금 빵을 먹었어요. 　　　　(　　　)

2 音声を聞いて質問に答えてください。

(1) 빈칸에 알맞은 말을 쓰세요. ①~③のそれぞれの空欄に適切な語句を書いてください。

　① 한국 사람들은 ＿＿＿＿＿＿＿＿하고 ＿＿＿＿＿＿＿＿을/를 많이 키워요.

　② 주말에 ＿＿＿＿＿＿＿＿에서 강아지하고 ＿＿＿＿＿＿＿＿을/를 해요.

　③ 한국에는 ＿＿＿＿＿＿＿＿＿＿, ＿＿＿＿＿＿＿＿＿＿도 있어요.
　　 강아지 옷하고 강아지 음식도 많아요.

(2) 여러분 나라에서는 무슨 동물을 많이 키웁니까? 친구들에게 소개해 주세요.
　　 皆さんの国ではどんな動物を飼うことが多いですか？　紹介してください。

(3) 여러분 나라에는 강아지 카페 같은 곳이 있습니까? 이야기해 보세요.
　　 皆さんの国ではドッグカフェのような場所がありますか？　話してください。

語彙 □이따가：あとで　例) 이따가 만나요 あとで会いましょう

48

3 1〜5の順番に絵を見ながらストーリーを考えてください。6は自由に使って構いません。

(1) 그림을 보고 이야기를 만들어서 발표해 보세요.
絵を見てストーリーを考えたら、それを発表してください。

5 고양이를 찾습니다.

지난주에 공원에서
잃어버렸습니다.
123-4567로 전화 주세요.

(2) (1)에서 발표한 내용을 정리해서 글로 써 보세요.
(1)で発表した内容を整えて作文してください。

語彙 □잃어버리다：失う　例) 강아지를 잃어버렸어요 子犬をなくしました (＝子犬がいなくなりました)

理解度チェック

語彙

1 この課で習った語彙です。覚えた語彙には✓を付けてください。

- ☐ 글을 쓰다
- ☐ 독서를 하다
- ☐ 만화를 그리다
- ☐ 신발을 모으다
- ☐ 악기를 연주하다
- ☐ 빵을 만들다
- ☐ 고양이
- ☐ 강아지
- ☐ 동물을 키우다
- ☐ 친구가 되다
- ☐ 같이 놀다
- ☐ 돈이 들다
- ☐ 집이 더럽다

分からない語彙が5つ以上あれば、語彙のページを復習してください。

表現

2 与えられた語句を、この課で習った適切な表現にして対話を完成させてください。

A 배가 아파요.

B 그런데 또 아이스크림을 먹어요?

아이스크림을 ☐☐☐☐ 병원에 가세요.
　　　　　　　　먹다

A 지금 8시라서 병원이 문을 ☐☐☐☐☐☐. 내일 갈게요.
　　　　　　　　　　　　　　　　　닫았다

- ある事柄を推測して話せますか？ ☐
- −지 말고または말고を使って別の事柄を提案できますか？ ☐
- 趣味について話せますか？ ☐

分からない表現があれば、文法のページを復習してください。

学習目標
・ある事柄を推測して
　質問できる
・程度について話せる
・面接と服装について
　話せる

文法
・〜でしょうか？
・〜く、〜に

語彙
面接

4

머리를 깔끔하게 자르려고요

髪をすっきりと切ろうと思います

語彙

4-1

면접을 볼 때 어떤 옷을 입어요?

面接を受けるとき、どんな服を着ますか？

> 면접을 보다
>
> 面接を受ける

정장을 입다
正装（スーツ）を着る

넥타이를 매다
ネクタイを締める

깔끔하다
(身なりが) すっきりしている

옷이 잘 어울리다
服がよく似合う

구두를 신다
革靴を履く

양말을 신다
靴下を履く

※第 4 課の答えと訳は P.245 から

1　スンユン、ミノ、アンナは、それぞれ①〜③の服装で面接を受けました。誰の服装が最もきちんとしていますか？

① 승윤: 더워서 양말을 안 신었어요.

② 민호: 정장을 입고 넥타이도 맸어요.

③ 안나: 정장이 없어서 청바지를 입었어요.

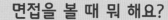

면접을 볼 때 뭐 해요?
面接を受けるとき、何をしますか？

대답을 하다
答える

질문을 하다
質問する

면접을 볼 때 기분이 어때요?
面接を受けるとき、どんな気分ですか？

걱정이 되다
心配になる

긴장이 되다
緊張する

2 それぞれの質問に答えてください。

(1) 언제 면접을 봐요?

(2) 언제 긴장이 돼요?

文法

① V/A-(으)ㄹ까요? ～でしょうか?

まだ起こっていない事、知らない事について推測して質問したり、相手の意見を尋ねるときに使います。

語幹末にパッチムがあれば −을까요？ が、パッチムがなければ −ㄹ까요？ が付きます。ㄹパッチムの場合は −까요？ が付きます。

1
지은　오늘 모임에 승윤 씨가 **올까요?**

유라　올 거예요. 그런데 오늘 승윤 씨가
　　　아르바이트 면접을 봐요.

2　　　　　　　　　　　　　[끈나쓸까요]
지은　승윤 씨 면접이 **끝났을까요?**

유라　5시네요. 끝났을 거예요.
　　　제가 전화할게요.

3
유라　저 치마 어때요?
　　　저한테 잘 **어울릴까요?**

지은　예쁘네요. 잘 어울릴 거예요.

4
유라　배고파요. 우리 이 식당에 가서
　　　먼저 밥 먹어요.

지은　네. 그런데 이 식당 음식이
　　　맛있을까요?

公式7

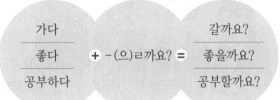

가다
좋다　　　＋ -(으)ㄹ까요? ＝
공부하다

갈까요?
좋을까요?
공부할까요?

−(으)ㄹ까요? は提案の意味でも使います。「初級 1」の 6 課を確認してください。

練習
1

例のa、bの部分を (1)〜(4) のa、bの語句と入れ替え、例を参考にそれぞれ適切な表現にして話す練習をしてみましょう。

例
A ᵃ내일 추울까요?
B 네, ᵇ추울 거예요.

(1) ᵃ이 김치가 맵다 / ᵇ맵다
(2) ᵃ승윤 씨가 청소를 했다 / ᵇ했다
(3) ᵃ안나 씨 동생이 예쁘다 / ᵇ예쁘다
(4) ᵃ캐서린 씨가 그 책을 사다 / ᵇ사다

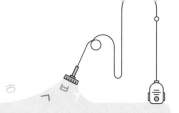

② A-게　～く、～に

形容詞の後に付いて、動作や状態の程度を表します。

1

🧑 민호 오늘 미용실에 갈 거예요.
더워서 머리를 **짧게** 자르려고요.

👩 유라 그런데 머리를 너무 **짧게** 자르지
마세요.

2

🧑 직원 머리를 어떻게 해 드릴까요?

🧑 민호 **깔끔하게** 잘라 주세요.

3

👩 유라 사진이 **귀엽게** 나왔어요.

🧑 민호 하하, 머리를 자르고 바로 찍었어요.

4

👩 유라 사진을 왜 찍었어요?

🧑 민호 여권을 만들 때 필요해서요.
그래서 **급하게** 찍었어요.
[그파게]

公式8

크다		크게
좋다 ＋ ーゲ ＝		좋게
바쁘다		바쁘게

練習 2

例を参考にして、(1)～(4)で与えられたそれぞれの語句から文を完成させてください。

例
시장에서 옷을 (싸다 ＋ 사다)
‥‥▸ 시장에서 옷을 싸게 샀어요.

(1) 어제 (늦다 ＋ 자다)
(2) 방학 동안 (바쁘다 ＋ 지내다)
(3) 김 선생님이 문법을 (쉽다 ＋ 설명하다)
(4) 유라 씨가 방을 (깨끗하다 ＋ 청소하다)

語彙 □필요하다:必要だ　例) 뭐가 필요해요? 何が必要ですか?　□급하다:急だ、突然だ　例) 급하게 찍었어요 急いで撮りました

スピーキング練習

 1 **対話を聞いて質問に答えてください。**
4-4

(1) 音声を聞き、この課で習った表現を使って対話を完成させてください。

유라 승윤 씨, 이번 주 금요일이 아르바이트 면접이지요?

승윤 네. 그래서 오늘 미용실에 갈 거예요. 머리를 ☐☐☐☐
　　　　　　　　　　　　　　　　　　　　　　　　깔끔하다
자르려고요.

유라 옷은 준비했어요?

승윤 네, 어제 백화점에서 세일해서 ☐☐ 샀어요.
　　　　　　　　　　　　　　　　　　싸다
그런데 걱정이 많이 돼요. 질문이 ☐☐☐☐☐?
　　　　　　　　　　　　　　　　　　어렵다

유라 안 어려울 거예요. 걱정하지 마세요.

(2) 対話の内容と合っていれば○を、違っていれば×を付けてください。

- 승윤 씨는 옷을 비싸게 샀어요.　　　　　（　　　）
- 승윤 씨는 미용실에서 머리를 자를 거예요.（　　　）

(3) 対話をもう一度聞いて、発音とイントネーションに気を付けながら繰り返し読んでみましょう。

(4) 「AI SPEAK」を使って正確に発音できているか確認しましょう。

語彙 □세일하다：セールする　例）백화점에서 세일해요 デパートでセールしています

🎤 2　文を読んで質問に答えてください。

> 저는 한국 회사에서 일하고 싶습니다. 내일 면접이 있습니다.
>
> 한국어로 말해야 됩니다. 한국어를 아직 잘 못해서 걱정이 많이 됩니다.
>
> 너무 긴장이 됩니다. 이렇게 긴장이 될 때 어떻게 하면 좋을까요?

(1) 緊張したときはどうすればいいでしょう？　話し合ってその方法を書き出してください。

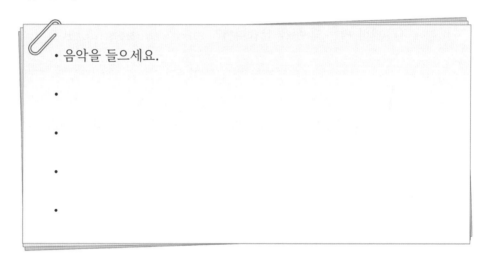

- 음악을 들으세요.
-
-
-
-

(2) 皆さんにはどんな心配事がありますか？　以下の空欄にメモし、どうすればいいか話し合ってみましょう。

나의 걱정	
어떻게 해야 돼요?	

やってみよう

 1 音声を聞いて質問に答えてください。

(1) 맞으면 ○, 틀리면 × 하세요.
음声을 聞いて、内容と合っていれば○を、違っていれば×を付けてください。

　① 안나 씨는 내일 쇼핑할 것입니다. 　　　　(　　　　)
　② 안나 씨는 옷을 깔끔하게 입었습니다. 　　(　　　　)

(2) 안나 씨는 왜 옷을 샀습니까? アンナさんはなぜ服を買いましたか？

_____.

(3) '소개팅'이 무엇일까요? 여러분 나라에서는 '소개팅'을 합니까? 이야기해 보세요.
소개팅とは何でしょうか？　皆さんの国では소개팅をしますか？　話してください。

2 音声を聞いて質問に答えてください。

(1) 맞는 것을 고르세요. 内容と一致するものを選んでください。

　① 남자는 정장이 없어요.
　② 여자는 정장을 비싸게 샀어요.
　③ 면접을 볼 때 보통 정장을 입어요.

(2) 여자는 이제 무엇을 할까요? 女性はこれから何をしますか？

　① 정장을 빌리러 가요.
　② 백화점에 옷을 사러 가요.
　③ 정장을 안 입고 면접을 보러 가요.

語彙 □소개팅：ブラインドデート　　□빌리다：借りる　例）책을 빌렸어요 本を借りました　　□주소：住所

3 皆さんはいつ面接を受けましたか？　面接を受けたときはどんな気分でしたか？　例を参考に話してください。

例 저는 커피숍 아르바이트를 할 때 면접을 봤어요. 한국어로 말이 안 나와서 긴장이 됐어요.

 4 以下の質問は、面接で尋ねられる内容です。それぞれの質問に対する答えを考え、面接のロールプレイをしてください。

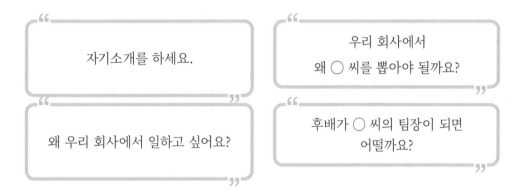

"
자기소개를 하세요.

"
우리 회사에서
왜 ○ 씨를 뽑아야 될까요?

"
왜 우리 회사에서 일하고 싶어요?

"
후배가 ○ 씨의 팀장이 되면
어떨까요?

(1) 質問に対する答えを書き出してください。

(2) 質問する役と答える役を交代しながら面接のロールプレイをしてください。

語彙 □뽑다：選ぶ、採用する　例) 신입사원을 뽑아요 新入社員を採用します　□후배：後輩　□팀장：チーム長

理解度チェック

語彙

1 この課で習った語彙です。覚えた語彙には✓を付けてください。

☐ 면접을 보다   ☐ 정장을 입다   ☐ 넥타이를 매다

☐ 구두를 신다   ☐ 양말을 신다   ☐ 깔끔하다

☐ 옷이 잘 어울리다   ☐ 질문을 하다   ☐ 대답을 하다

☐ 걱정이 되다   ☐ 긴장이 되다

> 分からない語彙が5つ以上あれば、語彙のページを復習してください。

表現

2 与えられた語句を、この課で習った適切な表現にして対話を完成させてください。

Ⓐ 캐서린 씨, 어디 아파요?

Ⓑ 아니요, 어제 ☐☐ 자서 좀 피곤해요.
　　　　　　　　늦다

Ⓐ 빨리 가서 쉬세요.

Ⓑ 네, 그런데 승윤 씨를 만나야 돼요. 승윤 씨 수업이 ☐☐☐☐☐?
　　　　　　　　　　　　　　　　　　　　　　　　끝났다

> ・-(으)ㄹ까요?を使ってある事柄を推測して質問できますか？ ☐
> ・-게を使って程度を表せますか？ ☐
> ・面接と服装について話せますか？ ☐
> 分からない表現があれば、文法のページを復習してください。

5

운전할 수 있습니다

運転できます

学習目標
- 能力と可能性について話せる
- -아/어 보다を使って経験を話したり、-아/어 보세요を使ってある行動を試してみるよう勧めることができる
- 自分の経験について話せる

文法
- ～(ら)れる、～することができる、～かもしれない
- ～してみる

語彙
経験

語彙

무슨 경험을 했어요?
どんな経験をしましたか？

뛰다

走る

운전하다

運転する

다치다

けがする

노래를 부르다

歌を歌う

대회에 나가다

大会に出る

다이어트를 하다

ダイエットをする

번지 점프를 하다

バンジージャンプをする

서핑을 하다

サーフィンをする

스노보드를 타다

スノーボードをする

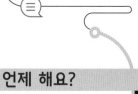

일	월	화	수	목	금	토
1	2	3	4	5	6	7
8	9	10	11	12	13	14
15	16	17	18	19	20	21
22	23	24	25	26	27	28
29	30					

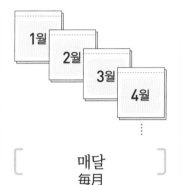

[매주]
毎週

[매달]
毎月

[매년]
毎年

[항상] いつも

[자주] しょっちゅう

[가끔] ときどき

5課

※第5課の答えと訳は P.247 から

1 それぞれの質問に答えてください。

(1) 여러분은 무엇을 잘해요?

(2) 여러분은 무엇을 배우고 싶어요?

2 以下のそれぞれの項目について、自分が行う頻度として当てはまる欄に○を付け、例を参考にそれについて話してください。

※○○을/를 먹어요、○○을/를 생각해요の○○の部分は、各自で項目を考えてみましょう。

	항상	자주	가끔	매주	매달
운동해요.	○				대회
노래방에 가요.					
친구를 만나요.					
○○을/를 먹어요.					
○○을/를 생각해요.					

例 저는 항상 운동해요. 운동을 하면 기분이 좋아요. 그리고 매달 대회에 나가요.

文法

① V/A-(으)ㄹ 수 있다 ～(ら)れる、～することができる、～かもしれない

能力や可能性があることを表すときに使います。

1

🧑 유라　진우 씨, **수영할 수 있어요?**

🧑 진우　네, 해요. 그런데 잘 못해요.

2

🧑 진우　유라 씨는 **수영할 수 있어요?**

🧑 유라　네. 저도 **할 수 있어요.**
　　　　고등학교 때 배웠어요.

3

🧑 유라　진우 씨, 이번 토요일 모임에
　　　　올 수 있어요?
　　　　　　　[올쑤이써요]

🧑 진우　네. 이번에는 꼭 가려고요.

4

🧑 유라　이번 모임에 가면 승윤 씨를
　　　　만날 수 있어요.

🧑 진우　아, 그래요?
　　　　안나 씨도 **만날 수 있어요?**

公式9

－을 수 있다が「能力」
を表す場合は動詞に、
「可能性」を表す場合は
動詞と形容詞に付きま
す。

練習 1

例のaの部分を (1) ～ (4) のaの語句と入れ替え、例を参考にそれぞれ適切な表現にして
話す練習をしてみましょう。

例　ᵃ피아노를 칠 수 있어요.

(1) ᵃ내일 파티에 가다

(2) ᵃ그 김치는 좀 맵다

(3) ᵃ불고기를 맛있게 만들다

(4) ᵃ한국어로 노래를 부르다

❷ V-아/어 보다 〜てみる

動詞の後ろに付いて、ある事柄に対する経験を話したり、ある行動を試してみることを話すときに使います。

1

민호 유라 씨, 저 식당 불고기를 **먹어 봤어요?**

유라 아니요, 안 **먹어 봤어요.**

2

민호 정말 맛있어요. 한번 **먹어 봐요.**

유라 좋아요. 지금 먹으러 가요.

3

민호 유라 씨는 춘천에 **가 봤지요?**

유라 아직 못 **가 봤어요.**

민호 그래요? 그럼 꼭 한번 **가 보세요.** 경치가 정말 아름다워요.

4

민호 그리고 춘천에 가면 닭갈비를 꼭 **먹어 보세요.**

유라 네, 이번 주말에 지은 씨랑 갈 거예요.

公式10

가다		가 보다
먹다	+ –아/어 보다 =	먹어 보다
공부하다		공부해 보다

 Tip
– 아/어 봤어요 (〜して みました、〜しました) と言えば経験を表し、 – 아/어 보세요 (〜して みてください、〜してく ださい) と言えば試す ことを表します。

練習 2

例のa、bの部分を (1) 〜 (4) のa、bの語句と入れ替え、例を参考にそれぞれ適切な表現にして話す練習をしてみましょう。

例

A ᵃ이 책 읽어 봤어요?

B 아니요.

A 한번 ᵇ읽어 보세요.

(1) ᵃ제주도에 가다 / ᵇ가다
(2) ᵃ그 운동화를 신다 / ᵇ신다
(3) ᵃ한국 노래를 듣다 / ᵇ듣다
(4) ᵃ고양이를 키우다 / ᵇ키우다

語彙 □한번:一度　□춘천:春川 (地名)　□닭갈비:タッカルビ

スピーキング練習

1 **対話を聞いて質問に答えてください。**

(1) 音声を聞き、この課で習った表現を使って対話を完成させてください。

사장 김승윤 씨는 운전할 수 있습니까?

승윤 네, ☐☐☐☐☐☐☐☐☐.
　　　　　　　　운전하다

사장 이 일을 해 봤습니까?

승윤 네, 대학교 1학년 때 방학 동안 ☐☐☐☐☐. 잘할 수
　　　　　　　　　　　　　　　　하다

있습니다. 열심히 하겠습니다.

(2) 対話の内容と合っていれば○を、違っていれば×を付けてください。

- 승윤 씨는 면접을 봐요.　　　（　　　　）
- 사장님은 운전할 수 있어요.　（　　　　）

(3) 対話をもう一度聞いて、発音とイントネーションに気を付けながら繰り返し読んでみましょう。

(4) 「AI SPEAK」を使って正確に発音できているか確認しましょう。

語彙 □사장：社長　□1학년：1年生

🎙 **2** 質問に答えてください。

(1) ①〜⑥の会話の順序を推測して並べ替え、読んでください。

> ① 승윤　유라 씨, 방학 동안 뭐 했어요?
>
> ② 유라　승윤 씨는 제주도에 가 봤어요?
>
> ③ 유라　제주도는 바다가 아름다워요. 그리고 수영도 할 수 있어요.
>
> ④ 유라　제주도에 갔어요.
>
> ⑤ 승윤　아니요, 안 가 봤어요. 제주도는 뭐가 좋아요?
>
> ⑥ 유라　정말 좋아요. 한번 가 보세요.

① → (　　　) → ② → (　　　) → (　　　) → (　　　)

(2) 皆さんはどこへ行きましたか？　以下のそれぞれの質問の答えをメモして、旅行の経験を紹介してください。

어디에 갔어요?	
언제 갔어요?	
누구하고 갔어요?	
가서 뭐 했어요?	
기분이 어땠어요?	

(3) 他の人の発表を聞いて質問してみましょう。

やってみよう

 1 音声を聞いて質問に答えてください。

(1) 빈칸에 알맞은 말을 쓰세요. 空欄に当てはまる適切な語句を書いてください。

① 도서관은 _____에 있어요.

② 남자는 전에 이 도서관에 _____ (-아요 / 어요).

(2) 이 도서관에서 무엇을 할 수 있어요? この図書館で何をすることができますか？

① 책을 살 수 있어요.

② 커피를 마실 수 있어요.

③ 영화를 만들 수 있어요.

2 음声を聞いて質問に答えてください。

(1) 여자는 왜 바다를 좋아합니까? 이유가 <u>아닌</u> 것을 고르세요.
女性はなぜ海が好きですか？　理由ではないものを選んでください。

① 수영을 잘 못합니다.

② 경치가 아름답습니다.

③ 서핑을 할 수 있습니다.

(2) 남자는 무엇을 해 봤습니까? 男性は何を経験しましたか？

① 서핑을 해 봤습니다.

② 수영을 배워 봤습니다.

③ 스노보드를 타 봤습니다.

(3) 여러분은 운동을 좋아합니까? 무슨 운동을 해 봤습니까? 친구하고 이야기해
보세요. 皆さんは運動が好きですか？　どんな運動をしたことがありますか？　話してみましょう。

📖 3 文を読んで空欄に当てはまる語句を書いてください。

> 작년 겨울에 친구하고 같이 스키장에 갔습니다.
>
> 친구는 스키를 타고 저는 스노보드를 탔습니다.
>
> 저는 스노보드를 탈 수 있습니다. 그런데 넘어져서 많이 다쳤습니다.
>
> 병원에 3주 동안 입원했습니다. 스노보드를 탈 때 항상 조심해야 됩니다.

(1) 이 사람은 _____에 스키장에 갔어요.

(2) 이 사람은 스키장에서 _____을/를 탔어요.

(3) 이 사람은 _____(-아서/어서) 다쳤어요.

(4) 이 사람은 병원에 _____ 입원했어요.

5課

🎤 4 質問に答えてください。

(1) 인생에서 무슨 일이 제일 기억에 남습니까? 세 가지를 써 보고 이 중에서
한 가지만 발표해 보세요.
人生の中でいちばん記憶に残っているのはどんな出来事ですか？ 3つ書き出して、そのうち1つについて発表してください。

제일 기억에 남아요.
1
2
3

(2) 친구의 발표를 듣고 질문하세요. 他の人の発表を聞いて質問してください。

(3) (1)에서 발표한 내용을 정리해서 '인생에서 기억에 남는 일'에 대해 글로 써
보세요.
(1)で発表した内容をまとめて、「人生で記憶に残ること」について作文してください。

語彙 □스키장：スキー場 □넘어지다：転ぶ □입원하다：入院する
□조심하다：気を付ける □인생：人生 □기억에 남다：記憶に残る

理解度チェック

💬 語彙

1 この課で習った語彙です。覚えた語彙には✓を付けてください。

- ☐ 뛰다
- ☐ 운전하다
- ☐ 다치다
- ☐ 노래를 부르다
- ☐ 대회에 나가다
- ☐ 다이어트를 하다
- ☐ 번지 점프를 하다
- ☐ 서핑을 하다
- ☐ 스노보드를 타다
- ☐ 매주
- ☐ 매달
- ☐ 매년
- ☐ 항상
- ☐ 자주
- ☐ 가끔

分からない語彙が5つ以上あれば、語彙のページを復習してください。

🗨 表現

2 与えられた語句を、この課で習った適切な表現にして対話を完成させてください。

Ⓐ 안나 씨는 한국어를 ☐☐☐☐☐ ?
　　　　　　　　　　　　　하다

Ⓑ 네, 저는 한국어를 배웠어요. 저는 프랑스어도 할 수 있어요.

　 승윤 씨도 프랑스어를 ☐☐☐☐☐ . 재미있어요.
　　　　　　　　　　　　　배우다 (-(으)세요)

- ・能力と可能性について話せますか？ ☐
- ・-아/어 보다を使って経験を話したり、-아/어 보세요を使ってある
  行動を試してみるよう勧めることができますか？ ☐
- ・自分の経験について話せますか？ ☐

分からない表現があれば、文法のページを復習してください。

70

6

오늘은 일이
있는데요
今日は仕事があるんですが

学習目標
・−(으)니까、(이)니까を使って理由を話せる
・−는데요、−(으)ㄴ데요、인데요を使って感嘆を表したり、質問や説明ができる
・約束について話せる

文法
・〜から、〜ので
・〜ですね、〜ですよ、〜ですが

語彙
約束

語彙

약속을 잘 지켜요?

約束をきちんと守りますか？

한가하다

暇だ

일이 생기다

用事／仕事ができる

사고가 나다

事故が起こる

약속에 늦다

約束に遅れる

약속을 어기다

約束を破る

약속을 잊어버리다

約束を忘れる

약속이 생각나다

約束を思い出す

※第6課の答えと訳はP.248から

1 2つの文のそれぞれの（　　）に共通する語句を書いてください。

(1)・저는 (　　　　　　　　)을/를 잘 지켜요.　　(2)・사고가 (　　　　　　　　).

　　・길이 막혀서 (　　　　　　　　)에 늦었어요.　　・기침이 (　　　　　　　　).

무슨 영화를 봐요?
どんな映画を見ますか？

공포 영화

ホラー映画

액션 영화

アクション映画

코미디 영화

コメディー映画

놀이공원에 가면 뭐 해요?
遊園地に行ったら何をしますか？

줄을 서다

並ぶ

놀이 기구를 타다

遊具（アトラクション）に乗る

신나다

楽しい、うきうきする

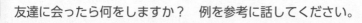

2 友達に会ったら何をしますか？　例を参考に話してください。

例 저는 친구를 만나면 영화를 봐요. 우리는 공포 영화를 안 봐요.
너무 무서워요. 우리는 코미디 영화를 좋아해서 자주 봐요.

文法 📖💡

① V/A-(으)니까, N(이)니까 ① ～から、～ので

ある出来事の理由や原因を話すときに使います。

🎧 6-2

1

👩 유라 승윤 씨, 지금 **공부하니까**
좀 조용히 해 주세요.

👨 승윤 네, 알겠어요. 미안해요.

2

👨 승윤 유라 씨, 목요일에 동아리 모임이
있지요?

👩 유라 네. **5시니까** 일찍 오세요.
그리고 모임 준비도 해야 돼요.

👨 승윤 다 **준비했으니까** 걱정하지 마세요.
[준비해쓰니까]

3

👩 유라 민호 씨, 저 좀 도와주세요.
저녁에 시간 있어요?

👨 민호 오늘은 **한가하니까** 이따가
전화하세요.

4

👩 유라 승윤 씨도 시간이 있을까요?

👨 민호 아마 괜찮을 거예요. 지금 옆에
있으니까 전화 바꿔 줄게요.

公式11

가다		가니까
좋다	+ -(으)니까 =	좋으니까
공부하다		공부하니까

💡 Tip
-(으)니까를 使って理
由を話すときは、-(으)
니까の後に-(으)세요
や -ㄹ까요？が使われ
ことが多いです。

練習
1

例のa、bの部分を (1)～(4) のa、bの語句と入れ替え、例を参考にそれぞれ適切な表現
にして話す練習をしてみましょう。

例
A ᵃ날씨가 좋으니까 ᵇ공원으로 산책 가요.
B 네, 좋아요.

(1) ᵃ길이 막히다 / ᵇ지하철을 타다

(2) ᵃ오늘은 바쁘다 / ᵇ내일 전화하다

(3) ᵃ날씨가 춥다 / ᵇ카페에 들어가다

(4) ᵃ이건 제 커피다 / ᵇ그 커피를 마시다

語彙 □조용히:静かに 例) 조용히 해 주세요 静かにしてください □전화 바꾸다:電話を代わる 例) 전화 바꿔 주세요 電話
を代わってください □들어가다:入る 例) 카페에 들어갔어요 カフェに入りました

❷ V-는데요 / A-(으)ㄴ데요, N인데요
～ですね、～ですよ、～ですが

質問したり感嘆したりする表現で、聞く人の反応を待ちながら話すときに使います。

1

유라 여보세요? 저 **유라인데요**.
　　　지금 이쪽으로 빨리 와 주세요.

승윤 무슨 **일인데요**?

2

유라 지은 씨가 다쳤어요.

승윤 네? 지금 어디에 **있는데요**?
　　　　　　　　　　　　　　　[인는데요]

유라 학교 앞에 있어요.

3

민호 이 바지 어때요?

유라 잘 **어울리는데요**.
　　　그런데 바지가 45000원이에요.

민호 좀 **비싼데요**. 어떻게 하죠?

4

민호 옷 사러 같이 와 줘서 고마워요.
　　　밥 안 먹었지요?　　　[머건는데요]

유라 저는 밥 **먹었는데요**.

민호 그래요? 그럼 차 마시러 가요.

公式12

가다 / 좋다 / 공부하다	+	-는데요 / -(으)ㄴ데요	=	가는데요 / 좋은데요 / 공부하는데요

練習 2

例の a、b の部分を (1)～(4) の a、b の語句と入れ替え、例を参考にそれぞれ適切な表現にして話す練習をしてみましょう。b は −지 말고または말고の形にしてください。

例
A ª 우리 내일 만날까요?
B ᵇ 내일은 좀 바쁜데요.

(1) ª방을 청소하다 / ᵇ방이 깨끗하다
(2) ª저녁에 노래방에 가다 / ᵇ약속이 있다
(3) ª이 영화를 같이 보다 / ᵇ이 영화는 봤다
(4) ª유라 씨랑 같이 놀다 /
　　ᵇ유라 씨는 친구를 만나러 갔다

語彙 □깨끗하다 : きれいだ　例) 방이 깨끗하네요 部屋がきれいですね

6
課

スピーキング練習

 1 **対話を聞いて質問に答えてください。**

(1) 音声を聞き、この課で習った表現を使って対話を完成させてください。

서준 유라 씨, 안녕하세요? 저 이서준인데요.

　　　　　　　　　　　　　　　　　　[이서주닌데요]

유라 안녕하세요?

서준 오늘 독일어 수업 끝나고 같이 차 한 잔 할까요?

유라 죄송하지만 오늘은 일이 ☐☐☐☐. 내일은 어떨까요?
　　　　　　　　　　　　　　　　 있다

서준 네, 좋아요. 저는 내일도 ☐☐☐☐☐ 내일 잠깐 만나요.
　　　　　　　　　　　　　　 괜찮다

> 유라 씨한테 (ユラさんに)
> のように、N 한테는、あ
> る行動が及ぶ対象を表し
> ます。(例)서준 씨한테 이
> 야기했어요. (ソジュンさん
> に話しました)

(2) 対話の内容と合っていれば○を、違っていれば×を
付けてください。

　　• 내일 서준 씨와 유라 씨는 만날 거예요.　　(　　　　)

　　• 오늘 유라 씨한테 일이 있어서 못 만나요.　(　　　　)

(3) 対話をもう一度聞いて、発音とイントネーションに気を付けながら繰り返し読
んでみましょう。

(4) 「AI SPEAK」を使って正確に発音できているか確認しましょう。

🎤 **2** **対話を読んで質問に答えてください。**

> 승윤 오늘은 ᵃ날씨가 춥네요. ᵇ손이 빨개요.
>
> 민호 네. ᶜ날씨가 추우니까 ᵈ등산 가지 말고
> 집에서 쉬세요.
>
> 例 승윤 저는 ᵉ괜찮은데요. 저는 주말에 항상
> ᶠ등산을 가니까요.
>
> 민호 그래도 너무 ᵍ추우면 집에서 쉬어야 돼요.
>
> 승윤 네, 알겠어요.

> ᵃ날씨가 춥다 / ᵇ손이 빨갛다
> ᶜ날씨가 춥다 / ᵈ등산 가다
> ᵉ괜찮다 / ᶠ등산을 가다
> ᵍ춥다

(1) 例のa～gの部分を、①、②のa～gの語句と入れ替え、例を参考にそれぞれ適
切な表現にして話す練習をしてみましょう。

① > ᵃ날씨가 덥다 / ᵇ얼굴이 빨갛다
> ᶜ날씨가 덥다 / ᵈ운동하러 가다
> ᵉ운동을 좋아하다 /
> ᶠ농구를 하러 가다
> ᵍ덥다

② > ᵃ바람이 많이 불다 /
> ᵇ날씨가 너무 안 좋다
> ᶜ날씨가 안 좋다 / ᵈ자전거를 타다
> ᵉ괜찮다 / ᶠ공원에서 자전거를 타다
> ᵍ날씨가 안 좋다

(2) 以下の語句の中から3つ以上を選び、例のような対話文を作ってください

배탈이 나다	친구를 잘 도와주다	액션 영화를 보다	돈이 들다	일이 생기다
다리가 붓다	인기가 있다	만화를 그리다	더럽다	약속에 늦다
목이 붓다	부지런하다	신발을 모으다	서핑을 하다	신나다

(3) (2)で作った対話文を話す練習をしてください。

やってみよう

 1 音声を聞いて、（1）はふさわしい方に〇を付け、（2）、（3）は空欄に適切な語句を書いてください。

(1) 남자는 오늘 모임에 { 옵니다 / 못 옵니다 }.

(2) _____（-아서/어서）친구가 다쳤습니다.

(3) 남자는 지금 친구하고 _____에 갑니다.

 2 音声を聞いて質問に答えてください。

(1) 빈칸에 알맞은 말을 쓰세요. 空欄に適切な語句を書いてください。

① 남자의 친구는 약속 시간에 항상 _____（-ㅂ/습니다）.

② 남자의 친구는 어제 _____에 왔습니다.

(2) 여러분은 약속 시간을 잘 지킵니까? 친구가 항상 늦게 오면 어떻게 해야 됩니까? 친구들하고 이야기해 보세요.

皆さんは約束時間をきちんと守りますか？ 友達がいつも遅く来る場合はどうしたらいいですか？ 話し合ってください。

3 韓国では、民俗的な祝祭日に「ユンノリ」をします。みんなでやってみましょう。

┌─ ゲームの進め方 ─┐

① ユッ（印が書かれた木の棒）を投げます（サイコロを振る要領で）。出た目の数に応じてコマを進めます。

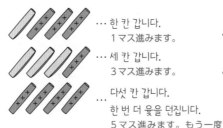

… 한 칸 갑니다.
1マス進みます。

… 두 칸 갑니다.
2マス進みます。

… 세 칸 갑니다.
3マス進みます。

네 칸 갑니다.
… 한 번 더 윷을 던집니다.
4マス進みます。もう一度ユッを投げます。

… 다섯 칸 갑니다.
한 번 더 윷을 던집니다.
5マス進みます。もう一度ユッを投げます。

② 進んだマスにミッションが書かれている場合、そのミッションに成功しないとマスに進めません。

語彙 □던지다：投げる　例）공을 던지세요 ボールを投げてください

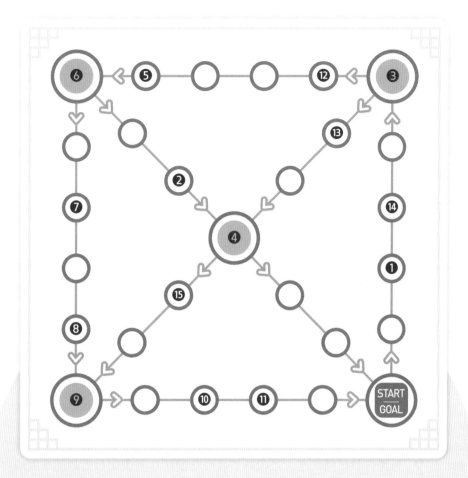

① 내일 뭐 할 거예요?

② 어제 저녁 7시 30분에 뭐 했어요?

③ 시간이 있으면 뭐 해요?

④ ㅂ 불규칙 형용사를 3개 말하세요.

⑤ 운동 이름을 4개 말하세요.

⑥ 무슨 영화를 좋아해요?

⑦ 지금 우리 반 ○ 씨는 뭐 할까요?

⑧ 자기소개를 하세요.(-ㅂ/습니다)

⑨ 취미가 뭐예요?

⑩ 무슨 운동을 할 수 있어요?

⑪ 운전을 할 수 있어요?

⑫ 어떤 노래를 좋아해요?

⑬ △ 씨가 떡볶이를 좋아할까요?

⑭ 이번 주말에 날씨가 어떨까요?

⑮ 한국어로 노래를 할 수 있어요?

理解度チェック

語彙

1 この課で習った語彙です。覚えた語彙には✓を付けてください。

- ☐ 한가하다
- ☐ 일이 생기다
- ☐ 사고가 나다
- ☐ 약속에 늦다
- ☐ 약속을 어기다
- ☐ 약속을 잊어버리다
- ☐ 약속이 생각나다
- ☐ 공포 영화
- ☐ 액션 영화
- ☐ 코미디 영화
- ☐ 줄을 서다
- ☐ 놀이 기구를 타다
- ☐ 신나다

分からない語彙が5つ以上あれば、語彙のページを復習してください。

表現

2 与えられた語句を、この課で習った適切な表現にして対話を完成させてください。

Ⓐ 안나 씨, 지금 제가 책을 ☐☐☐☐ 좀 조용히 해 주세요.
　　　　　　　　　　　　　읽다

Ⓑ 미안해요. 하지만 저도 발표 준비를 ☐☐☐☐☐☐ .
　　　　　　　　　　　　　　　　해야 되다

- −(으)니까、(이)니까を使って理由を話せますか？　☐
- −는데요、−(으)ㄴ데요、인데요を使って感嘆を表したり、質問や説明ができますか？　☐
- 約束について話せますか？　☐

分からない表現があれば、文法のページを復習してください。

80

약속 시간에 늦겠어요

約束の時間に遅れそうです

学習目標
・ −겠− を使ってある事柄を推測したり、未来のことを話せる
・ 今やっていることについて話せる
・ 天気について話せる

文法
・ 推量、未来
・ 〜している

語彙
天気

語彙

날씨가 어때요?
天気はどうですか？

선선하다

肌寒い

구름이 많다

雲が多い

습하다

じめじめしている

건조하다

乾燥している

비가 그치다

雨がやむ

눈이 그치다

雪がやむ

※第7課の答えと訳は P.250 から

1 7月、8月の韓国の天気はどうでしょうか？　当てはまらないものを選んでください。

① 맑지만 쌀쌀해요.

② 여름이라서 더워요.

③ 습하고 비가 많이 와요.

꽃이 피다

花が咲く

나비가 날다

蝶が飛ぶ

선풍기를 켜다

扇風機をつける

삼계탕을 먹다

参鶏湯を食べる

단풍을 보다

紅葉を見る

꽃이 지다

花が散る

---

2 それぞれの質問に答えてください。

(1) 여러분 나라의 9월, 10월 날씨는 어때요? 이야기해 보세요.

(2) 여러분 나라에서 '봄 / 여름 / 가을 / 겨울'에 뭘 먹어요?

例 한국에서는 여름에 삼계탕을 먹어요. 삼계탕을 먹으면 더울 때 힘이 나요.

文法

① V/A-겠- ② 推量、未来

動詞や形容詞の後ろに付いて、未来のことについて話すときやある事柄を推測して話すときに使います。

また、알겠습니다（分かりました）、모르겠습니다（分かりません、知りません）のように、自分の意見を柔らかくいうときも使います。

1

아나운서 오늘 날씨를 **말씀드리겠습니다.**
서울은 오늘 맑고 조금 **춥겠습니다.**
그리고 오늘 밤부터 비가
오겠습니다.

2

아나운서 부산에는 낮부터 바람이 많이
불겠습니다. 그리고 밤에 눈이
오겠습니다.

3

지은 캐서린 씨 생일 파티에 친구들이
많이 왔어요.

승윤 **재미있었겠어요.** 저는
아르바이트가 있어서 못 갔어요.

4

승윤 어제도 아르바이트를 했어요.

지은 그래요? **힘들겠어요.**

승윤 어? 벌써 10시네요. 빨리 가요.
수업 **시작하겠어요.**

公式13

가다		
좋다	+ -겠- =	가겠습니다
공부하다		좋겠어요
		공부하겠습니다

 ▶P.25

-겠- は話者の意志を表現するときにも使います。1課を確認してください。

練習 1

－겠습니다、－겠어요の形で使います。

例)
가 ᵃ어제 늦게 잤어요.
나 ᵇ피곤하겠어요.

(1) ᵃ다리를 다치다 / ᵇ아프다
(2) ᵃ비가 그치다 / ᵇ선선하다
(3) ᵃ이번 주에도 일이 많다 / ᵇ힘들다
(4) ᵃ도서관에는 에어컨을 켜다 / ᵇ시원하다

語彙 □아나운서：アナウンサー　□벌써：すでに、もう　例) 벌써 10시네요 もう10時ですね　□시원하다：涼しい

❷ V-고 있다 ～している

動詞の後に付いて、動作が進行中であることを表します。
입다、신다などの着用動詞は、動作完了後にその結果が持続している状態を表します。

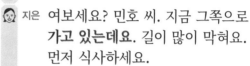

1

민호 여보세요? 지은 씨, 언제 와요?

지은 지금 **가고 있어요**.
조금만 기다려 주세요.

2

지은 여보세요? 민호 씨. 지금 그쪽으로
가고 있는데요. 길이 많이 막혀요.
먼저 식사하세요.

민호 안 그래도 지금 **먹고 있어요**.
유라 씨가 와서요.

3

유라 여보세요? 진우 씨, 지금 뭐 해요?

진우 집에서 영화 **보고 있어요**.

4

유라 민호 씨를 만나서 같이
놀고 있어요. 이쪽으로 오세요.

진우 좋아요. 어디인데요?

7
課

公式14

$$
\begin{array}{c}
가다 \\
먹다 \\
공부하다
\end{array}
\;+\;
-고 있다
\;=\;
\begin{array}{c}
가고 있다 \\
먹고 있다 \\
공부하고 있다
\end{array}
$$

練習
2

例の a の部分を (1) ～ (4) の a の語句と入れ替え、例を参考にそれぞれ適切な表現にして話す練習をしてみましょう。

例
가 지금 뭐 해요?
나 ᵃ청소하고 있어요.

(1) ᵃ빵을 만들다
(2) ᵃ운전을 하다
(3) ᵃ노래를 부르다
(4) ᵃ만화를 그리다

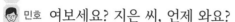

語彙 □식사하다：食事する　例）먼저 식사하세요 先に食事してください

7. 約束の時間に遅れそうです　**85**

スピーキング練習

 1 **対話を聞いて質問に答えてください。**

(1) 音声を聞き、この課で習った表現を使って対話を完成させてください。

지은 비가 그쳤어요. 우리 이제 나가요.

유라 그런데 지은 씨, 제 휴대 전화 못 봤어요? 없어서

찾다 .

지은 못 봤는데요. 없어요?

유라 아침에 책상 위에 두었는데요. 지금은 없네요.

지은 함께 찾아 봐요. 약속 시간에 늦다 .

(2) 対話の内容と合っていれば〇を、違っていれば×を付けてください。

・ 지금 비가 안 와요.　　　　　　　(　　　　)

・ 유라 씨 휴대 전화는 책상 위에 있어요.　(　　　　)

(3) 対話をもう一度聞いて、発音とイントネーションに気を付けながら繰り返し読んでみましょう。

(4) 「AI SPEAK」を使って正確に発音できているか確認しましょう。

語彙 □이제：今、もう　例) 이제 나가요 もう出かけましょう　□두다：置く　例) 어디에 두었어요? どこに置きましたか？

2 質問に答えてください

(1) 例を参考に、絵を見て状況を説明してください。

例

저하고 같이 한국어를 공부하는 친구들입니다.

지금 우리는 쉬고 있어요.

그런데 안나 씨는 열심히 공부하고 있어요.

캐서린 씨는 케이크를 먹고 있어요.
맛있겠어요.

얀토 씨는 음악을 듣고 있어요.

(2) 以下のカードを用意し、いずれかを選びます。カードに書かれた動作をジェスチャーしてください。他の人は何をしているところか当ててください。

노래를 부르다	신발을 신다	독서를 하다	기타를 치다
친구를 도와주다	고양이랑 같이 놀다	춤을 추다	친구를 기다리다
고백하다	자다	노래를 듣다	뛰다

やってみよう

 1 音声を聞いて質問に答えてください。

(1) 여자는 지금 뭐 하고 있습니까? 女性は今何をしていますか？

　① 책을 읽고 있어요.

　② 모임에 가고 있어요.

(2) 남자는 다시 무엇을 할 것입니까? 男性は何をもう一度しますか？

　① 여자한테 전화해요.

　② 여자하고 모임에 가요.

 2 音声を聞いて質問に答えてください。

(1) 맞는 것을 고르세요. 内容と合っているものを選んでください。

　① 여자는 여름을 좋아해요.

　② 올해 한국에 눈이 많이 왔어요.

　③ 남자는 겨울에 스키를 타러 갈 거예요.

(2) 여러분은 어떤 날씨를 좋아합니까? 메모하고 발표해 보세요.
皆さんはどんな天気が好きですか？　それぞれの質問の答えをメモし、それを発表してみましょう。

어떤 날씨를 좋아해요?	
왜 좋아해요?	
뭐 하고 싶어요?	

語彙 □모르다：知らない　□올해：今年　□다르다：違う、異なる

3 文を読んで質問に答えてください。

> 지금 밖에 눈이 많이 오고 있습니다. 텔레비전에서 일기 예보를 봤습니다.
>
> "오늘은 눈이 많이 오고 춥겠습니다."
>
> 아나운서가 이렇게 말했습니다. 저는 겨울이 싫습니다. 저는 추위를 많이 느낍니다. 그래서 저는 날씨가 추울 때 친구를 안 만나고 집에서 쉽니다.
>
> 한국 친구가 저한테 이렇게 말했습니다.
>
> "에릭 씨는 추위를 많이 타네요."
>
> 저는 학교에 갈 때 버스를 탑니다. 그런데 추위도 탈 수 있습니까? 이상합니다.

(1) 빈칸에 알맞은 말을 쓰세요. 空欄に当てはまる適切な語句を書いてください。

① 오늘 날씨는 _____ (-ㅂ/습니다).

② 이 사람은 추울 때 _____ (-ㅂ/습니다).

(2) '추위를 많이 타다'는 무슨 뜻일까요? 친구들이랑 이야기해 보세요.
추위를 많이 타다とはどういう意味でしょうか？ 話し合ってください。

(3) 여러분은 날씨가 다음과 같을 때 무엇을 합니까? 친구들하고 이야기해 보세요.
次のような天気だったとき、皆さんは何をしますか？ 話し合ってください。

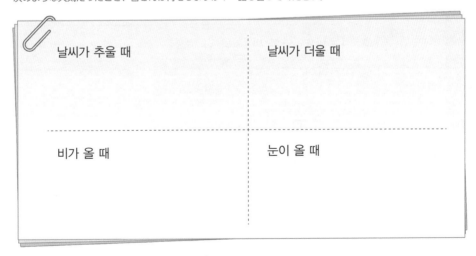

날씨가 추울 때	날씨가 더울 때
비가 올 때	눈이 올 때

理解度チェック

語彙

1 この課で習った語彙です。覚えた語彙には✓を付けてください。

☐ 선선하다 ☐ 구름이 많다 ☐ 습하다
☐ 건조하다 ☐ 비가 그치다 ☐ 눈이 그치다
☐ 꽃이 피다 ☐ 나비가 날다 ☐ 선풍기를 켜다
☐ 삼계탕을 먹다 ☐ 단풍을 보다 ☐ 꽃이 지다

分からない語彙が5つ以上あれば、語彙のページを復習してください。

表現

2 与えられた語句を、この課で習った適切な表現にして対話を完成させてください。

Ⓐ 여보세요? 안나 씨, 지금 뭐 해요?

Ⓑ 아르바이트를 ☐☐☐☐☐.
　　　　　　　　하다

Ⓐ 지금 밤 12시인데요? ☐☐☐☐☐.
　　　　　　　　　　　　힘들다

・－겠－を使ってある事柄を推測したり、未来のことを話せますか？ ☐
・今やっていることについて話せますか？ ☐
・天気について話せますか？ ☐
分からない表現があれば、文法のページを復習してください。

学習目標
- 韓国語の尊敬表現を理解し、-(으)시-を使って話せる
- -는데、-(으)ㄴ데、인데を使って、対照される状況を表現できる
- 位置について話せる

文法
- 尊敬
- 〜ですが、〜ますが

語彙
- 位置
- 尊敬

왼쪽으로 가시면 돼요

左に行ってください

語彙

어디로 가야 돼요?
どこへ行けばいいですか？

왼쪽으로 가다
左側へ行く

오른쪽으로 가다
右側へ行く

건너편
向かい側

건너편으로 가다
向かい側へ行く

횡단보도
横断歩道

횡단보도를 건너다
横断歩道を渡る

※第8課の答えと訳は P.252 から

1 それぞれの質問に答えてください。

(1) 학교 앞에 무엇이 있어요? 거기에 어떻게 가야 돼요?

(2) 우리 교실이 어디에 있어요? 친구한테 설명해 주세요.

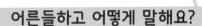

어른들하고 어떻게 말해요?
目上の人たちとどのように話しますか？

자다
寝る

묻다
尋ねる

여쭙다
うかがう

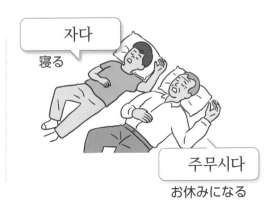

주무시다
お休みになる

모시고 가다
お連れする

모셔다드리다
お送りする

박수정 　이름　名前

17세　나이　年齢

김창섭 　성함　お名前

70세　연세　お年

8課

---

2 例のとおり相手と質問をし合い、それぞれ答えてください。

例 • 어머니 성함이 어떻게 되세요?

• 할머니 연세가 어떻게 되세요?

• 할아버지께서 보통 몇 시에 주무세요?

文法

① V/A-(으)시- 尊敬

動詞や形容詞の後ろに -(으)시- を付けて尊敬を表します。

자다（寝る）の敬語は주무시다（お休みになる）、있다（いる）の敬語は계시다（いらっしゃる）
のように、特殊な敬語もあります。

1

민호 김 선생님 계세요?

조교 잠깐 **나가셨는데요**. 무슨 **일이세요**?

민호 숙제를 여쭤보려고요. 다시 오겠습니다.

2

민호 여보세요? 김 선생님 **오셨어요**?

조교 아직 안 **오셨는데요**. 오늘 늦으실 거예요.

민호 그래요? 통화도 어렵겠지요?

3

승윤 죄송하지만 길 좀 물어보겠습니다. 이 건물을 **아세요**?

행인 이쪽으로 **가시면** 돼요.

4

승윤 여보세요? 회사 건물 1층에 왔는데요. 어디로 가면 될까요?

직원 20층으로 **올라오시면** 됩니다.

公式15

가다		가시다
좋다	+ -(으)시- =	좋으시다
공부하다		공부하시다

練習 1

例の a、b の部分を (1) ～ (4) の a、b の語句と入れ替え、例を参考にそれぞれ適切な表現にして話す練習をしてみましょう。

A 할머니께서 주말에 보통 뭐 하세요?

B ª신문을 읽으세요. 그리고 ᵇ산책하세요.

A 할머니께서 멋있으시네요.

(1) ª글을 쓰다 / ᵇ친구들하고 놀다

(2) ª케이크를 만들다 / ᵇ차를 마시다

(3) ª텔레비전을 보다 / ᵇ영화를 보러 가다

(4) ª피아노를 치다 / ᵇ바이올린을 연주하다

語彙 □조교:教授のアシスタント　□행인:通行人　□건물:建物　□직원:職員　□올라오다:上がってくる　例) 올라오세요 上
がってきてください

❷ V-는데 / A-(으)ㄴ데, N인데 ① ～ですが、～ますが

前節と後節の内容が反対または対照されるときに使います。

1

😊 지은 우리 언니는 영어를 **잘하는데**
저는 영어가 너무 어려워요.

😊 유라 너무 걱정하지 말고 매일 연습해
보세요.

2

😊 유라 저도 영어를 공부하고 **싶은데**
잘 안돼요. 우리 같이 공부할까요?

😊 지은 좋아요. 무슨 책으로 공부할까요?

3

😊 지은 이 책은 마음에 **드는데** 좀 비싸요.

😊 유라 네, 하지만 친구들이 이 책으로
많이 공부해요.

4

😊 지은 저는 쓰기는 잘 **못하는데** 읽기는
괜찮아요. 쓰기 연습도 같이 해요.

😊 유라 좋아요. 저도 읽기는 **괜찮은데**
쓰기가 어려워요.
쓰기 책도 볼까요?

8課

公式16

가다
─────
좋다
─────
공부하다

\+

-는데/
-(으)ㄴ데

=

가는데
─────
좋은데
─────
공부하는데

💡 Tip ▶ P.75

– 는데요, –(으)ㄴ데요
と言えば質問、感嘆、
返答の意味があります。
6課を確認してくださ
い。

練習
2

例の a、b の部分を (1) ～ (5) の a、b の語句と入れ替え、例を参考にそれぞれ適切な表
現にして話す練習をしてみましょう。

例 ᵃ동생은 키가 큰데 ᵇ저는 작아요.

(1) ᵃ날씨가 맑다 / ᵇ바람이 많이 불다

(2) ᵃ지금은 바쁘다 / ᵇ오후에 한가하다

(3) ᵃ저는 춤은 잘 추다 / ᵇ노래는 못하다

(4) ᵃ윤오 씨는 축구를 좋아하다 /
ᵇ잘 못하다

(5) ᵃ친구들은 모두 학생이다 /
ᵇ저만 회사원이다

語彙 □마음에 들다：気に入る　例) 아주 마음에 들어요 すごく気に入っています

スピーキング練習

 1 **対話を聞いて質問に答えてください。**

(1) 音声を聞き、この課で習った表現を使って対話を完成させてください。

할머니 학생, 이 근처에 지하철역이 어디에 있어요?

예전에 ⬚⬚⬚⬚ 기억이 안 나서요.
　　　　　　 와 보다

유라 이쪽으로 ⬚⬚⬚ 은행이 나와요.
　　　　 가다 (-(으)면)

　　　 거기에서 왼쪽으로 ⬚⬚⬚ 돼요.
　　　　　　　　　　　 가다 (-(으)면)

할머니 이쪽에서 왼쪽으로 가요?

유라 할머니, 제가 모셔다드릴게요.

(2) 対話の内容と合っていれば○を、違っていれば×を付けてください。

- 할머니는 지하철역을 찾고 있어요. 　(　　　)
- 유라 씨는 할머니를 도와줄 거예요. 　(　　　)

(3) 対話をもう一度聞いて、発音とイントネーションに気を付けながら繰り返し読んでみましょう。

(4) 「AI SPEAK」を使って正確に発音できているか確認しましょう。

語彙 □예전：むかし、ずっと以前　□기억：記憶

96

🎤 **2** **文を読んで質問に答えてください。**

> 이건 제 휴대 전화예요. 엄마가 생일 선물로 사 주셨어요.
> 3년 전에 샀는데 아직 잘돼요.
> 이 휴대 전화는 통화는 잘되는데 게임은 잘 안돼요.
> 그래도 괜찮아요. 오래 쓰면 정이 들어서 더 좋아요.

(1) 皆さんはどんな持ち物を持っていますか？ 物の名前を5つ以上書いてください。

(2) (1)の持ち物のうち2つを選んでください。良い点と良くない点はどこですか？ 書き出して、例を参考に話してください。

물건 이름	무엇이 좋습니까?	무엇이 안 좋습니까?
볼펜	색깔이 예쁘다	비싸다

例
> 이 볼펜은 색깔이 예쁜데 비싸요.

(3) 皆さんの持ち物の中で何がいちばん大切ですか？ 1つ選んで話してください。

語彙 □잘되다:うまくいく □오래 쓰다:長く使う □정이 들다:愛着がわく □색깔:色

やってみよう

 1 音声を聞いて、それぞれふさわしい方に〇を付けてください。

(1) 남자는 지금 { 4번 출구 / 횡단보도 }에 있어요.

(2) 여자는 { 지하철역 / 건물 5층 }에서 남자를 기다리고 있어요.

2 音声を聞いて質問に答えてください。

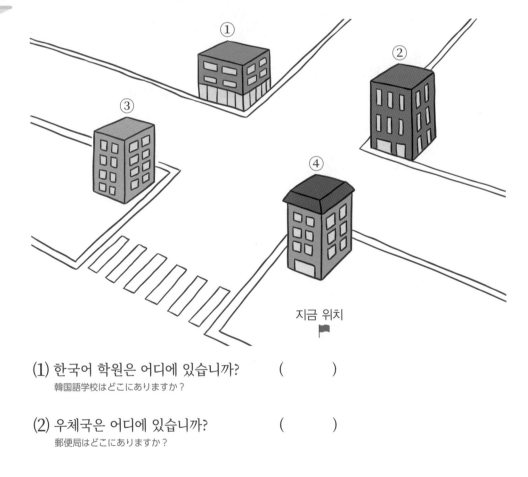

(1) 한국어 학원은 어디에 있습니까?　　　(　　　)
韓国語学校はどこにありますか？

(2) 우체국은 어디에 있습니까?　　　(　　　)
郵便局はどこにありますか？

語彙 □출구：出口　□위치：位置

98

3 文を読んで質問に答えてください。

> 저는 우리 할아버지를 존경합니다.
>
> 할아버지는 역사 선생님이셨습니다. 학교에서 역사를 가르치셨습니다.
>
> "역사를 잊으면 미래가 없어요." 할아버지는 항상 이렇게 말씀하십니다.
>
> 연세가 많으셔서 학교를 그만두셨는데 안 쉬시고 계속 봉사 활동을 하십니다.
>
> 매주 금요일에 도서관에 가셔서 아이들한테 동화책을 재미있게 읽어 주십니다.
>
> 할아버지는 대학생 때 아주 멋있으셨습니다.
>
> 저는 지금도 할아버지가 정말 멋있습니다.
>
> 저도 할아버지처럼 열심히 살고 싶습니다.

(1) 빈칸에 알맞은 말을 쓰세요. それぞれの空欄に当てはまる適切な語句を書いてください。

① 이 사람은 ＿＿＿＿＿＿을/를 존경해요.

② 이 사람의 ＿＿＿＿＿＿은/는 학교에서 ＿＿＿＿＿을/를 가르치셨어요.

③ 이 사람의 ＿＿＿＿＿＿은/는 도서관에서 ＿＿＿＿＿을/를 하세요.

(2) 여러분은 누구를 존경합니까? 메모하고 발표해 보세요.
皆さんは誰を尊敬していますか？　それぞれの質問に答えをメモし、それを発表してみましょう。

누구를 존경합니까?	
왜 존경합니까?	
그분이 무슨 일을 했습니까?	

(3) (2)에서 발표한 내용을 정리해서 '존경하는 사람'에 대해 글로 써 보세요.
(2) で発表した内容をまとめて、「尊敬する人」について作文してください。

語彙 □존경하다 : 尊敬する　例) 할아버지를 존경합니다 祖父を尊敬しています　□잊다 : 忘れる　例) 약속을 잊었어요 約束を忘れました　□미래 : 未来　□그만두다 : やめる　例) 회사를 그만두었어요 会社を辞めました　□봉사 활동 : ボランティア活動　□동화책 : 童話の本

理解度チェック

1 この課で習った語彙です。覚えた語彙には✓を付けてください。

語彙

- ☐ 왼쪽으로 가다
- ☐ 오른쪽으로 가다
- ☐ 건너편
- ☐ 건너편으로 가다
- ☐ 횡단보도
- ☐ 횡단보도를 건너다
- ☐ 여쭙다
- ☐ 주무시다
- ☐ 모시고 가다
- ☐ 모셔다드리다
- ☐ 성함
- ☐ 연세

分からない語彙が5つ以上あれば、語彙のページを復習してください。

2 与えられた語句を、この課で習った適切な表現にして対話を完成させてください。

表現

A 승윤 씨는 야구를 좋아해요?

B 저는 농구는 ☐☐☐☐☐ 야구는 안 좋아해요.
　　　　　　　　　좋아하다

아버지께서 농구를 ☐☐☐☐☐. 그래서 어릴 때 아버지하고
　　　　　　　　　　좋아하다

같이 농구를 많이 했어요.

- ・韓国語の尊敬表現を理解し、－(으)시－を使って話せますか？　☐
- ・－는데、－(으)ㄴ데、인데を使って、対照される状況を表現できますか？　☐
- ・位置について話せますか？　☐

分からない表現があれば、文法のページを復習してください。

9

집에 오니까 있었어요
家に帰ったらありました

語彙 💬 🎧 9-1

쇼핑할 때 어떻게 해요?

ショッピングするときはどうしますか？

디자인이 예쁘다

デザインがかわいい

유행하다

流行する

사이즈가 크다

サイズが大きい

사이즈가 작다

サイズが小さい

교환하다

交換する

반품하다

返品する

사인을 하다

サインをする

영수증을 받다

領収証をもらう

인터넷으로 물건을 사 봤어요?

인터넷 쇼핑을 하다

インターネットショッピングをする

인터넷으로 주문하다

インターネットで注文する

택배가 오다

宅配便が来る

택배를 받다

宅配便を受け取る

9課

※第9課の答えと訳は P.253 から

1 それぞれの質問に答えてください。

(1) 물건을 보통 어디에서 사요?

(2) 요즘 어떤 옷이 유행하고 있어요?

(3) 인터넷으로 무엇을 제일 많이 사요?

(4) 인터넷으로 물건을 사면 무엇이 좋아요? 무엇이 안 좋아요?

文法

① V-(으)니까 ② 〜すると、〜したら

動詞の後に付いて、前節の内容が行われた後に後節の内容が起こったことを表します。
過去のことを述べるときは、−(으)니까を過去形にするのではなく、文末を過去形にします。

1

민호　어제 몇 시에 집에 갔어요?

지은　집에 **도착하니까** 12시였어요.

2

민호　늦게까지 놀았네요.
　　　그래서 오늘 수업에 늦었어요?

지은　네. **일어나니까** 9시였어요.

3

유라　꽃이 정말 예쁘네요.

지은　네. 봄이 **되니까** 꽃이 예쁘게
　　　피었네요.

4

유라　오늘 저녁은 피자지요?

지은　어떻게 알았어요?

유라　방에 **들어오니까** 피자 냄새가
　　　났어요.

公式17

가다		가니까
먹다	+ −(으)니까 =	먹으니까
일어나다		일어나니까

 ▶P.74

−(으)니까は理由と原因を表すときにも使われます。6課を確認してください。

練習1

例のa、bの部分を (1) ～ (4) のa、bの語句と入れ替え、例を参考にそれぞれ適切な表現
にして話す練習をしてみましょう。bの部分は−(으)니까を使ってください。

例
A　ª몇 시에 일어났어요?
B　ᵇ일어나니까 12시였어요.

(1) ª몇 시에 집에 가다 /ᵇ집에
　　가다 + 5시이다

(2) ª그 옷이 잘 맞다 /ᵇ입다 + 사이즈가
　　작다

(3) ª피자가 언제 나오다 /
　　ᵇ조금 기다리다 + 나오다

(4) ª지하철역에 사람이 많다 /
　　ᵇ출근할 때 보다 + 정말 많다

語彙 □들어오다：入ってくる　例) 집에 들어왔어요 家に入ってきました　□냄새가 나다：においがする　例) 좋은냄새가 나네요
いいにおいがしますね

② V-(으)ㄹ까 하다　～しようと思う

動詞の後に付いて、確実に決まってはいない計画を話すときに使います。
語幹末にパッチムがあれば－을까 하다が、パッチムがなければ－ㄹ까 하다が付きます。
ㄹパッチムの場合は－까 하다が付きます。

1

민호　주말에 뭐 할 거예요?

지은　그냥 영화를 보러 **갈까 해요.**

민호　무슨 영화를 볼 거예요?

지은　액션 영화를 **볼까 해요.**

2

지은　민호 씨는 뭐 할 거예요?

민호　저는 등산을 **할까 해요.**
　　　날씨가 좋아서요.

3

지은　인터넷에서 옷을 하나 **살까 해요.**

유라　무슨 옷을 살 거예요?

지은　치마를 **살까 하는데요.**
　　　요즘 어떤 옷이 유행해요?

4

유라　저녁에 불고기를 **만들까 해요.**

지은　맛있겠네요. 제가 도와줄게요.

公式18

| 가다
먹다
공부하다 | + | -(으)ㄹ까
하다 | = | 갈까 하다
먹을까 하다
공부할까 하다 |

練習 **2**

例のaの部分を (1) ～ (4) のaの語句と入れ替え、例を参考にそれぞれ適切な表現にして話す練習をしてみましょう。

A 주말에 뭐 할 거예요?

B ª 쇼핑을 할까 해요.

(1) ª집에서 쉬다

(2) ª안나 씨를 만나다

(3) ª도서관에서 책을 빌려서 읽다

(4) ª캐서린 씨하고 노래방에 가다

スピーキング練習

1 対話を聞いて質問に答えてください。

(1) 音声を聞き、この課で習った表現を使って対話を完成させてください。

진우 승윤 씨, 면접은 어땠어요? 잘했지요?

승윤 너무 긴장이 됐어요.

진우 열심히 준비했으니까 잘될 거예요.

승윤 고마워요. 그런데 이게 뭐예요? 택배 왔어요?

진우 저도 잘 모르겠어요. 집에 ⬚⬚⬚ 있었어요.
　　 오다

　　 택배에 전화번호가 있으니까 거기로 ⬚⬚⬚⬚⬚⬚.
　　　　　　　　　　　　　　　　　　　　전화하다

(2) 対話の内容と合っていれば○を、違っていれば×を付けてください。

・ 승윤 씨는 면접을 봤어요.　　(　　)

・ 진우 씨는 택배를 못 받았어요. (　　)

(3) 対話をもう一度聞いて、発音とイントネーションに気を付けながら繰り返し読んでみましょう。

(4) 「AI SPEAK」を使って正確に発音できているか確認しましょう。

2 文を読んで質問に答えてください。

> 승윤 옷을 좀 살까 해요. 그런데 요즘 옷이 너무 비싸요. 옷을 싸게 사고 싶어요.
>
> 안나 그래서 저는 백화점에서 세일할 때 사요.
>
> 민호 저는 그냥 인터넷에서 사요. 인터넷이 제일 싸요.
>
> 안나 인터넷에서 사면 물건이 안 좋을 때가 있어요. 지난번에 인터넷에서 옷을
> 샀어요. 그런데 사이즈가 커서 반품하고 싶었어요. 하지만 반품이 힘들었어요.
>
> 유라 그래서 저는 백화점에서 옷을 보고 인터넷으로 주문해요.
> 그렇게 하면 싸게 살 수 있으니까 좋아요.

(1) 안나 씨, 민호 씨, 유라 씨는 어디에서, 어떻게 옷을 삽니까?

アンナさん、ミノさん、ユラさんはどこでどのように服を買いますか？

① 안나 씨는 _____ .

② 민호 씨는 _____ .

③ 유라 씨는 _____ .

(2) 친구들은 어디에서 쇼핑을 합니까? 친구들한테 물어보세요.

友達にどこでショッピングをするか尋ねてみましょう。

어디에서 쇼핑을 해요?	왜요?
마트 _____명	
시장 _____명	
백화점 _____명	
인터넷 _____명	
( ) _____명	

(3) 物を安く買いたいときはどうしますか？ 皆さんの買い物の仕方を話してください。

9
課

やってみよう

 1 音声を聞いて、対話の内容と合っていれば○を、違っていれば✕を付けてください。

(1) 남자는 주말에 마트에 가서 장을 봤어요.　　（　　　　）

(2) 주말에 마트에는 사람이 많았어요.　　　　（　　　　）

(3) 인터넷으로 물건을 주문하면 할인도 해요.　（　　　　）

 2 インターネットショッピングについての新聞記事です。グラフを見て質問に答えてください。

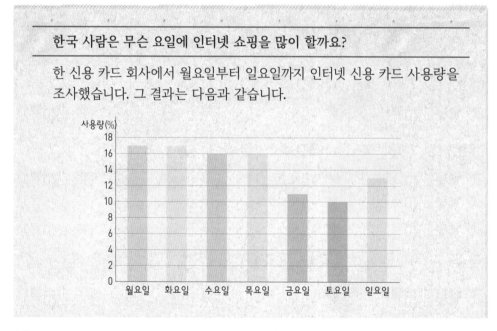

한국 사람은 무슨 요일에 인터넷 쇼핑을 많이 할까요?

한 신용 카드 회사에서 월요일부터 일요일까지 인터넷 신용 카드 사용량을 조사했습니다. 그 결과는 다음과 같습니다.

(1) 한국 사람은 무슨 요일에 인터넷 쇼핑을 많이 합니까?
韓国人は何曜日に最もたくさんインターネットショッピングをしますか？

＿＿＿＿＿＿＿＿＿＿＿＿＿＿＿＿＿＿＿＿＿＿＿＿＿＿＿＿＿＿＿＿．

(2) 그 이유는 무엇일까요? 친구들하고 이야기해 보세요.
その理由はなんでしょうか？　話し合ってください。

語彙 □장을 보다：買い物をする　例）장을 보러 가요 買い物をしに行きます　□할인：割引き　□신용 카드：クレジットカード　□사용량：使用量　□조사하다：調査する　例）사용량을 조사했습니다 使用量を調査しました

108

3 以下の広告を読んで質問に答えてください。

국과 반찬을 배달해 드립니다.

빵보다 아침밥! 아침을 먹으면 건강에 좋아요.
'오늘 뭘 먹을까?' 고민하지 말고 전화하세요.
'아침을 안 먹을까 해요.' 이렇게 생각하지 말고 전화하세요.
새벽에 배달해 드립니다.
맛있게 만들겠습니다. 건강하게 만들겠습니다.

〈숙이네 반찬〉 02-3456-7890

(1) 이 글은 무엇에 대한 광고입니까? この文は何についての広告ですか？

① 아침밥　　　　　② 빵 배달　　　　　③ 반찬 가게

(2) 이 글의 내용과 같은 것을 고르세요. この文の内容にふさわしいものを選んでください。

① 아침에 요리합니다.
② 빵을 먹으면 건강에 좋습니다.
③ 국과 반찬을 만들어서 배달합니다.

(3) 여러분은 무슨 가게를 만들고 싶습니까? 메모하고 친구들이랑 이야기해 보세요.
皆さんはどんな店を作りたいですか？　それぞれの質問の答えをメモし、話し合ってみましょう。

무슨 가게를 만들고 싶어요?	
왜 만들고 싶어요?	

(4) 여러분이 만든 가게의 광고를 위 글처럼 써 보세요.
上に示した広告を参考に、皆さんが作った店の広告文を作ってください。

語彙 □광고：広告　□국：スープ、汁　□반찬：おかず　□배달하다：配達する　例）식사를 배달합니다 食事を配達します
□고민하다：悩む　例）혼자 고민했어요 一人で悩みました　□새벽：夜明け、明け方

語彙

1 この課で習った語彙です。覚えた語彙には✓を付けてください。

☐ 디자인이 예쁘다　　☐ 유행하다　　　　☐ 사이즈가 크다
☐ 사이즈가 작다　　　☐ 교환하다　　　　☐ 반품하다
☐ 사인을 하다　　　　☐ 영수증을 받다　　☐ 인터넷 쇼핑을 하다
☐ 인터넷으로 주문하다　☐ 택배가 오다　　☐ 택배를 받다

分からない語彙が5つ以上あれば、語彙のページを復習してください。

表現

2 与えられた語句を、この課で習った適切な表現にして対話を完成させてください。

Ⓐ 오늘은 모임에 ☐☐☐☐☐.
　　　　　　　안 가다

Ⓑ 왜요?

Ⓐ 지난번 모임에 갔어요. 그런데 교실에 ☐☐☐☐☐ 한 명도
　　　　　　　　　　　　　　　들어가다

없었어요.

・ある状況を発見したことを-(으)니까を使って言えますか？　☐

・はっきり決まっていない計画について、-(으)ㄹ까 하다を使って
話せますか？　☐

・ショッピングについて話せますか？　☐

分からない表現があれば、文法のページを復習してください。

10

일이 끝난 후에 보통 도서관에 가요

仕事が終わった後、たいてい図書館に行きます

語彙

주말에 뭐 해요?
週末、何をしますか？

외출하다

外出する

소풍을 가다

ピクニックに行く

손님이 오시다

お客さまがいらっしゃる

집안일을 하다

家事をする

깨끗이 청소하다

きれいに掃除する

옷을 빨다

服を洗う

옷장에 넣다

クローゼットに入れる

※第10課の答えと訳は P.255 から

1 それぞれの質問に答えてください。

(1) 여러분은 일주일에 몇 번 외출해요?

(2) 외출하면 어디에 자주 가요?

외출을 준비할 때 뭐 해요?
外出の準備をするとき、何をしますか？

씻다
洗う

이를 닦다
歯を磨く

머리를 감다
髪を洗う

옷을 갈아입다
服を着替える

청바지를 입다
ジーンズを履く

원피스를 입다
ワンピースを着る

10課

2 外出の準備をするとき、何をしますか？　以下に示した語句を使い、例を参考にして話す練習をしてください。

セ수하다　　이를 닦다　　머리를 감다　　옷을 갈아입다　　화장을 하다

例 저는 외출 전에 먼저 세수하고 이를 닦아요. 그리고 옷을 갈아입어요.
저는 청바지를 좋아해서 청바지를 자주 입어요.

文法

① V-(으)ㄴ 후에 ～した後に

動詞の後に付いて、前節の行動をした後に後節の行動をするということを表します。
語幹末にパッチムがあれば－은 후에が、パッチムがなければ－ㄴ후에が付きます。
ㄹパッチムの場合はㄹが脱落して－ㄴ후에が付きます。

1

지은 손님들이 많이 와서 힘들었겠어요.

유라 괜찮아요. 손님들이 **돌아간 후에**
　　 설거지 좀 도와주세요.

2

지은 설거지를 **한 후에** 산책하러 갈까요?

유라 좋아요. 같이 가요.

3

지은 유라 씨는 독일어를 공부하고
　　 뭐 하고 싶어요?

유라 저는 독일어를 **공부한 후에**
　　 독일로 여행 가고 싶어요.

4

지은 저도 외국으로 여행 가고 싶어요.
　　 대학교에 **입학한 후에** 여행을
　　 못 갔어요.

유라 그럼 우리 이번 여름에 같이
　　 여행 갈까요?

公式19

가다		간 후에
먹다	+ -(으)ㄴ 후에 =	먹은 후에
공부하다		공부한 후에

練習1

例のa～cの部分を(1)～(4)のa～cの語句と入れ替え、例を参考にそれぞれ適切な表
現にして話す練習をしてみましょう。

A ᵃ수업이 끝나고 뭐 할 거예요?

例 B ᵇ수업 끝난 후에ᶜ아르바이트를 하러
　　 갈 거예요.

(1) ᵃ언제 자다 / ᵇ책을 읽다 / ᶜ자다

(2) ᵃ이번 주말에 뭐 하다 / ᵇ영화를 보다 /
　　 ᶜ쇼핑을 하다

(3) ᵃ어제 저녁에 뭐 하다 / ᵇ밥을 먹다 /
　　 ᶜ텔레비전을 보다

(4) ᵃ어제 집에 가서 뭐 하다 / ᵇ숙제를 하다
　　 / ᶜ집안일을 하다

❷ V/A-거나　〜か、〜するか、〜たり、〜したり

2つ以上の中から1つを選択することを表すときに使います。

1

🧑‍🦰 유라　승윤 씨는 기분이 안 좋을 때 어떻게 해요?

🧑 승윤　저는 친구한테 **전화하거나** 집에서 음악을 들어요.

2

🧑‍🦰 유라　저는 **청소하거나** 책상을 정리해요. 정리하면 기분이 좋아요.

🧑 승윤　그래요? 그럼 기분이 안 좋을 때 우리 집으로 오세요.

3

🧑‍🦰 지은　민호 씨는 시간이 있을 때 뭐 해요?

🧑 민호　저는 친구랑 **놀거나** 혼자 영화를 보러 가요.

4

🧑‍🦰 지은　저는 **슬프거나** 기분이 안 좋으면 노래방에 가요.

🧑 민호　저도 **외롭거나** 힘들 때 노래방에 가요.

公式20

가다		가거나
좋다	+ -거나 =	좋거나
공부하다		공부하거나

10
課

練習
2

例のa〜cの部分を (1)〜(4) のa〜cの語句と入れ替え、例を参考にそれぞれ適切な表現にして話す練習をしてみましょう。

A ᵃ감기에 걸렸어요.
B ᵇ약을 먹거나 ᶜ병원에 가세요.

(1) ᵃ심심하다 / ᵇ책을 읽다 / ᶜ영화를 보다

(2) ᵃ배가 고프다 / ᵇ우유를 마시다 / ᶜ빵을 먹다

(3) ᵃ여행을 가고 싶다 / ᵇ제주도에 가다 / ᶜ부산에 가다

(4) ᵃ친구가 보고 싶다 / ᵇ친구한테 전화하다 / ᶜ편지를 쓰다

スピーキング練習

1 対話を聞いて質問に答えてください。

(1) 音声を聞き、この課で習った表現を使って対話を完成させてください。

지은 승윤 씨, 주말에는 보통 뭐 해요?

승윤 아르바이트를 해요. 일이 ☐☐☐☐ 보통 도서관에 가요.
　　　　　　　　　　　　　　　　　　끝나다

　　가끔 친구도 만나고요.

지은 저도 친구를 ☐☐☐☐ 집에서 쉬어요. 이번 주말에 약속
　　　　　　　　　　만나다

　　있어요?

승윤 아니요, 이번 주에는 약속이 없어요.

지은 그럼 이번 주말에 같이 영화 보러 갈까요?

승윤 네, 좋아요. 아르바이트가 끝나면 전화할게요.

(2) 対話の内容と合っていれば○を、違っていれば×を付けてください。

　　• 승윤 씨는 이번 주말에는 아르바이트를 안 해요.　(　　　)
　　• 지은 씨하고 승윤 씨는 주말에 영화를 볼 거예요.　(　　　)

(3) 対話をもう一度聞いて、発音とイントネーションに気を付けながら繰り返し読んでみましょう。

(4) 「AI SPEAK」を使って正確に発音できているか確認しましょう。

質問に答えてください。

(1) 例のa〜fの部分を①、②のa〜fの語句と入れ替え、例を参考にそれぞれ適切な
表現にして話す練習をしてみましょう。

例

> 승윤 안나 씨, 시간이 있으면 보통 뭐 해요?
>
> 안나 ^a커피숍에 가서 한국어를 공부하거나
> ^b친구를 만나요.
>
> 승윤 ^c한국어를 공부한 후에 뭐 할 거예요?
>
> 안나 ^d한국에서 취직하고 싶어요.
>
> 승윤 ^e무슨 회사에서 일하고 싶어요?
>
> 안나 ^f아직 모르겠어요.

> ^a커피숍에 가서 한국어를
> 공부하다 / ^b친구를 만나다
> ^c한국어를 공부한 후에 뭐 하다
> ^d한국에서 취직하고 싶다
> ^e무슨 회사에서 일하고 싶다
> ^f아직 모르겠다

① ^a마트에서 장을 보다 /
^b집을 깨끗이 청소하다
^c이번 주말에 뭐 하다
^d집을 청소한 후에 쉴까 하다
^e약속이 없다
^f아직 없다

② ^a소풍을 가다 / ^b외출하다
^c금요일에 뭐 하다
^d손님이 오셔서 준비해야 되다
^e손님이 가신 후에 뭐 하다
^f집에서 영화를 볼까 하다

(2) 次のような場合、皆さんはどうしますか？ 話し合ってみましょう。

시간이 있을 때

외롭거나 슬플 때

기분이 좋을 때

친구가 보고 싶을 때

※他にも自由にテーマを考えてみましょう

10
課

やってみよう

 1　音声を聞いて、それぞれの空欄に適切な語句を書いてください。

(1) 여자는 지금 _____에 있어요.

(2) 여자는 집을 _____ (-아/어야) 돼요.

　　그리고 옷도 _____ (-아/어야) 돼요.

(3) 여자는 부모님이 보고 싶을 때 _____ (-거나) 인터넷으로

　　이야기해요.

2　音声を聞いて質問に答えてください。

(1) 남자는 매일 무엇을 합니까? 순서대로 번호를 쓰세요.
　　男性は毎日何をしますか？　行動の順番を番号で書いてください。

　　(　　　　)　　　　(　　　　)　　　　(　　　　)　　　　(　　　　)

(2) 남자는 요즘 왜 학원에 못 갑니까? 男性は最近、なぜ学校に行けませんか？

　　① 운동해야 됩니다.　　　　　　　　② 회사에 일이 많습니다.

(3) 남자는 언제 제일 행복합니까? 男性はいつがいちばん幸せですか？

　　_____.

(4) 여러분은 언제 제일 행복합니까? 친구하고 이야기해 보세요.
　　皆さんはいつがいちばん幸せですか？　話し合ってみましょう。

3 다음을 읽고 물음에 답하세요. 文を読んで質問に答えてください。

> 저는 요즘 스페인어를 공부하고 있어요.
>
> 스페인어를 공부한 후에 스페인으로 유학을 갈 거예요.
>
> 스페인에서 4년 동안 광고를 공부할 거예요.
>
> 저는 나중에 광고 회사를 만들고 싶어요.
>
> 한국에 돌아온 후에 광고 회사에 취직할 거예요. 거기에서 일을 배울 거예요.
>
> 10년 정도 일한 후에 40살이 되면 광고 회사를 만들 거예요.

(1) 빈칸에 알맞은 말을 쓰세요. それぞれの空欄に適切な語句を書いてください。

① 이 사람은 _____을/를 공부하고 있어요.

② 이 사람은 스페인에서 _____을/를 공부할 거예요.

③ 이 사람은 유학에서 돌아온 후에 _____에서 일할 거예요.

④ 이 사람은 40살이 되면 _____.

(2) 여러분은 앞으로 무엇을 하고 싶습니까? 여러분의 인생 계획을 메모하고
발표해 보세요.
皆さんは今後、何をしたいですか？ 5年後、10年後、20年後にしたいことをそれぞれ空欄にメモし、それを発表してください。

	무엇을 할 거예요?
5년 후	
10년 후	
20년 후	

(3) 친구의 발표를 듣고 질문하세요. 他の人の発表を聞いて、質問してください。

(4) (2)에서 발표한 내용을 정리해서 '나의 인생 계획'에 대해 글로 써 보세요.
(2) で発表した内容をまとめて、「私の人生計画」について作文してください。

語彙 □스페인어 : スペイン語

理解度チェック

語彙

1 この課で習った語彙です。覚えた語彙には✓を付けてください。

- ☐ 외출하다
- ☐ 소풍을 가다
- ☐ 손님이 오시다
- ☐ 집안일을 하다
- ☐ 깨끗이 청소하다
- ☐ 옷을 빨다
- ☐ 옷장에 넣다
- ☐ 씻다
- ☐ 이를 닦다
- ☐ 머리를 감다
- ☐ 옷을 갈아입다
- ☐ 청바지를 입다
- ☐ 원피스를 입다

分からない語彙が5つ以上あれば、語彙のページを復習してください。

表現

2 与えられた語句を、この課で習った適切な表現にして対話を完成させてください。

A 안나 씨는 숙제를 ☐☐☐☐ 보통 뭐 해요?
다 하다

B 텔레비전을 ☐☐☐ 잠을 자요.
보다

- ・−(으)ㄴ 후에を使って出来事の順序を表現できますか？ ☐
- ・−거나を使って2つのうち1つを選択することを話せますか？ ☐
- ・自分の日常について話せますか？ ☐

分からない表現があれば、文法のページを復習してください。

120

復習 1

남산에
꼭 와 보세요

南山にぜひ来てみてください

- ミノさんは今日どこに行ったでしょうか?

- 皆さんは韓国でどこに行きましたか?

音声を聞きながら、1～10課で習った文法と語彙を復習してください。

1. 오늘 날씨는 어떻습니까?

2. 민호 씨는 오늘 어디에 갑니까?

- 남산 南山
- 하루 종일 一日中
- 그동안 その間、これまで

뉴스 여기는 남산 **공원입니다**. 오늘은 날씨가 정말 **좋습니다**. 오늘은 하루 종일 계속 **맑겠습니다**. 하지만 밤부터는 좀 **쌀쌀하겠습니다**.

민호 여러분, 잘 **지내셨죠**? 저는 그동안 감기에 걸려서 집에만 있었어요. 하지만 이제 다 **나았으니까** 나가서 놀고 싶어요. 오늘은 남산에 가고 싶네요. 유라 씨가 시간이 **괜찮을까요**? 전화해 볼게요. 여보세요? 유라 씨, 지금 뭐 **하고 있어요**?

유라 그냥 집에서 **쉬고 있어요**. 이제 청소를 하려고요. 왜요?

민호 날씨가 좋아서 남산에 **갈까 하는데요**. 같이 **갈 수 있어요**?

유라 청소도 해야 되고 빨래도 해야 돼요.

민호 **그러지 말고** 같이 가요. 같이 가면 **재미있을 거예요**.

유라 좋아요. 그럼 지은 씨도 같이 가요. 제가 전화할게요.

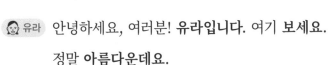

민호 여러분, 여기가 **남산입니다**. 경치가 정말 좋네요.

제 친구들은 지금 사진을 **찍고 있어요**.

유라 씨! 지은 씨!

유라 안녕하세요, 여러분! **유라입니다**. 여기 **보세요**.

정말 **아름다운데요**.

지은 안녕하세요, **박지은입니다**!

경치가 **아름다우니까** 우리 여기에서 사진 찍어요.

유라 좋아요. 제가 **찍겠어요**. 두 사람이 먼저 **찍으세요**.

하나, 둘, 셋. 김치!

지은 유라 씨, 이쪽으로 **와 보세요**. 여기 어때요?

유라 여기도 좋네요. 우리 같이 사진 찍어요.

민호 씨, 사진 좀 찍어 **주세요**.

민호 네, 둘이 거기 **서 봐요**.

지은 이 사진 좀 **보세요**. 유라 씨는 **예쁘게 나왔는데** 저는 이상해요.

유라 아니에요. 지은 씨도 예뻐요.

민호 두 사람 모두 **예쁜데요**.

지은 배가 좀 **고픈데요**.

유라 우리 밥 먹으러 가요. 아까 인터넷을 **찾아보니까** 이쪽에 식당이 있었어요.

민호 거기 돈가스가 맛있어요. 먹으러 가요. 밥 **먹은 후에** 야경도 보러 가요.

지은 민호 씨, 유라 씨. 야경은 다음에 봐요. 제가 저녁에 일이 **있어서요**. 미안해요.

3. 남산에서 세 사람은
　무엇을 하고 있습니까?

•야경 夜景
•돈가스 トンカツ

유라 지은 씨는 주말에 보통 뭐 해요?

지은 유라 씨하고 비슷해요.

집에서 책을 **읽거나** 친구를 만나요.

유라 그렇죠? 다 비슷하죠? 그래서 주말에 좀 심심해요.

민호 우리 주말에 같이 뭘 **배워 봐요**.

유라 그림 어때요? 지은 씨는 그림을 잘 그려요.

지은 아니에요. 잘 못 그려요. 하지만 그림을 좋아해요.

민호 저도 그림 좋아해요.

유라 그럼 주말에 같이 그림을 보러 다닐까요?

민호 좋아요.

지은 오늘 **재미있게** 보냈어요. 여러분도 그렇지요?

유라 저도 즐거웠어요. 다음 주에는 을왕리에 같이 가요.

민호 여러분은 오늘 하루 어땠어요?

저는 오늘 친구들하고 남산에 **왔는데요**.

여러분도 서울에 **오시면** 남산에 꼭 **와 보세요**.

4. 지은 씨는 주말에 보통 뭘
   해요?

5. 세 사람은 주말에 같이
   무엇을 할 거예요?

•을왕리 乙旺里 (地名)

11

승윤 씨를 만나기로 했어요

スンユンさんに会うことにしました

語彙

이상형은 어떤 사람이에요?
理想のタイプはどんな人ですか？

착하다

優しい

매력이 있다

魅力がある

마음이 넓다

心が広い

사랑할 때 어때요?
恋愛するときはどうですか？

첫눈에 반하다

ひと目ぼれする

사랑에 빠지다

恋に落ちる

고백하다

告白する

데이트를 신청하다

デートを申し込む

데이트를 하다

デートをする

결혼하다

結婚する

싸울 때 어때요?
けんかするときはどうですか？

싸우다

けんかする、争う

화가 나다

腹が立つ

화를 내다

腹を立てる、怒る

사과하다

謝る

화해하다

仲直りする、和解する

헤어지다

別れる

※第11課の答えと訳は P.258 から

1 それぞれの質問に答えてください。

(1) 여러분의 친구는 어떤 사람이에요?

例 제 친구는 착하고 매력이 있어요. 키도 크고 멋있어요. 그리고 마음이 넓어요.

(2) 첫눈에 반할 수 있을까요?

(3) 데이트를 할 때 어디에 많이 가요?

(4) 언제 화가 나요?

文法

❶ V-기로 하다 　〜することにする

動詞の後ろに付いて、ある事をすると決定したり決心したり、約束するときに使います。

11-2

1
- 승윤 민호 씨, 오늘 안나 씨 생일 파티가 있지요?
- 민호 네. 6시에 안나 씨 집에 모두 **모이기로 했어요.**

2
- 승윤 안나 씨 선물은 어떻게 해요?
- 민호 꽃이랑 운동화를 **사기로 했어요.** 안나 씨가 좋아하겠지요?

3
- 승윤 저녁은 어떻게 **하기로 했어요?**
- 민호 유라 씨가 김밥하고 불고기를 **만들기로 했어요.**

4
- 승윤 선물 사러 같이 가요.
- 민호 좋아요. 3시에 학교 앞에서 지은 씨를 **만나기로 했어요.** 셋이 함께 가요.

公式21

가다		가기로 하다
먹다	+ -기로 하다 =	먹기로 하다
공부하다		공부하기로 하다

練習 **1**　例のaの部分を (1) 〜 (4) のaの語句と入れ替え、例を参考にそれぞれ適切な表現にして話す練習をしてみましょう。

例
- A 주말에 뭐 할 거예요?
- B ª승윤 씨하고 놀기로 했어요.

(1) ª안나 씨하고 같이 공부하다
(2) ª유라 씨랑 단풍을 보러 가다
(3) ª친구하고 같이 밖에서 저녁을 먹다
(4) ª진우 씨하고 한강에서 자전거를 타다

語彙 □모이다 : 集まる　例) 친구들이 모두 모였어요 友達がみんな集まりました　□한강 : 漢江

② V-기 전에 〜する前に

動詞の後について、後節の内容が前節の内容よりも先に行われることを表すときに使います。

1

민호 서준 씨는 이 회사에 **오기 전에** 무슨 일을 했어요?

서준 여기 **오기 전에** 학생이었지요. 취직 준비를 열심히 했어요.

2

민호 저는 이 회사에 **취직하기 전에** 독일 유학을 준비했어요.

서준 그래요? 그런데 왜 안 갔어요?

민호 취직을 해서 직장에 다니고 싶었어요.

3

승윤 학교에 **가기 전에** 편의점에 잠깐 들러요.

유라 네. 뭐 살 거예요?

승윤 음료수를 살까 해요.

4

승윤 수업 **시작하기 전에** 잠깐 화장실에 갔다 올게요.

유라 네. 선생님이 **오시기 전에** 와야 돼요.

公式22

가다		가기 전에
먹다	+ -기 전에 =	먹기 전에
공부하다		공부하기 전에

練習 2

例のa、bの部分を (1) 〜 (4) のa、bの語句と入れ替え、例を参考にそれぞれ適切な表現にして話す練習をしてみましょう。

例) ᵃ고향에 돌아가기 전에 ᵇ친구들을 다 만날 거예요.

(1) ᵃ빵을 먹다 / ᵇ우유를 사다

(2) ᵃ집에 가다 / ᵇ시장에 들르다

(3) ᵃ한국에 유학 가다 / ᵇ한국어를 공부하다

(4) ᵃ손님이 오시다 / ᵇ집을 깨끗이 청소하다

語彙 □직장：職場、勤め先 □들르다：立ち寄る 例) 잠깐 들렀어요 ちょっと寄りました

スピーキング練習

 1 対話を聞いて質問に答えてください。

(1) 音声を聞き、この課で習った表現を使って対話を完成させてください。

지은 이번 주말에 승윤 씨를 ☐☐☐☐☐☐☐. 먼저 제

　　　만나다

　　　마음을 고백해 보려고요.

유라 그래요? 잘될 거예요.

지은 좀 긴장이 되네요.

유라 지은 씨는 착하고 매력이 있어요. 걱정하지 마세요.

　　　승윤 씨를 ☐☐☐☐☐☐☐☐ 저한테 전화해 주세요.

　　　　　　만나러 가다

(2) 対話の内容と合っていれば〇を、違っていれば×を付けてください。

- 지은 씨는 이번 주말에 승윤 씨를 만날 거예요. 　　　　　　(　　　)
- 유라 씨는 지은 씨를 만나기 전에 승윤 씨를 만날 거예요. (　　　)

(3) 対話をもう一度聞いて、発音とイントネーションに気を付けながら繰り返し読んでみましょう。

(4) 「AI SPEAK」を使って正確に発音できているか確認しましょう。

🎙 **2　質問に答えてください。**

(1) 皆さんはなぜ韓国語を勉強しているのですか？　以下に示した文章を参考に、韓国語の勉強を始めた理由や、今後の計画をそれぞれ空欄にメモし、それを発表してください。

> 저는 한국에 오기 전에 한국 드라마를 많이 보고 한국 노래를 많이 들었어요.
>
> 한국 드라마는 재미있고, 한국 노래는 정말 좋아요.
>
> 한국 드라마랑 한국 노래가 좋아서 한국에 왔어요.
>
> 한국어를 공부할 때 드라마도 많이 보고 노래도 많이 들어요.
>
> 한국에 오니까 정말 좋아요. 사람들도 착하고 한국 문화도 재미있어요.
>
> 다음 주부터 동아리에서 한국 악기를 배우기로 했어요.
>
> 계속 한국에서 공부할 거예요.

한국어를 왜 배워요?	
앞으로 뭘 더 공부할 거예요?	

(2) どうやって韓国語を勉強したらいいですか？　3人1組になり、勉強方法を5つ挙げて発表してみましょう。

〈**한국어 공부 방법**〉

1. 한국 드라마를 많이 봅니다.

2.

3.

4.

5.

やってみよう

 1 音声を聞いて質問に答えてください

(1) 맞으면 ○, 틀리면 × 하세요. 対話の内容と合っていれば○を、違っていれば×を付けてください。

① 남자는 약속을 잊어버렸어요.   (   )

② 남자는 여자 친구한테 화를 냈어요.   (   )

③ 남자는 여자 친구한테 사과를 안 했어요.   (   )

④ 남자는 여자 친구한테 꽃을 선물할 거예요.   (   )

(2) 친구하고 싸운 후에 어떻게 하면 화해할 수 있을까요? 이야기해 보세요.
友達とけんかした後に、どうすれば仲直りできるでしょうか？ 話し合ってみましょう。

2 音声を聞いて質問に答えてください

(1) 빈칸에 알맞은 말을 쓰세요. それぞれの空欄に適切な語句を書いてください。

① 남자는 _____을/를 먹기 전에 _____을/를 꼭 _____.

② 남자는 _____을/를 하고 있어서 조금 먹어요.

③ 여자는 _____을/를 먹은 후에 _____을/를 꼭 _____.

(2) 여러분은 다음과 같을 때 무엇을 꼭 합니까? 메모한 후에 친구하고 이야기해
보세요.
以下に示したそれぞれの状況において、皆さんならどうしますか？ 必ずすることと、なぜそれをするかを空欄
にメモし、それについて話し合ってください。

	뭘 꼭 해요?	왜 해요?
밥을 먹기 전에		
여행을 가기 전에		
학교 / 회사에 가기 전에		
자기 전에		

語彙 □선물하다 : プレゼントする 例) 친구에게 선물할 거예요 友達にプレゼントするつもりです

3 絵を見ながらストーリーを考えてみましょう。

첫눈에 반했습니다.

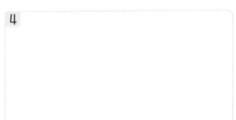

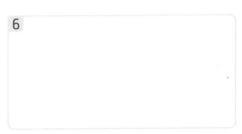

(1) 4 하고 6 에서 무슨 일이 있었을까요? 상상해서 이야기를 만들고 발표해 보세요.

4 と 6 でどんなことが起こったか想像し、1〜6のストーリーを作って発表してください。

(2) (1)에서 발표한 내용을 정리해서 글로 써 보세요.

(1)で発表した内容をまとめ、作文してください。

語彙 □상상하다：想像する　例）전혀 상상하지 못했어요 まったく想像できませんでした

理解度チェック

語彙

1 この課で習った語彙です。覚えた語彙には✓を付けてください。

- ☐ 착하다
- ☐ 첫눈에 반하다
- ☐ 데이트를 신청하다
- ☐ 싸우다
- ☐ 사과하다

- ☐ 매력이 있다
- ☐ 사랑에 빠지다
- ☐ 데이트를 하다
- ☐ 화가 나다
- ☐ 화해하다

- ☐ 마음이 넓다
- ☐ 고백하다
- ☐ 결혼하다
- ☐ 화를 내다
- ☐ 헤어지다

分からない語彙が5つ以上あれば、語彙のページを復習してください。

表現

2 与えられた語句を、この課で習った適切な表現にして対話を完成させてください。

A 내일 뭐 할 거예요?

B 캐서린 씨하고 박물관에 ☐☐☐☐☐☐. 안나 씨도 같이 가요.
　　　　　　　　　　　　　　가다

A 좋아요. 박물관에 ☐☐☐☐ 한국 역사책을 좀 읽어 볼까요?
　　　　　　　　　　가다

- ・-기로 하다を使って何かをすると決めることや約束することを表現できますか？ ☐
- ・-기 전에を使って出来事の順序を表現できますか？ ☐
- ・理想のタイプや恋愛について話せますか？ ☐

分からない表現があれば、文法のページを復習してください。

学習目標

- −(으)ㄹ래요を使って自分の意志を表現できる
- 形容詞の連体形を使った表現ができる
- 食べ物を注文したり、味を表現したりできる

文法

- ～します
- ～な…、～い…

語彙

- 注文
- 味

12

뭐 먹을래요?

何食べますか?

語彙

식당에 가면 어때요?
食堂に行くとどんなふうですか？

손님이 많다

お客さんが多い

음식이 많이 나가다

食べ物がたくさん売れる

냄새가 나다

においがする

고추장을 넣다 / 빼다

コチュジャンを入れる／抜く（入れない）

※第12課の答えと訳はP.260から

1 絵を見てふさわしい語句を書いてください。

(1)

(　　　　　　)

(2)

(　　　　　　)

(3)

(　　　　　　)

짜다

塩辛い

싱겁다

水っぽい、薄い

달다

甘い

한국 음식에 뭐가 있어요?
韓国の食べ物には何がありますか？

김치찌개

キムチチゲ

된장찌개

テンジャンチゲ

떡국

お雑煮

갈비탕

カルビタン

닭갈비

タッカルビ

삼겹살

サムギョプサル

2 それぞれの質問に答えてください。

(1) 고추장을 먹어 봤어요? 맛이 어때요? 무슨 음식에 고추장을 넣을까요?

(2) 한국 음식 중에서 무슨 음식을 좋아해요? 무슨 음식을 먹어 봤어요? 언제 먹어 봤어요?

　예 저는 떡볶이를 좋아해요. 떡볶이는 맵지만 맛있어요. 일주일에 한 번 꼭 먹어요.

文法

❶ V-(으)ㄹ래요　～します

動詞の後に付いて、ある事をしようとする自分の意志を話したり、相手の意志を尋ねるときに使います。

現在の状況で、どれを選択するか、何をするかなど、具体的な意志を表します。

1

민호 여보세요? 유라 씨, 우리 같이 공부해요. 우리 집으로 **올래요**?

유라 네, 좋아요. 그쪽으로 갈게요.

2

민호 잘 왔어요. 뭐 **마실래요**?

유라 주스가 있으면 주스 주세요.

3

민호 밥 먹으러 가요. 뭐 **먹을래요**?

유라 저는 갈비탕이 먹고 싶어요. 갈비탕 **먹을래요**.

4

민호 맛있게 먹었어요? 여기까지 왔으니까 승윤 씨 만나고 **갈래요**?

유라 잘 먹었어요. 그런데 이제 집에 **갈래요**. 가서 더 **공부할래요**.

公式23

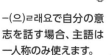

가다		갈래요
먹다	+ -(으)ㄹ래요 =	먹을래요
공부하다		공부할래요

> **Tip**
> -(으)ㄹ래요で自分の意志を話す場合、主語は一人称のみ使えます。

練習 **1**

例の a ～ c の部分を (1) ～ (4) の a ～ c の語句と入れ替え、例を参考にそれぞれ適切な表現にして話す練習をしてみましょう。

> 例
> A ᵃ도서관에 갈까요?
> B ᵇ안 갈래요. ᶜ피곤해요.

(1) ᵃ밥 먹다 / ᵇ안 먹다 / ᶜ배가 부르다

(2) ᵃ뭐 마시다 / ᵇ커피를 마시다 / ᶜ졸리다

(3) ᵃ버스 타고 가다 / ᵇ걸어서 가다 / ᶜ걷고 싶다

(4) ᵃ공포 영화 보다 / ᵇ액션 영화 보다 / ᶜ공포 영화는 무섭다

語彙 □졸리다 : 眠い　例) 너무 졸려요 とても眠いです

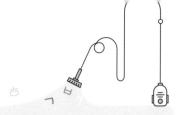

② A-(으)ㄴ N ～な…、～い…

形容詞を連体形にして名詞を修飾するときに使い、現在の状態を表します。

語幹末にパッチムがあれば −은が、パッチムがなければ −ㄴが付きます。ただし있다、없다は −는が使われます。

1

유라 지은 씨, 제가 과자를 가지고
　　 왔어요. 먹어 보세요.

지은 저는 **시원한** 커피를 가지고 왔어요.
　　 날씨가 더워서요.

2

지은 정말 **맛있는** 과자네요.
　　 잘 먹었습니다.

유라 저도 잘 먹었어요.
　　 기분이 **좋은** 아침이네요.

3

지은 우리 반에는 **재미있는** 친구들이
　　 많아요.

유라 네. **좋은** 친구들하고 같이
　　 공부하니까 공부가 더 재미있어요.

4

지은 **어려운** 것이 있으면 물어볼게요.

유라 네, 저도 힘들거나 **어려운** 일이
　　 있으면 말할게요.

公式24

예쁘다
─────
좋다
＋
-(으)ㄴ
가방
＝
예쁜 가방
─────
좋은 가방

練習2

例の a、b の部分を (1) ～ (4) の a、b の語句と入れ替え、例を参考にそれぞれ適切な表現にして話す練習をしてみましょう。

例
가 저는 ª깨끗한 방이 좋아요.
나 그럼 이 ᵇ방은 어때요?

(1) ª크다 + 모자 / ᵇ모자

(2) ª재미있다 + 책 / ᵇ책

(3) ª싱겁다 + 음식 / ᵇ요리

(4) ª착하다 + 사람 / ᵇ사람

語彙 □과자 : 菓子

スピーキング練習

1 対話を聞いて質問に答えてください。

(1) 音声を聞き、この課で習った表現を使って対話を完成させてください。

손님1 뭐 ☐☐☐☐?
　　　　먹다

손님2 음식이 다 맛있겠어요. 주문하기 전에 직원한테 한번 물어봐요.

승윤 뭘 드릴까요?

손님2 이 식당에서 제일 ☐☐☐ 음식이 뭐예요?
　　　　　　　　　　맛있다

승윤 다 맛있습니다. 그런데 보통 비빔밥을 많이 드십니다.

손님2 그럼 저는 비빔밥 주세요.

(2) 対話の内容と合っていれば〇を、違っていれば×を付けてください。

- 승윤 씨는 식당에서 일해요. 　　　（　　　　）
- 이 식당에서 비빔밥이 인기가 많아요. （　　　　）

(3) 対話をもう一度聞いて、発音とイントネーションに気を付けながら繰り返し読んでみましょう。

(4) 「AI SPEAK」を使って正確に発音できているか確認しましょう。

2 文を読んで質問に答えてください。

> 저는 한국 음식을 좋아해요. 한국 음식 중에서 특히 떡볶이가 맛있어요.
> 매운 음식을 먹으면 스트레스가 풀려요.
> 하지만 너무 짠 음식은 싫어요. 짠 음식을 많이 먹으면 배가 아파요.
> 떡볶이 이야기를 하니까 갑자기 떡볶이가 먹고 싶네요. 같이 먹으러 갈래요?

(1) 皆さんはどんな食べ物が好きですか？ 以下の項目にそれぞれ答えて空欄にメモし、上記の文を参考に話してください。

어떤 음식을 좋아해요?	왜 좋아해요?

어떤 음식을 싫어해요?	왜 싫어해요?

(2) 友達と食事の約束をしてください。何を食べることにしますか？ 項目にそれぞれ答えて空欄にメモし、例を参考に発表してください。

무엇을 먹으러 갈 거예요?	왜요?

> **例**
> 에릭 씨하고 저는 삼겹살을 먹으러 갈 거예요.
> 우리는 고기를 좋아해서 이번 주 토요일에 같이 가기로 했어요.

語彙 □특히：特に　例）특히 떡볶이를 좋아해요 特にトッポッキが好きです　□스트레스가 풀리다：ストレスが解消される
□갑자기：急に、いきなり　例）갑자기 생각났어요 急に思いつきました

やってみよう

1 音声を聞いて、内容と合っていれば〇を、違っていれば✕を付けてください。

(1) 여자는 닭갈비를 좋아해요.　　　　　　　（　　　）

(2) 남자랑 여자는 김치찌개를 먹으러 갔어요.　（　　　）

(3) 남자는 "고추장을 빼 주세요." 말했어요.　（　　　）

(4) 두 사람은 음식을 2인분 주문했어요.　　　（　　　）

2 音声は陰暦の正月についての話です。よく聞いて答えてください。

(1) 빈칸에 알맞은 말을 쓰세요. それぞれの空欄に当てはまる語句を書いてください。

　　① 설날 아침에 _____ 을/를 먹습니다.

　　② 조카는 떡국을 _____ 그릇 먹었습니다.

　　③ 이 사람은 설날에 가족들하고 같이 있어서 _____.

(2) 여러분 나라에는 어떤 특별한 날이 있습니까? 그날에는 어떤 음식을 먹습니까?
　　이야기해 보세요.
　　皆さんの国ではどんな特別な日がありますか？　その日は何を食べますか？　話してください。

특별한 날	특별한 음식

3 文章を読んで内容と一致するものを選んでください。

> 한국에서는 삼겹살을 많이 먹습니다. 3월 3일은 '삼겹살데이'입니다.
> 이 날은 특히 삼겹살을 많이 먹습니다.
> 삼겹살만 구워서 먹을 수도 있지만 김치나 채소도 같이 구워서 먹을 수 있습니다.
> 삼겹살을 다 먹은 후에 볶음밥을 먹을 수도 있습니다.

語彙 □2인분：2人分　□조카：甥／姪　□특별하다：特別だ　□굽다：焼く　例）고기를 구워요 肉を焼きます
　　□볶음밥：焼き飯、チャーハン

삼겹살 식당은 특별한 곳도 많습니다. 어떤 식당은 삼겹살을 인삼이나 와인, 마늘하고 같이 요리합니다. 어떤 식당은 파스타하고 삼겹살을 함께 요리합니다. 이렇게 삼겹살은 한국에서 인기가 많은 음식입니다.

① 삼겹살데이는 삼 월 사 일입니다.

② 파스타도 한국에서 인기가 많은 음식입니다.

③ 삼겹살을 먹은 후에 꼭 볶음밥을 먹어야 됩니다.

④ 삼겹살은 채소랑 같이 구워서 먹을 수 있습니다.

4 質問に答えてください。

(1) 여러분 나라에서 '제일 맛있는 음식, 특별한 음식'을 한 가지 소개해 보세요.
以下の項目にそれぞれ答えて空欄にメモし、皆さんの国の「いちばんおいしい食べ物」または「特別な食べ物」を1つ紹介してください。

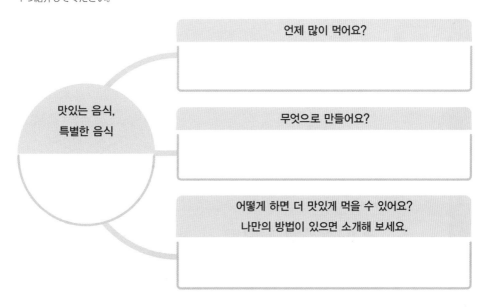

맛있는 음식,
특별한 음식

언제 많이 먹어요?

무엇으로 만들어요?

어떻게 하면 더 맛있게 먹을 수 있어요?
나만의 방법이 있으면 소개해 보세요.

(2) (1)에서 소개한 내용을 정리해서 '제일 맛있는 음식, 특별한 음식'에 대해 글로 써 보세요.
(1)で紹介した内容をまとめ、「いちばんおいしい食べ物」「特別な食べ物」について作文してください。

語彙 □인삼：朝鮮人参　□와인：ワイン　□마늘：にんにく　□파스타：パスタ

理解度チェック

1 この課で習った語彙です。覚えた語彙には✓を付けてください。

☐ 손님이 많다　　☐ 음식이 많이 나가다　　☐ 냄새가 나다
☐ 고추장을 넣다　☐ 고추장을 빼다　　　　☐ 짜다
☐ 싱겁다　　　　　☐ 달다　　　　　　　　☐ 김치찌개
☐ 된장찌개　　　　☐ 떡국　　　　　　　　☐ 갈비탕
☐ 닭갈비　　　　　☐ 삼겹살

分からない語彙が5つ以上あれば、語彙のページを復習してください。

表現

2 与えられた語句を、この課で習った適切な表現にして対話を完成させてください。

A 캐서린 씨, 뭐 마실래요?

B 네, 저는 커피를 ☐☐☐☐. 안나 씨는요?
　　　　　　　　　마시다

A 저도 ☐☐☐ 커피를 ☐☐☐☐.
　　　　따뜻하다　　　　　마시다

- −(으)ㄹ래요を使って自分の意志を表現できますか？　☐
- 形容詞の連体形を使った表現ができますか？　☐
- 食べ物を注文したり、味を表現できますか？　☐

分からない表現があれば、文法のページを復習してください。

学習目標
・動詞の現在連体形を使った表現ができる
・ー(으)ㄴ/는/(으)ㄹ 것 같다を使って、ある事柄を推測して話せる
・色と外見について話せる

文法
・～する…
・～するようだ、～したようだ、～（な）ようだ

語彙
・色
・外見

영화 시간이 다 된 것 같아요

映画の時間になったようです

語彙

색깔이 어때요?
色はどうですか？

파랗다	파란색
青い	青色

까맣다	까만색
黒い	黒色

하얗다	하얀색
白い	白色

노랗다	노란색
黄色い	黄色

빨갛다	빨간색
赤い	赤色

※第13課の答えと訳は P.261 から

1

それぞれの質問に答えてください。

(1) 무슨 색깔이 좋아요? 무슨 색깔 옷이 많아요?

(2) 색깔마다 느낌이 있어요. 친구하고 색깔의 느낌을 이야기해 보세요.

날씬하다

すらりとしている

튼튼하다

丈夫だ

뚱뚱하다

ぽっちゃりしている

눈썹이 진하다

眉毛が濃い

이마가 넓다

額が広い

이마가 좁다

額が狭い

입술이 두껍다

唇が厚い

입술이 얇다

唇が薄い

2 絵を見てそれぞれの外見を説明してください。

(1)

(2)

文法

① V-는 N ～する…

動詞を連体形にして名詞を修飾するときに使い、動作が現在行われていることを表します。

また、−는 곳（～するところ）−는 것（～すること）のように 一般的な事実を表したり、説明したりするときにも使います。재미있다、재미없다のように있다、없다が付く形容詞の場合も使います。

1

민호 지은 씨는 취미가 뭐예요?

지은 제 취미는 피아노 **치는** 거예요.

2

민호 저는 맛있는 음식을 **먹는** 거 좋아해요.

지은 저도 좋아해요.
우리 같이 맛있는 거 먹으러 가요.

3

민호 **좋아하는** 음식이 뭐예요?

지은 저는 떡볶이처럼 매운 음식을 좋아해요.

4

민호 저 식당으로 갈래요? 텔레비전에 많이 **나오는** 식당이에요.

지은 그래요? 줄을 서서 **기다리는** 사람이 많네요.

公式25

가다			가는
먹다	+	-는 =	먹는
공부하다			공부하는

練習 1

例のa、bの部分を（1）、（3）のaおよび（4）～（6）のbの語句と入れ替え、例を参考にそれぞれ適切な表現にして話す練習をしてみましょう。

例
A 캐서린 씨가 누구예요?
B ^a책을 읽는 사람이 캐서린 씨예요.

例
A 여기가 어디예요?
B 제가 ^b다니는 학교예요.

(1) ^a이를 닦다

(2) ^a노래를 부르다

(3) ^a만화를 그리다

(4) ^b운동하다 + 곳

(5) ^b매일 산책하다 + 공원

(6) ^b자주 쇼핑하러 가다 + 백화점

語彙 □곳：場所、所

② V-(으)ㄴ/는/(으)ㄹ 것 같다, A-(으)ㄴ/(으)ㄹ 것 같다
～するようだ、～したようだ、～ (な)ようだ

ある事柄を推測して話すときに使います。
自分の考えや意見を強く主張するのではなく、優しく控え目に言うときにも使います。

13-3

1

🙂 유라 독일어 공부를 더 하려고요.
이 책은 어때요? **괜찮은 것 같아요?**

🙂 지은 그 책은 좀 **쉬운 것 같아요.**
유라 씨는 독일어를 잘하니까요.

2

🙂 지은 오늘 모임에 승윤 씨도 올까요?

🙂 유라 승윤 씨는 요즘 **바쁜 것 같아요.**
전화도 잘 안 받아요.
아마 못 **올 것 같아요.**

3

🙂 유라 밖에 사람들이 우산을 쓰고
가네요. 비가 **오는 것 같아요.**

🙂 지은 비가 더 많이 오기 전에 빨리 가요.

4

🙂 유라 길이 많이 막히네요.

🙂 지은 사고가 **난 것 같아요.** 차가 안
가네요. 모임에 **늦을 것 같아요.**

公式26

가다		간 것 같다
먹다	+ -(으)ㄴ/는/ -(으)ㄹ 것 같다 =	먹는 것 같다
공부하다		공부할 것 같다

公式27

예쁘다		예쁜 것 같다
좋다	+ -(으)ㄴ/ -(으)ㄹ 것 같다 =	좋을 것 같다

練習
2

例の a ～ d の部分を（1）、（2）の a、b および（3）、（4）の c、d の語句と入れ替え、
例を参考にそれぞれ適切な表現にして話す練習をしてみましょう。

例
A ª 이 집 어때요?
B ᵇ 좋은 것 같아요.

例
A ᶜ 안나 씨는 어디에 있어요?
B ᵈ 집에 간 것 같아요.

(1) ª이 가방 / ᵇ비싸다

(2) ª저 영화 / ᵇ재미있다

(3) ª지금 날씨 / ᵇ눈이 그치다

(4) ᶜ승윤 씨는 지금 뭐 하다 / ᵈ공부하다

(5) ᶜ유라 씨는 친구가 많다 / ᵈ많다

(6) ᶜ오늘 파티에 오다 / ᵈ못 가다

スピーキング練習

1 対話を聞いて質問に答えてください。

(1) 音声を聞き、この課で習った表現を使って対話を完成させてください。

승윤 지은 씨, 여기예요.

지은 승윤 씨, 미안해요. 제가 좀 늦었죠? 길이 좀 막혀서요.

승윤 아니에요. 저도 방금 왔어요.

지은 영화를 본 후에 밥 먹으러 갈까요?

　　　이 근처에 제가 자주 [가다] 식당이 있어요.

승윤 좋아요. 그 식당에 가요. 영화 시간이 다 [되다].

　　　빨리 들어가요.

(2) 対話の内容と合っていれば○を、違っていれば×を付けてください。

- 승윤 씨와 지은 씨는 영화를 보러 왔어요.　（　　　）
- 지은 씨는 길이 막혀서 늦었어요.　　　　　　（　　　）

(3) 対話をもう一度聞いて、発音とイントネーションに気を付けながら繰り返し読んでみましょう。

(4) 「AI SPEAK」を使って正確に発音できているか確認しましょう。

2 質問に答えてください。

(1) 絵を見てどのような状況を表しているかを推測し、以下の①〜⑤それぞれに続く文を作ってください。

❶ 구름이 많아요. _____.

❷ 아이들이 자전거를 타고 있어요. _____.

❸ 남자, 여자의 표정이 안 좋아요. _____.

❹ 여자가 뛰고 있어요. _____.

❺ 노래를 듣는 사람들의 표정이 좋아요. _____.

(2) 友達の表情を見て、例のように推測してお互いに話をしてみましょう。

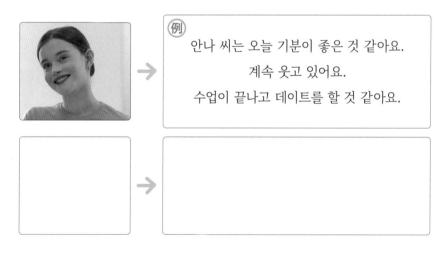

例
안나 씨는 오늘 기분이 좋은 것 같아요.
계속 웃고 있어요.
수업이 끝나고 데이트를 할 것 같아요.

語彙 □아이들：子どもたち　□표정：表情

やってみよう

 1 音声を聞いて質問に答えてください。

(1) 빈칸에 알맞은 말을 쓰세요. それぞれの空欄に当てはまる語句を書いてください。

① 남자는 _____에서 _____ 거 좋아합니다.

② 한국에는 _____에서 _____ 사람들이 많습니다.

③ 남자는 일이 있어서 여자랑 같이 공부를 _____ (-ㅂ/습니다).

(2) 여러분은 공부할 때 어디에서 합니까? 어디에서 공부하면 공부가 잘됩니까?
메모를 한 후 <보기>와 같이 이야기해 보세요.
皆さんはどこで勉強しますか？　どこで勉強するとはかどりますか？　以下の項目にそれぞれ答えて空欄にメモ
し、例を参考に話してください。

공부가 잘되는 곳	
왜요?	

例
저는 커피숍에서 공부가 잘돼요. 조금 시끄럽지만 더 열심히 공부할 수 있어요.
너무 조용한 곳은 잠이 올 것 같아요. 그래서 저는 공부할 때 커피숍에 가요.

 2 音声を聞いて質問に答えてください。

(1) 여자가 만나고 싶은 사람으로 맞는 것을 고르세요.
女性が会いたいと思っている人を選んでください。

① 여자를 존경해 주는 사람

② 아는 것이 많고 똑똑한 사람

③ 키가 작고 이마가 좁은 사람

④ 얼굴이 하얗고 눈썹이 진한 사람

語彙 □시끄럽다 : うるさい　例) 조금 시끄러워요 少しうるさいです　□잠이 오다 : 眠くなる　例) 피곤해서 잠이 왔어요 疲れて眠くなりました　□조건 : 条件

152

(2) 남자는 여자에게 '눈이 높다'고 말했습니다. '눈이 높다'는 무슨 뜻일까요?

男性は女性に「눈이 높다」と言っています。눈이 높다とはどういう意味でしょうか？

① 책을 읽을 때 눈이 아주 좋은 것

② 사람들이랑 함께 좋은 음식만 먹는 것

③ 사람을 만날 때 좋은 조건들만 찾는 것

(3) 皆さんはどんな人に会いたいですか？　どのような人と付き合っていますか？

 3 文を読んで質問に答えてください。

> 여기는 제가 자주 가는 식당이에요. 음식이 맛있고 직원이 친절해서 좋아요.
>
> 여기에서 제가 자주 먹는 음식은 비빔밥인데요. 안 맵고 맛있어요.
>
> 밥을 먹고 커피를 마시러 가요. 저는 식사를 한 후에 커피 마시는 것을 좋아해요.

(1) 빈칸에 알맞은 말을 쓰세요.　それぞれの空欄に当てはまる語句を書いてください。

① 이 사람이 자주 가는 식당은 ＿＿＿＿＿＿＿＿＿＿ 비빔밥을 파는 곳입니다.

② 이 사람은 밥을 먹은 후에 ＿＿＿＿＿＿＿＿＿＿＿＿ 것을 좋아합니다.

(2) 여러분이 자주 가는 곳은 어디입니까? 소개해 보세요.

皆さんがよく行く場所はどこですか？　以下の項目にそれぞれ答えて空欄にメモし、紹介してください。

자주 가는 곳	
왜 자주 가요?	

(3) (2)에서 소개한 내용을 정리해서 '자주 가는 곳'에 대해 글로 써 보세요.

(2)で紹介した内容をまとめ、「よく行く場所」について作文してください。

語彙 □식사：食事

理解度チェック

語彙

1 この課で習った語彙です。覚えた語彙には✓を付けてください。

☐ 파랗다 ☐ 파란색 ☐ 까맣다

☐ 까만색 ☐ 하얗다 ☐ 하얀색

☐ 노랗다 ☐ 노란색 ☐ 빨갛다

☐ 빨간색 ☐ 날씬하다 ☐ 튼튼하다

☐ 뚱뚱하다 ☐ 눈썹이 진하다 ☐ 이마가 넓다

☐ 이마가 좁다 ☐ 입술이 두껍다 ☐ 입술이 얇다

> 分からない語彙が5つ以上あれば、語彙のページを復習してください。

表現

2 与えられた語句を、この課で習った適切な表現にして対話を完成させてください。

A 안나 씨, 좋아하는 가수가 누구예요?

B 저는 좋아하는 가수가 많아요. 노래를 ☐☐☐☐☐ 는 다 좋아요.
　　　　　　　　　　　　　　　　　　　　잘하다 + 가수

A 그럼 이 가수 노래를 들어 보세요. 안나 씨가

☐☐☐☐☐☐☐ .
　　좋아하다

> • 動詞の連体形を使った表現ができますか？ ☐
> • −(으)ㄴ/는/(으)ㄹ 것 같다を使って、ある事柄を推測して話せますか？ ☐
> • 色と外見について話せますか？ ☐
>
> 分からない表現があれば、文法のページを復習してください。

154

14

같이 갔으면 좋겠어요

一緒に行けたらいいです

語彙

회사에 어떻게 다녀요?
どのように会社に通いますか？

회사에 다니다

会社に通う

출근하다

出勤する

퇴근하다

退勤する

출퇴근 시간

出退勤時間

출퇴근하다

出退勤する

버스로 출퇴근하다

バスで出退勤する

회사에서 뭐 해요?
会社で何をしますか？

근무 시간   근무하다

勤務時間   勤務する

점심시간

昼食時間

156

지각을 하다

遅刻をする

야근을 하다

残業をする

출장을 가다

出張に行く

출장에서 돌아오다

出張から帰ってくる

보고서를 쓰다

報告書を書く

일을 마치다

仕事を終える

※第 14 課の答えと訳は P.263 から

1 それぞれの空欄に当てはまる語句を書いてください。

• 우리 회사의 (1) _____은/는 오전 9시부터 오후 6시까지예요.

• 오늘은 늦게 일어나서 (2) _____을/를 했어요. 9시 30분에 회사에 도착했어요.

• 일이 많아서 밤 9시까지 (3) _____을/를 했어요.

2 それぞれの質問に答えてください。

(1) 여러분 나라에서는 보통 몇 시에 출근하고 몇 시에 퇴근해요?

(2) 어떤 회사에 다니고 싶어요?

文法 📖

① V/A-았으면 / 었으면 좋겠다　〜たらいい、〜たらうれしい、〜したい

ある事柄が叶うことを願う、希望の表現をするときに使います。

🎧 14-2

1
👩 유라　승윤 씨, 올해 소원이 뭐예요?
👨 승윤　올해 **취직했으면 좋겠어요.**

2
👨 승윤　유라 씨는 올해 뭘 꼭 하고 싶어요?
👩 유라　저는 자격증 시험에 **합격했으면 좋겠어요.**

3
👩 지은　유라 씨, 선물이에요.
　　　　유라 씨 마음에 **들었으면 좋겠어요.**
👩 유라　지은 씨, 고마워요.

4
👩 지은　유라 씨가 항상 행복하고
　　　　건강했으면 좋겠어요.
👩 유라　고마워요.
　　　　지은 씨는 정말 좋은 친구예요.

公式28

가다		갔으면 좋겠다
크다	**+** −았으면/었으면 좋겠다 **=**	컸으면 좋겠다
공부하다		공부했으면 좋겠다

練習 1

例のaの部分を（1）〜（4）のaの語句と入れ替え、例を参考にそれぞれ適切な表現にして話す練習をしてみましょう。

例
A 올해 바라는 일이 있어요?
B ᵃ스페인으로 여행을 갔으면 좋겠어요.

(1) ᵃ운전 면허증을 따다
(2) ᵃ우리 식당에 손님이 많다
(3) ᵃ서핑 대회에서 1등을 하다
(4) ᵃ가고 싶은 대학교에 입학하다

語彙 □소원：願い　□자격증：資格証　□합격하다：合格する　例) 시험에 합격하고 싶어요 試験に合格したいです
　　□바라다：願う、望む　例) 바라는 일이 뭐예요? 望むことは何ですか?

158

❷ N 때문에　〜のせいで

名詞と一緒に使い、ある事柄の理由や原因を話す表現です。

1

서준　요즘 **부장님 때문에** 너무 힘들어요.

진우　왜요?

서준　일을 너무 많이 시키세요.

2

서준　퇴근 안 해요?

진우　이 **보고서 때문에** 퇴근 못 해요.
　　　내일까지 내야 돼요.

3

유라　서준 씨, 요즘 많이 바쁜 것 같아요.

서준　네. 출장 **준비 때문에** 좀 바빠요.

4

유라　길이 많이 막히네요.
　　　학원에 늦겠어요.

서준　**비 때문에** 더 많이 막히는 것
　　　같아요.

公式29

> 친구
> ──── ＋ 때문에 ＝ 친구 때문에
> 약속 ────────── 약속 때문에

練習 2

例のa〜cの部分を(1)〜(4)のa〜cの語句と入れ替え、例を参考にそれぞれ適切な表現にして話す練習をしてみましょう。

例
A ᵃ기분이 안 좋은 것 같아요.
B ᵇ날씨 때문에 ᶜ기분이 안 좋아요.

(1) ᵃ바쁜 것 같다 / ᵇ이사 준비 / ᶜ바쁘다

(2) ᵃ힘든 것 같다 / ᵇ아르바이트 / ᶜ힘들다

(3) ᵃ피곤한 것 같다 / ᵇ숙제 / ᶜ잠을 못 자다

(4) ᵃ기분이 좋은 것 같다 / ᵇ친구 /
　ᶜ기분이 좋다

語彙　□일을 시키다：仕事をさせる　例) 일을 많이 시켜요 仕事をたくさんさせます

 # スピーキング練習

 1 **対話を聞いて質問に答えてください。**

(1) 音声を聞き、この課で習った表現を使って対話を完成させてください。

유라　서준 씨, 요즘 바빴어요?

서준　네. ☐☐☐☐☐ 3일 동안 야근을 했어요.
　　　　　　　회사 일
　　　그래서 이제 좀 쉬려고요.

유라　아, 그래요? 뭐 할 거예요?

서준　영화를 보러 가려고요. 유라 씨도 같이 ☐☐☐☐☐☐☐.
　　　　　　　　　　　　　　　　　　　가다

유라　네, 좋아요.

(2) 対話の内容と合っていれば○を、違っていれば×を付けてください。

- 서준 씨는 야근을 해서 바빴어요.　　　　　　　　（　　　）
- 서준 씨랑 유라 씨는 영화를 보러 갈 거예요.　　　（　　　）

(3) 対話をもう一度聞いて、発音とイントネーションに気を付けながら繰り返し読んでみましょう。

(4) 「AI SPEAK」を使って正確に発音できているか確認しましょう。

🎤 **2** 例の a ～ e の部分を (1)、(2) の a ～ e の語句と入れ替え、例を参考にそれぞれ適切な表現にして話す練習をしてみましょう。

> ○─ (例) ─○
>
> 지은 여보세요? 유라 씨, 저 지은이에요.
>
> 유라 네, 지은 씨.
>
> 지은 내일 ^a모이기로 했지요? 그런데 미안하지만
> 　　내일 ^b수업 때문에 ^c못 갈 것 같아요.
>
> 유라 그래요? 그래도 ^d지은 씨가 왔으면 좋겠어요. 시간이 되면 ^e잠깐 들르세요.

> ^a모이다
> ^b수업 / ^c못 가다
> ^d지은 씨가 오다
> ^e잠깐 들르다

(1) ^a만나다
　　^b학교 일 / ^c못 만나다
　　^d잠깐 만나다
　　^e잠깐 오다

(2) ^a같이 공원에 가다
　　^b다른 일 / ^c못 가다
　　^d같이 가다
　　^e연락하다

 3 **2つの状況のうち1つを選び対話を作ってください**

・状況1と状況2のうちどちらか1つを選んでください。

状況1

A 감기 때문에 아파서 어제 친구하고 만나기로 한 약속을 어겼어요.

B 친구가 아픈 것을 모르고 어제 2시간 동안 친구를 기다렸어요.

状況2

A 친구하고 같이 밥을 먹고 있었어요. 그런데 갑자기 회사에 일이 생겨서 회사에 갔어요.

B 혼자 식당에서 친구를 기다렸어요.

・選んだ状況で、AとBはお互いにどのような会話をするでしょうか？　AとBの対話を作ってロールプレイしてください。

語彙 □연락하다：連絡する　例）내일 연락하세요 明日連絡してください

右上：14課

やってみよう

 1 音声を聞いて質問に答えてください。

(1) 빈칸에 알맞은 말을 쓰세요. それぞれの空欄に当てはまる語句を書いてください。

　　① 얀토 씨 생일은 ＿＿＿＿＿＿＿＿＿＿＿＿＿＿＿예요/이에요.

　　② 얀토 씨 생일 선물로 ＿＿＿＿＿＿하고 ＿＿＿＿＿＿을/를 준비할 거예요.

(2) 선물을 산 후에 두 사람은 무엇을 하겠습니까? プレゼントを買った後、2人は何をしますか？

　　　　　　　　　＿＿＿＿＿＿＿＿＿＿＿＿＿＿＿(-ㅂ/습니다).

2 音声を聞いて質問に答えてください。

(1) 남자는 요즘 왜 스트레스를 많이 받습니까? 男性はなぜ最近ストレスをたくさん感じていますか？

　　① 출장 때문에　　　② 회사 일 때문에　　　③ 부장님 때문에

(2) 맞는 것을 고르세요. 音声の内容と一致するものを選んでください。

　　① 남자는 파스타를 제일 좋아해요.
　　② 남자가 다니는 회사는 야근을 안 해요.
　　③ 남자는 내일부터 혼자 출장을 가야 돼요.
　　④ 남자는 부장님하고 같이 점심 식사를 해요.

(3) 여러분이 이 남자면 어떻게 하겠습니까? 말해 보세요.
　　皆さんがこの男性ならどのようにしますか？ 話してください。

(4) 여러분은 요즘 뭐 때문에 스트레스를 받고 있습니까? 친구하고 이야기해
　　보세요.
　　皆さんは最近、何にストレスを受けていますか？ 以下の項目にそれぞれ答えて空欄にメモし、話し合ってください。

뭐 때문에 스트레스를 받아요?	어떻게 하면 좋을까요?

3 文を読んで質問に答えてください。

> 이 사람은 제가 좋아하는 친구 유서현 씨예요.
>
> 서현 씨는 성격도 좋고 예쁜 친구예요. 서현 씨 때문에 매일 즐거워요.
>
> 서현 씨를 만나면 기분이 좋아요. 제가 한국어 공부 때문에 스트레스를 받으면
>
> 서현 씨하고 한강에 가서 놀아요. 이야기도 하고 치킨도 먹어요.
>
> 서현 씨하고 계속 잘 지냈으면 좋겠어요.

(1) 이 사람은 서현 씨하고 무엇을 합니까? この人はソヒョンさんと何をしますか？

＿＿＿＿＿＿에 가서 ＿＿＿＿＿＿도 하고 ＿＿＿＿＿도 먹습니다.

(2) 이 사람이 바라는 일은 무엇입니까? この人が望んでいることは何ですか？

＿＿＿＿＿＿＿＿＿＿＿＿＿＿＿＿＿＿＿＿ (-았으면/었으면) 좋겠습니다.

(3) 여러분에게도 이런 친구가 있습니까? 메모한 후 이야기해 보세요.
皆さんにもこのような友達がいますか？ 以下の項目にそれぞれ答えて空欄にメモし、話してください。

내가 좋아하는 친구	
그 친구의 성격	
그 친구랑 하는 일	
그 친구에게 바라는 것	

(4) (3)에서 이야기한 내용을 정리해서 '내가 좋아하는 친구'에 대해 글로 써 보세요.
(3)で話した内容をまとめ、「私が好きな友達」について作文してください。

語彙 □치킨：チキン

理解度チェック

1 この課で習った語彙です。覚えた語彙には✓を付けてください。

- ☐ 회사에 다니다
- ☐ 출근하다
- ☐ 퇴근하다
- ☐ 출퇴근 시간
- ☐ 출퇴근하다
- ☐ 버스로 출퇴근하다
- ☐ 근무 시간
- ☐ 근무하다
- ☐ 점심시간
- ☐ 지각을 하다
- ☐ 야근을 하다
- ☐ 출장을 가다
- ☐ 출장에서 돌아오다
- ☐ 보고서를 쓰다
- ☐ 일을 마치다

分からない語彙が5つ以上あれば、語彙のページを復習してください。

表現

2 与えられた語句を、この課で習った適切な表現にして対話を完成させてください。

A 안나 씨, 또 감기에 걸렸어요?

B 네. 감기에 자주 걸리네요. 빨리 ☐☐☐☐☐☐☐☐ .
　　　　　　　　　　　　　　　　　　　낫다

A 추운 ☐☐☐☐☐ 그런 것 같아요. 힘내세요.
　　　　날씨

- −았으면/었으면 좋겠다を使って希望を表現できますか？ ☐
- 때문에を使ってある事柄の理由や原因を話せますか？ ☐
- 会社の仕事について話せますか？ ☐

分からない表現があれば、文法のページを復習してください。

15

방송국에 와 본
적이 없어요

放送局に来たことがありません

語 彙

무슨 직업이 있어요?
どんな職業がありますか？

경찰

警察

군인

軍人

공무원

公務員

약사

薬剤師

요리사

料理人

변호사

弁護士

연예인

芸能人

영화배우

映画俳優

아나운서

アナウンサー

경찰서

警察署

방송국

放送局

대사관

大使館

세탁소

クリーニング店

슈퍼마켓

スーパーマーケット

여행사

旅行会社

※第 15 課の答えと訳は P.265 から

1 それぞれのマスに職業および場所を表す単語を書き込み、ビンゴゲームをしてみましょう。

(1) 직업

(2) 장소

文法

① V-(으)ㄴ N 〜した…

動詞を連体形にして名詞を修飾するときに使い、動作がすでに行われたことを表します。

1

민호 오늘 신문 못 봤어요?

진우 이거 아니에요?

민호 그건 어제 **온** 신문이에요.

2

민호 어제 **만난** 친구가 누구예요?

진우 고등학교 때 친구예요.

3

민호 어제 **본** 영화는 정말 재미있었어요.

진우 맞아요. 주인공도 멋있고요.

4

민호 어제 유라 씨가 **마신** 음료수가
뭐였지요?

진우 레몬차예요. 피곤할 때 마시면
좋아요.

公式30

가다		간
먹다	+ -(으)ㄴ =	먹은
공부하다		공부한

練習 1

例のaの部分を (1) 〜 (4) のaの語句と入れ替え、例を参考にそれぞれ適切な表現にして話す練習をしてみましょう。

例

A 이게 뭐예요?

B ª어제 읽은 책이에요.

(1) ª아까 쓰다 + 보고서

(2) ª어제 사다 + 청바지

(3) ª주말에 찍다 + 사진

(4) ª지난주에 그리다 + 그림

語彙 □레몬차：レモンティー　□아까：さっき　例) 아까 봤어요 さっき見ました

❷ V-(으)ㄴ 적이 있다 / 없다
～したことがある／ない

動詞の後に付いて、過去の経験を表すときに使います。

1

👩 유라 지은 씨 노래를 **들어 본 적이 있어요?**

🧑 승윤 아니요. **들어 본 적이 없어요.** 노래를 잘해요?

👩 유라 네, 노래를 정말 잘해요.

2

👩 유라 지은 씨 집에 **가 본 적이 있어요?**

🧑 승윤 네, 지난번에 수업 끝나고 **간 적이 있어요.**

3

🧑 민호 여기가 어디예요?

👩 유라 프랑스예요. 프랑스를 **여행한 적이 있어요.** 그때 찍은 사진이에요.

4

🧑 민호 저는 프랑스에 **가 본 적이 없어요.** 또 어디에 가 봤어요?

👩 유라 호주에 **여행 간 적이 있어요.** 호주도 아름다웠어요.

公式31

가다			
먹다	+ -(으)ㄴ 적이 있다 / 없다	=	간 적이 있다
공부하다			먹은 적이 없다
			공부한 적이 있다

💡 Tip
この表現は、-아/어 본 적이 있다/없다の形でもよく使われます。

練習 2

例のa～cの部分を (1) ～ (4) のa～cの語句と入れ替え、例を参考にそれぞれ適切な表現にして話す練習をしてみましょう。

例
A ᵃ떡볶이를 먹은 적이 있어요?
B ᵇ네, ᶜ먹은 적이 있어요.

(1) ᵃ김밥을 만들다 /ᵇ네 /ᶜ만들다

(2) ᵃ태권도를 배우다 /ᵇ네 /ᶜ배우다

(3) ᵃ부산에 가 보다 /ᵇ아니요 /ᶜ가 보다

(4) ᵃ이 회사의 컴퓨터를 써 보다 / ᵇ아니요 /ᶜ써 보다

語彙 □그때 : そのとき　例) 그때 찍은 사진이에요 そのとき撮った写真です

スピーキング練習

1 対話を聞いて質問に答えてください。

(1) 音声を聞き、この課で習った表現を使って対話を完成させてください。

승윤 여기가 방송국이에요.

유라 저는 방송국에 ☐☐☐☐ 없어요. 신기하네요.
　　　　　　　　　　와 보다

승윤 우리가 오늘 여기에 ☐ 이유는요.
　　　　　　　　　　오다

유라 네, 알아요. 학교 선배를 인터뷰해야 되죠. 그게 과제지요?
　　　그냥 연예인을 구경하러 온 것이면 좋을 것 같아요.

승윤 하하, 유라 씨, 우리 빨리 인터뷰하고 맛있는 거 먹으러 가요.

(2) 対話の内容と合っていれば○を、違っていれば×を付けてください。

・ 유라 씨는 방송국에 처음 왔어요.　　　　　　　(　　　)

・ 두 사람은 연예인을 만나러 방송국에 왔어요. 　(　　　)

(3) 対話をもう一度聞いて、発音とイントネーションに気を付けながら繰り返し読んでみましょう。

(4) 「AI SPEAK」を使って正確に発音できているか確認しましょう。

語彙 □신기하다：不思議だ、もの珍しい 例) 처음 와서 신기해요 初めて来たので不思議です　□선배：先輩
　　　□인터뷰：インタビュー

2 文を読んで質問に答えてください。

> 유라 안나 씨는 찜질방에 간 적이 있어요?
>
> 안나 네. 가 본 적이 있어요. 지난주에 친구들하고 처음 찜질방에 가 봤어요.
> 제가 간 곳은 동대문에 있는 찜질방이었는데요.
> 친구하고 찜질방에서 미역국도 먹고 식혜도 마셨어요.
> 미역국은 생일에 먹는 음식이에요. 그런데 찜질방에서 팔아서 신기했어요.

(1) それぞれの空欄に当てはまる語句を書いてください。

① 안나 씨는 찜질방에 가 본 적이 ＿＿＿＿＿＿＿＿＿＿＿＿ (-아요/어요).

② 안나 씨는 찜질방에서 ＿＿＿＿＿＿＿＿＿＿＿＿ 을/를 먹었어요.

(2) 皆さんは何をしたことがありますか？ 友達の経験をインタビューしてみましょう。

질문	이름:
스노보드를 타 본 적이 있어요?	
언제 타 봤어요?	
어땠어요?	

질문	이름:
강아지를 키워 본 적이 있어요?	
언제 키워 봤어요?	
어땠어요?	

질문	이름:

やってみよう

🎧 1 音声を聞いて、それぞれの空欄に適切な語句を書いてください。
15-5

(1) 여자는 이 식당에 와 본 적이 ＿＿＿＿＿＿＿＿＿＿＿＿＿ (-ㅂ/습니다).

(2) 두 사람은 지난주에 ＿＿＿＿＿＿＿을/를 먹었습니다.

🎧 2 音声を聞いて質問に答えてください。
15-6

(1) 맞는 것에 ○ 하세요. 対話の内容と一致する方に○を付けてください。

　　① 남자아이들에게 인기가 있는 직업은 { 연예인 / 운동선수 }입니다.

　　② 여자는 어릴 때 { 요리사 / 선생님 }이/가 되고 싶었습니다.

(2) 여자가 이어서 할 행동으로 맞는 것을 고르세요.
　　女性が次にする行動としてふさわしいものを選んでください。

　　① 노래를 연습하러 갑니다.

　　② 인기 있는 직업을 알아봅니다.

　　③ 신문에서 조사 결과를 읽습니다.

(3) 여러분 나라에서 인기 있는 직업은 무엇입니까? 친구들하고 이야기해 보세요.
　　皆さんの国で人気がある職業は何ですか？　話し合ってみましょう。

인기 있는 직업	
왜 인기가 있습니까?	

語彙 □결과:結果　□남자아이:男の子　□여자아이:女の子　□어리다:幼い、若い

3 文を読んで質問に答えてください。

> 제 꿈은 연예인입니다. 저는 춤을 추는 것을 좋아하고 노래 부르는 것을 좋아합니다.
> 그래서 가수가 되고 싶습니다.
> 가수가 되는 것은 어렵습니다. 많은 사람들이 가수가 되고 싶어서 매일 연습합니다.
> 하루에 가수가 백 명 정도 나옵니다. 그중에 한두 명만 인기 있는 가수가 됩니다.
> 이렇게 가수가 되는 것이 어려워서 저도 매일 연습합니다.
> 밤 8시부터 새벽 2시까지 춤 연습, 노래 연습을 합니다.
> 정말 힘들지만 더 열심히 연습해서 꼭 가수가 되고 싶습니다.

(1) 이 사람의 꿈은 무엇입니까? この人の夢は何ですか？

_____.

(2) 이 사람은 몇 시부터 몇 시까지 연습합니까? この人は何時から何時まで練習しますか？

_____.

(3) 이 사람은 왜 매일 연습합니까? この人はなぜ毎日練習しますか？

_____.

(4) 여러분의 꿈은 무엇입니까? 꿈을 이루기 위해 무엇을 하고 있습니까? 이야기해
보세요.
皆さんの夢はなんですか？ 夢を叶えるために何をしていますか？ 以下の項目にそれぞれ答えて空欄にメモし、
話しください。

꿈이 뭐예요?	
무엇을 준비해야 돼요? 어떻게 준비하고 있어요? 어떻게 준비할 거예요?	

(5) (4)에서 이야기한 내용을 정리해서 '나의 꿈'에 대해 글로 써 보세요.
(4)で話した内容をまとめ、「私の夢」について作文してください。

語彙 □한두: 1、2／1つ2つ 例) 한두 개 있어요 1、2個あります

理解度チェック

1 この課で習った語彙です。覚えた語彙には✓を付けてください。

☐ 경찰 　　 ☐ 군인 　　 ☐ 공무원 　　 ☐ 약사

☐ 요리사 　 ☐ 변호사 　 ☐ 연예인 　　 ☐ 영화배우

☐ 아나운서 ☐ 경찰서 　 ☐ 방송국 　　 ☐ 대사관

☐ 세탁소 　 ☐ 슈퍼마켓 ☐ 여행사

分からない語彙が5つ以上あれば、語彙のページを復習してください。

📝 表現

2 与えられた語句を、この課で習った適切な表現にして対話を完成させてください。

Ⓐ 캐서린 씨, 한복을 ☐☐☐☐☐☐☐☐?
　　　　　　　　　　 入어 보다

Ⓑ 네, 입어 본 적이 있어요. 지난주에 경복궁에 갔어요. 그때 입었어요.

이게 그날 ☐☐☐☐ 이에요. 어때요?
　　　　　　찍다 + 사진

Ⓐ 한복을 입은 캐서린 씨가 정말 예쁘네요.

・動詞の過去連体形を使った表現ができますか？　☐
・-(으)ㄴ 적이 있다/없다を使って過去の経験を話せますか？　☐
・職業と場所について話せますか？　☐
分からない表現があれば、文法のページを復習してください。

174

16

学習目標
- 動詞の未来連体形を使った表現ができる
- −아도/어도 되다を使ってある事柄に対する許可を表現できる
- 感情を表す表現ができる

文法
- 〜する…
- 〜してもよい

語彙
- 感情
- 公共の場所

만나서 할 말이 있어요

会って話すことがあります

語彙

감정이 어때요?
感情はどうですか？

고민이 많다

悩みが多い

우울하다

憂鬱だ

외롭다

寂しい

슬프다

悲しい

창피하다

恥ずかしい

지루하다

退屈だ

그립다

恋しい

섭섭하다

（冷たくされたり期待外れで）心寂しい

※第 16 課の答えと訳は P.267 から

1

それぞれの質問に答えてください。

(1) 언제 창피했어요?

(2) 혼자 있어서 외로울 때 어떻게 해요?

공공장소에서 뭘 하면 안 돼요?
公共の場所で何をしてはいけないですか?

공공장소
公共の場所

쓰레기를 버리다
ごみを捨てる

담배를 피우다
たばこを吸う

술을 마시다
酒を飲む

소리를 지르다
大声を上げる

떠들다
騒ぐ

16課

---

2 以下の場所でしてはいけないことは何ですか? 例を参考に話してください。

例 영화관에서 큰 소리로 떠들면 안 돼요. 버스 정류장에서 담배를 피우면 안 돼요.

文法 📖

① V-(으)ㄹ N ～する…

動詞を未来連体形にして名詞を修飾するときに使います。未来、予定、推測、意図などを表します。

🎧 16-2

1
- 승윤 집에 **먹을** 것이 없네요.
- 진우 제가 나가서 사 올게요.

2
- 승윤 미안하지만 **마실** 것도 좀 부탁해요.
- 진우 알겠어요. 뭐 사 올까요?

3
- 서준 유라 씨, 내일 **만날** 장소는 정했어요?
- 유라 아직 못 정했어요. **만날** 장소하고 시간을 정하면 다시 연락할게요.

4
- 서준 내일 뭘 준비해야 돼요?
- 유라 서준 씨가 **준비할** 것은 없어요. 그냥 오세요.

公式32

가다		갈
먹다	+ -(으)ㄹ =	먹을
공부하다		공부할

練習1

例のaの部分を (1) ～ (4) のaの語句と入れ替え、例を参考にそれぞれ適切な表現にして話す練習をしてみましょう。

> 이건 ᵃ내일 먹을 아이스크림이에요.

(1) ᵃ주말에 하다 + 일
(2) ᵃ이따가 듣다 + 노래
(3) ᵃ파티 때 입다 + 원피스
(4) ᵃ다음 주에 공부하다 + 책

語彙 □정하다 : 決める　例) 아직 못 정했어요 まだ決められません

❷ V-아도 / 어도 되다 ～してもよい

動詞の後に付いて、ある事柄に対する許可や許容を表すときに使います。

1
민호 여기에서 사진을 **찍어도 될까요**?

직원 죄송하지만 여기에서 사진을 찍으시면 안 됩니다.

2
유라 민호 씨, 이 책에 미술관에 있는 그림이 다 있어요.

민호 그래요? 이 책 제가 **봐도 돼요**?

3
지은 이 옷 좀 입어 **봐도 돼요**?

주인 그럼요. 입어 **봐도 되죠**.

4
지은 이 모자 써 **봐도 돼요**?

주인 네, 써 보세요.

16課

公式33

가다
먹다
공부하다
+
-아도/어도
되다
=
가도 되다
먹어도 되다
공부해도 되다

練習 **2**

例のa、bの部分を (1) ～ (4) のa、bの語句と入れ替え、例を参考にそれぞれ適切な表現にして話す練習をしてみましょう。

例
A ^a 여기에 앉아도 돼요?
B 네, ^b 앉으세요.

(1) ^a창문을 열다 / ^b열다
(2) ^a숙제를 내일 하다 / ^b내일 하다
(3) ^a영화를 보러 가다 / ^b보러 가다
(4) ^a주말에 빨래하다 / ^b주말에 하다

スピーキング練習

1 対話を聞いて質問に答えてください。
16-4

(1) 音声を聞き、この課で習った表現を使って対話を完成させてください。

지은 여보세요? 유라 씨, 만나서 ⬜ 말이 있어요.
　　하다

　　지금 유라 씨 집에 ⬜⬜⬜⬜?
　　　　　　　　　　가다

유라 네. 그런데 무슨 일이에요?

지은 승윤 씨는 좋아하는 사람이 있는 것 같아요.

유라 정말요? 승윤 씨가 이야기한 적이 없는데요.

지은 일본에서 공부할 때 만난 사람을 못 잊는 것 같아요.
　　우리 만나서 이야기해요.

(2) 対話の内容と合っていれば○を、違っていれば×を付けてください。

- 지은 씨는 지금 승윤 씨를 만나러 갈 거예요. 　　(　　　)
- 승윤 씨는 일본에서 공부한 적이 있어요. 　　　　(　　　)

(3) 対話をもう一度聞いて、発音とイントネーションに気を付けながら繰り返し読んでみましょう。

(4) 「AI SPEAK」を使って正確に発音できているか確認しましょう。

🎙 2 対話文を読んで質問に答えてください。

> 에릭 배가 고파요. 먼저 먹어도 될까요?
>
> 유라 먼저 먹으면 안 돼요. 교수님께서 식사를 시작하신 후에 드세요.
>
> 에릭 알겠어요. 배가 고프지만 기다릴게요.
>
> 유라 한국의 식사 예절을 말해 줄게요. 숟가락하고 젓가락을 같이 사용하지
> 마세요. 숟가락은 밥하고 국을 먹을 때 사용해요.
> 젓가락은 반찬을 먹을 때 사용하고요.
>
> 에릭 그릇을 들고 먹어도 돼요?
>
> 유라 그릇을 안 들고 먹는 게 좋아요.
>
> 에릭 알겠어요. 그럼 밥을 먹기 전에 인사는 어떻게 해요?

(1) 韓国の食事のマナーにはどのようなものがありますか？　それぞれの空欄にふ
さわしい語句を書いてください。

① 어른들이 식사를 ＿＿＿＿＿＿＿＿＿＿＿ 먹을 수 있습니다.

② ＿＿＿＿＿＿＿하고 ＿＿＿＿＿＿＿을/를 같이 사용하면 안 됩니다.

③ 그릇을 ＿＿＿＿＿ 먹으면 안 됩니다.

(2) 食事をするとき、何と言えばいいでしょうか？　皆さんの国ではどんなあいさ
つをしますか？　以下の空欄に書き込み、話してください。

	한국에서는	＿＿＿＿＿＿＿＿에서는
식사를 하기 전에	"잘 먹겠습니다."	
식사를 마친 후에		

(3) 皆さんの国の食事のマナーについて話してください。

語彙 □예절：マナー、行儀　□숟가락：スプーン　□젓가락：箸　□들다：持つ　例) 그릇을 들고 먹어요 器を持って食べます

やってみよう

1 音声を聞いて、それぞれの空欄に適切な語句を書いてください。

(1) 남자는 너무 _____ (-아서/어서) 캐서린 씨 집에 놀러 갑니다.

(2) 남자는 _____에 캐서린 씨 집에 갑니다.

(3) 캐서린 씨는 남자가 오기 전에 _____.

2 音声を聞いて質問に答えてください。

(1) 여자는 언제 처음 혼자 여행을 갔습니까?　女性はいつ初めて一人旅をしましたか？

_____에 혼자 여행을 했습니다.

(2) 여자의 아버지는 혼자 여행하는 것에 대해 무슨 말씀을 하셨습니까?
女性の父は、一人旅をすることについて何と言いましたか？

"혼자 여행을 가면 _____."

(3) 혼자 여행을 하면 무엇이 좋습니까?　一人旅をすると何がいいですか？

_____.

(4) 혼자 여행하는 것, 친구랑 여행하는 것 중에서 어느 것이 더 좋습니까?
이야기해 보세요.　一人旅と、友達と旅行するのでは、どちらがいいですか？　以下の項目にそれぞれ答えて空欄にメモし、話しください。

	혼자 여행하는 것	친구랑 여행하는 것
경험이 있어요?		
무엇이 좋았어요?		
무엇이 안 좋았어요?		

語彙 □위험하다 : 危険だ　例) 혼자 가면 위험해요 一人で行くと危ないです

3 文を読んで問題に答えてください。

> 어제 집에 먹을 것이 없어서 슈퍼마켓에서 먹을 것을 산 후에 집에 왔습니다.
> 그런데 횡단보도 앞에 담배를 피우는 사람들이 있었습니다.
> 저는 담배를 안 피우는데 그 사람들 옆에 있으니까 담배를 피우는 것 같았습니다.
> 여러분 나라에서는 공공장소에서 담배를 피워도 됩니까?
> 우리나라에서는 공공장소에서 담배를 피우면 안 됩니다.
> 그리고 집에 와서 쉬고 있었습니다. 그런데 옆집에서 소리를 지르고 큰 소리로
> 떠들어서 잠을 잘 수 없었습니다. 아파트는 사람들이 같이 사는 공공장소입니다.
> 공공장소에서는 다른 사람을 조금 생각해 주었으면 좋겠습니다.

(1) 빈칸에 알맞은 말을 쓰세요. それぞれの空欄にふさわしい語句を書いてください。

　① 이 사람은 어제 ＿＿＿＿＿＿＿에서 물건을 사고 집에 갔습니다.

　② ＿＿＿＿＿＿＿에서 담배를 피우는 사람들 때문에 기분이 안 좋았습니다.

　③ 옆집 사람들이 ＿＿＿＿＿＿＿＿＿＿＿ (-아서/어서) 못 잤습니다.

(2) 다음 공공장소에서 해도 되는 일, 하면 안 되는 일에 대해 이야기해 보세요.
以下に挙げた公共の場所でしてもいいこと、また、してはいけないことについてメモし、話し合ってください。

	해도 돼요.	하면 안 돼요.
공원		
박물관		
한국어 교실		

(3) (2)에 쓴 내용 중에서 하나를 골라 '공공장소에서 하면 안 되는 일'에 대해 글로 써 보세요.
(2)で書き込んだ内容のうち1つを選び「公共の場所でしてはいけないこと」について作文してください。

語彙 □아파트：マンション

理解度チェック

 語彙

1 この課で習った語彙です。覚えた語彙には✓を付けてください。

☐ 고민이 많다	☐ 우울하다	☐ 외롭다
☐ 슬프다	☐ 창피하다	☐ 지루하다
☐ 그립다	☐ 섭섭하다	☐ 공공장소
☐ 쓰레기를 버리다	☐ 술을 마시다	☐ 담배를 피우다
☐ 떠들다	☐ 소리를 지르다	

分からない語彙が5つ以上あれば、語彙のページを復習してください。

表現

2 与えられた語句を、この課で習った適切な表現にして対話を完成させてください。

A 오늘 ☐☐ 음식은 파스타입니다.
　　만들다

B 네, 좋습니다.

A 요리가 다 끝났습니다.

B 제가 ☐☐☐☐☐☐☐?
　　먹어 보다 (-(으)ㄹ까요)

- 動詞の未来連体形を使った表現ができますか？　☐
- -아도/어도 되다を使ってある事柄に対する許可を表現できますか？　☐
- 感情を表す表現ができますか？　☐

分からない表現があれば、文法のページを復習してください。

17

学習目標
- パンマルを使って説明、質問、返答、命令などができる
- パンマルを使ってある事柄をしようと提案できる
- 韓国の引っ越し祝い、1歳の誕生日祝い、結婚式について話せる

文法
- ～する、～だ、～しろ
- ～しよう

語彙
韓国文化

나랑 같이 저녁 먹자

私と一緒に夕飯食べよう

語彙

집들이, 돌잔치에 가 봤어요?
引っ越し祝い、1歳の誕生日祝いに
行ったことがありますか？

초대하다/초대를
받다

招待する／招待される

집들이를 하다

引っ越し祝いをする

돌잔치를 하다

1歳の誕生日祝いをする

휴지를 선물하다

ティッシュ／トイレット
ペーパーをプレゼントする

세제를 선물하다

洗剤をプレゼントする

돌 반지를 선물하다

1歳の誕生日の指輪を
プレゼントする

※第17課の答えと訳はP.269から

1 それぞれの質問に答えてください。

(1) 여러분 나라에서는 몇 번째 생일을 특별하게 보냅니까?

(2) 여러분 나라에서는 생일에 어떤 선물을 합니까?

(3) 여러분 나라에서는 집들이를 할 때 무엇을 선물합니까? 주면 안 되는 선물도 있습니까?

결혼식을 하다

結婚式をする

신랑

新郎

신부

新婦

청첩장

招待状

청첩장을
주다 / 받다

招待状を渡す／もらう

신혼여행을 가다

新婚旅行に行く

축의금

ご祝儀

축의금을 내다

ご祝儀を出す

17課

---

2 それぞれの質問に答えてください。

(1) 여러분 나라에서는 보통 몇 살에 결혼을 합니까?

(2) 여러분 나라에서는 결혼식을 할 때 하는 특별한 일, 문화가 있습니까?

文法

① V/A-아/어　〜する、〜だ、〜しろ

動詞や形容詞の後に付いて、説明をするときや尋ねたり返答をするとき、命令するときなどに使います。親しい間柄で使われるくだけた言葉遣い（パンマル）です。

1

민호 엄마, 밥 좀 주세요.

엄마 밥 안 **먹었어**? 배고프겠네. 조금만 **기다려**.

2

민호 엄마, 형은 안 왔어요?

엄마 아까 **왔어**. 방에 있을 거야.

3

엄마 오늘은 **어땠어**? 별일 **없었어**?

민호 네. 그냥 그랬어요.

4

민호 엄마, 오늘 병원에 가셨어요?

엄마 **응**. 나 이제 **괜찮아**. 걱정하지 **마**.

公式34

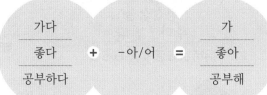

가다		가
좋다	+ -아/어 =	좋아
공부하다		공부해

Tip

パンマルで話すとき、네は응、아니요は아니と言います。

練習 **1**

例のaの部分を (1) 〜 (4) のaの語句と入れ替え、例を参考にそれぞれ適切な表現にして話す練習をしてみましょう。

例
A 뭐 해?
B ᵃ밥 먹어.

(1) ᵃ영화가 슬퍼서 울다

(2) ᵃ피곤해서 쉬고 있다

(3) ᵃ스페인어를 연습하다

(4) ᵃ인터넷으로 가방을 주문하다

語彙 □별일：特別な事、変わった事

188

❷ V-자 ～しよう

動詞の後に付いて、ある事柄を一緒にしようと、勧誘・提案するときに使います。親しい間柄で使われるくだけた言葉遣いです。

17-3

1

😊 지은 유라야. 우리 말 편하게 할까?

😊 유라 좋아. 우리는 동갑이니까 말 **놓자.**

2

😊 지은 배고파. 뭐 먹을까?
　　　배달시켜 먹을까?

😊 유라 배달시키지 말고 집에 있는 걸로
　　　만들자.

3

😊 지은 계란하고 소고기, 채소가 좀 있어.

😊 유라 그러면 볶아서 **먹자.**

😊 지은 좋아. 계란은 **넣지 말자.**
　　　없는 게 더 맛있는 것 같아.

4

😊 지은 배불러.

😊 유라 잘 먹었어.
　　　우리 이제 산책하러 **나가자.**

17
課

公式35

$$\frac{가다}{\frac{먹다}{공부하다}} + -자 = \frac{가자}{\frac{먹자}{공부하자}}$$

練習 **2** 例のaの部分を (1) ～ (4) のaの語句と入れ替え、例を参考にそれぞれ適切な表現にして話す練習をしてみましょう。

例
A 내일부터 휴가네.
B 내일 ᵃ영화 보러 가자.

(1) ᵃ놀이공원에 가서 놀다

(2) ᵃ산에 가서 등산을 하다

(3) ᵃ노래방에 가서 노래 부르다

(4) ᵃ친구들을 초대해서 같이 파티하다

語彙 □동갑:同い年　□계란:卵　□소고기:牛肉　□볶다:炒める　例) 채소를 볶아서 먹자 野菜を炒めて食べよう

スピーキング練習

1 **対話を聞いて質問に答えてください。**

(1) 音声を聞き、この課で習った表現を使って対話を完成させてください。

승윤 형, 내일 시간 있어? 나랑 같이 저녁 ☐☐.
　　　　　　　　　　　　　　　　먹다

서준 미안해. 내일 회사 부장님 집들이에 가야 돼.

승윤 그래? 오랜만에 형이랑 저녁 먹으려고 했는데.

서준 늦게 끝날 것 같아. 미안하지만 다음에 만나자.

승윤 ☐☐☐. 맛있는 음식 많이 먹고 재미있게 놀고 와.
　　　괜찮다

(2) 対話の内容と合っていれば〇を、違っていれば×を付けてください。

　　• 서준 씨 회사 부장님은 내일 집들이를 해요.　　（　　　　）

　　• 승윤 씨는 내일 맛있는 음식을 먹을 거예요.　　（　　　　）

(3) 対話をもう一度聞いて、発音とイントネーションに気を付けながら繰り返し読んでみましょう。

(4) 「AI SPEAK」を使って正確に発音できているか確認しましょう。

2 次の対話文をパンマルに変えて読んでください。

> 안나 주말에 뭐 했어요?
>
> 승윤 아르바이트를 했어요. 그래서 너무 힘들었어요.
> 　　 공부도 해야 되고 아르바이트도 해야 돼서 너무 스트레스를 받아요.
>
> 안나 그렇겠네요. 저는 남자 친구하고 싸워서 우울했어요.
>
> 승윤 왜 싸웠어요?
>
> 안나 남자 친구가 또 약속을 어겨서요. 너무 화가 나서 크게 화를 냈어요.
>
> 승윤 정말 힘들었겠어요. 우리 기분도 안 좋은데 노래방에 갈래요?
> 　　 큰 소리로 노래를 부르면 스트레스가 풀릴 것 같아요.
>
> 안나 네, 좋아요. 지금 가요.

17
課

3 パンマルを使って話してみましょう。

(1) 以下のそれぞれの話題について、パンマルで話してください。

어제 한 일	요즘 자주 하는 일	주말에 할 일
친구랑 한 약속	취미	

※他にも自由に話題を考えてみましょう

(2) 5分間、先生とパンマルで話してください。

やってみよう

1 音声を聞いて、それぞれの空欄に適切な語句を書いてください。

(1) 남자의 한국 친구는 _____을/를 했습니다.

(2) 남자는 내일 친구 집의 _____에 초대를 받았습니다.

(3) 선물로 _____을/를 사거나 _____을/를 사 가면 됩니다.

2 音声を聞いて質問に答えてください。

(1) 맞는 것에 ○ 하세요. 内容と合っている方に○を付けてください。

　　① { 신랑 / 신부 }은/는 정장을 입습니다.

　　② 신부는 { 원피스 / 웨딩드레스 }를 입습니다.

　　③ 결혼식의 주인공은 { 손님 / 신부 }입니다.

(2) 여자는 결혼식에 어떤 옷을 입고 가면 되겠습니까?
女性は結婚式にどんな服を着ていけばいいですか？

① 　　② 　　③

(3) 皆さんの国では結婚式に招待されたらどんな服を着ていきますか？　伝統的
な結婚式をする場合、新郎と新婦はどんな服を着ますか？　それぞれの空欄
にメモし、話してください。

	한국에서	_____에서
결혼식에서 손님이 입는 옷	정장	
전통 결혼식에서 신랑, 신부가 입는 옷	한복	

語彙 □웨딩드레스：ウエディングドレス　□전통：伝統

192

メッセージのやり取りを読んで問題に答えてください。

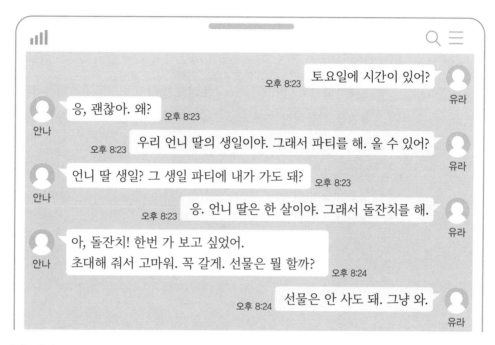

メッセージのやり取り:

- 유라 (오후 8:23): 토요일에 시간이 있어?
- 안나 (오후 8:23): 응, 괜찮아. 왜?
- 유라 (오후 8:23): 우리 언니 딸의 생일이야. 그래서 파티를 해. 올 수 있어?
- 안나 (오후 8:23): 언니 딸 생일? 그 생일 파티에 내가 가도 돼?
- 유라 (오후 8:23): 응. 언니 딸은 한 살이야. 그래서 돌잔치를 해.
- 안나 (오후 8:24): 아, 돌잔치! 한번 가 보고 싶었어. 초대해 줘서 고마워. 꼭 갈게. 선물은 뭘 할까?
- 유라 (오후 8:24): 선물은 안 사도 돼. 그냥 와.

(1) 대화의 내용과 같은 것을 고르세요. やり取りの内容と一致するものを選んでください。

① 토요일에 유라 씨의 생일 파티를 합니다.

② 안나 씨는 돌잔치에 가 본 적이 있습니다.

③ 유라 씨는 돌잔치에 안나 씨를 초대했습니다.

(2) 지금까지 받은 선물 중에서 가장 기억에 남는 것은 무엇입니까? 메모하고
발표해 보세요. 今までにもらったプレゼントの中で、いちばん記憶に残るものは何ですか？以下の項目に
それぞれ答えて空欄にメモし、発表してください。

언제 받았어요?	
누가 줬어요?	
기분이 어땠어요?	

(3) (2)에서 발표한 내용을 정리해서 '가장 기억에 남는 선물'에 대해 글로 써
보세요.
(2)で発表した内容をまとめ、「いちばん記憶に残るプレゼント」について作文してください。

語彙 □딸：娘

理解度チェック

語彙

1 この課で習った語彙です。覚えた語彙には✓を付けてください。

- ☐ 초대하다
- ☐ 초대를 받다
- ☐ 집들이를 하다
- ☐ 휴지를 선물하다
- ☐ 세제를 선물하다
- ☐ 돌잔치를 하다
- ☐ 돌 반지를 선물하다
- ☐ 결혼식을 하다
- ☐ 신랑
- ☐ 신부
- ☐ 청첩장
- ☐ 청첩장을 주다
- ☐ 청첩장을 받다
- ☐ 신혼여행을 가다
- ☐ 축의금
- ☐ 축의금을 내다

分からない語彙が5つ以上あれば、語彙のページを復習してください。

表現

2 与えられた語句を、この課で習った適切な表現にして対話を完成させてください。

A 지금 뭐 해?

B ☐☐☐.
   숙제하다

A 다 하고 우리 집에서 게임 할까?

B 오늘은 안 돼. 다른 약속이 있어. 내일 ☐☐☐.
   만나다

- パンマルを使って説明、質問、返答、命令などができますか？　☐
- パンマルを使ってある事柄をしようと提案できますか？　☐
- 韓国の引っ越し祝い、1歳の誕生日祝い、結婚式について話せますか？　☐

分からない表現があれば、文法のページを復習してください。

AS 신청을 했는데 기다려야 돼요

アフターサービスの依頼をしたんですが、
待たなければなりません

学習目標

- −았을/었을 때を使って、ある
  事柄があった時間について話
  せる
- −는데/(으)ㄴ데、인데を使って、
  話そうとする内容の背景を説
  明できる
- 故障した品物について話せる

文法

- 〜したとき、〜かっ
  たとき、〜だった
  とき
- 〜するが、〜（だ）
  が、〜（な）のに

語彙

- 故障
- 時間

語彙

고장이 나면 어떻게 해요?
故障したらどうしますか？

소리가 안 나오다
音が出ない

고장이 나다
故障する

인터넷이 안 되다
インターネットがつながらない

⚠인터넷이 연결되지 않았습니다.

SERVICE CENTER

서비스 센터
サービスセンター

고치다　直す

수리를 받다/AS를 받다

修理してもらう／
AS（アフターサービス）を受ける

※第18課の答えと訳は P.270 から

1 それぞれの質問に答えてください。

(1) 물건이 고장 난 적이 있습니까? 무엇이 고장 났습니까?

(2) 고장이 난 물건을 수리 받은 적이 있습니까?

196

시간을 어떻게 말해요?
時間をどう伝えますか？

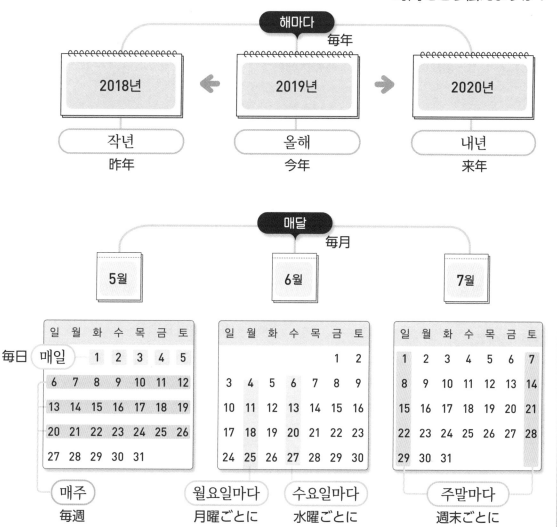

	해마다	
	毎年	
2018년	2019년	2020년
작년	올해	내년
昨年	今年	来年

매달
毎月

5월　　6월　　7월

매일 / 毎日
매주 / 毎週
월요일마다 / 月曜ごとに
수요일마다 / 水曜ごとに
주말마다 / 週末ごとに

18
課

2

毎日、毎週、毎年、必ずしていることがありますか？　例を参考に話してください。

例 저는 매주 금요일마다 공원에 가서 운동해요.
　　매일 운동을 하는 것이 좋지만 시간이 없어서 일주일에 한 번은 꼭 운동을 해요.
　　운동을 하면 기분이 좋아요.

文法

1 V/A-았을 / 었을 때 ～したとき、～かったとき、～だったとき

過去にある出来事があったことや、ある状況だったこと、また、その出来事や状況が終了したことを表すときに使います。

1

승윤 여기에 처음 **왔을 때** 기억나요?

유라 그럼요. 날씨도 좋고, 기분도 아주 좋았어요. 벌써 작년 여름이네요.

2

승윤 유라 씨하고 안나 씨하고 부산에 **갔을 때** 서준 형을 만났어요.

유라 정말요? 그때 만난 사람이 서준 씨였어요?

3

승윤 서준 형을 처음 **봤을 때** 정말 멋있었어요.

유라 그래요? 서준 씨는 지금도 멋있어요.

4

승윤 저는 서준 형을 좋아해요. 제가 **힘들었을 때** 저를 많이 도와줬어요.

유라 그래요? 승윤 씨는 좋은 형이 있어서 좋겠어요.

公式36

가다		갔을 때
좋다	+ -았을/었을 때 =	좋았을 때
공부하다		공부했을 때

練習 **1**

例のaの部分を(1)～(4)のaの語句と入れ替え、例を参考にそれぞれ適切な表現にして話す練習をしてみましょう。

例

A 언제 캐서린 씨를 만났어요?

B ª작년에 미국에 갔을 때 만났어요.

(1) ª작년에 일본을 여행하다

(2) ª캐서린 씨가 한국에 오다

(3) ª지난주에 캐서린 씨가 많이 아프다

(4) ª주말에 책을 빌리러 도서관에 가다

語彙 □기억나다：思い出す 例) 전혀 기억나지 않아요 まったく思い出せません

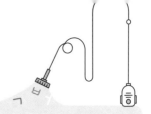

❷ V-는데 / A-(으)ㄴ데, N인데 ②
~するが、~ (だ) が、~ (な) のに

後節で話そうとする内容の背景になったり、関係のある状況を前節であらかじめ提示して説明したりするときに使います。

1

민호 어제 이 셔츠를 **샀는데** 저한테
안 어울리는 것 같아요.

지은 **괜찮은데** 색깔이 조금 더 밝으면
좋을 것 같아요.

2

민호 내일 입을 옷이 **필요한데** 어떻게
하지요?

지은 이 근처에 제가 자주 가는
옷 가게가 **있는데** 같이 가 볼래요?

3

민호 여보세요? 지은 씨. 안나 씨가
전화를 안 **받는데** 무슨 일 있어요?

지은 저하고 찜질방에 왔는데요.

4

민호 안나 씨한테 여러 번 **전화했는데**
안 받아서 걱정했어요.

지은 걱정하지 마세요. 그런데 여기 처음
왔는데 정말 좋네요.

公式37

$$가다 \over 좋다 \over 공부하다$$ + -는데/-(으)ㄴ데 = $$가는데 \over 좋은데 \over 공부하는데$$

> **Tip** ▶P.95
> -는데/-(으)ㄴ데には、対照の意味もあります。8課を確認してください。

練習2

例のa、bの部分を (1) ～ (4) のa、bの語句と入れ替え、例を参考にそれぞれ適切な表現にして話す練習をしてみましょう。

例 ª지금 마트에 가는데 ᵇ비가 와요.

(1) ª지금 노래방에 가다 / ᵇ같이 가다

(2) ª내일 면접을 보다 / ᵇ긴장이 되다

(3) ª어제 명동에 가다 / ᵇ안나 씨를 만나다

(4) ª이 책은 여행 책 / ᵇ재미있다

スピーキング練習

 1 **対話を聞いて質問に答えてください。**

(1) 音声を聞き、この課で習った表現を使って対話を完成させてください。

> 유라 승윤 씨, 좀 도와줄 수 있어요?
>
> 승윤 무슨 일인데요?
>
> 유라 인터넷이 안 돼서요. 서비스 센터에 AS 신청을 ☐☐☐ 오늘은
> 　　　하다
> 　　　공휴일이어서 기다려야 돼요.
> 　　　그런데 제가 오늘 인터넷을 꼭 써야 돼요.
>
> 승윤 그럼 제가 도와줄게요. 예전에 아르바이트를 ☐☐☐ 인터넷
> 　　　하다
> 　　　수리 방법을 배운 적이 있어요.

(2) 対話の内容と合っていれば〇を、違っていれば×を付けてください。

- 유라 씨 집 인터넷이 고장 났어요. 　　（　　　　）
- 승윤 씨는 AS를 받은 적이 있어요. 　　（　　　　）

(3) 対話をもう一度聞いて、発音とイントネーションに気を付けながら繰り返し読んでみましょう。

(4) 「AI SPEAK」を使って正確に発音できているか確認しましょう。

語彙 □신청：申請、申し込み　□공휴일：祝日（国が定めた休日）　□방법：方法

> 안나 한국에 처음 왔을 때 기억나요?
>
> 캐서린 그럼요. 날씨가 아주 더웠어요. 벌써 작년 여름이네요. 안나 씨는요?
>
> 안나 저도 기억나요. 저는 겨울에 왔는데 그날 눈이 아주 많이 왔어요.
>
> 캐서린 그리고 한국에서 친구하고 같이 여행을 많이 다녔는데 그중에 부산이 제일
> 좋았어요.
>
> 안나 저도 한국을 여행했을 때 좋았어요. 한국은 아름다운 나라인 것 같아요.

(1) 初めて韓国語の授業に参加したとき、どうでしたか？　それぞれの空欄に思い
出したことをメモし、話してください。

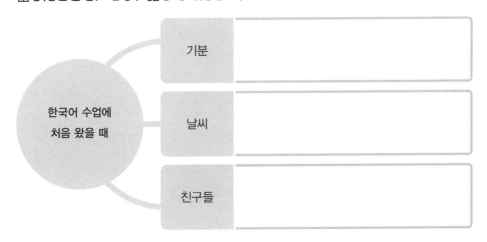

(2) 皆さんがいちばん思い出に残っているのはいつですか？　以下の項目を参考に
しながら話してください。

やってみよう

 1 音声を聞いて質問に答えてください。

(1) 남자에게 어떤 문제가 있습니까? 그래서 어디에 갑니까?
男性にはどんな問題がありますか？　そのため、どこに行きますか？　それぞれの空欄にふさわしい語句を書いてください。

지금 _____ 이/가 안 돼서 _____에 갈 것입니다.

(2) 맞는 것을 고르세요. 対話の内容と一致するものを選んでください。

① 물건을 사기 전에 AS를 받아야 합니다.
② 여자는 컴퓨터를 수리 받은 적이 있습니다.
③ 남자는 며칠 전에도 인터넷 수리를 받았습니다.

2 音声を聞いて問題に答えてください。

(1) 맞는 것에 ○ 하세요. 内容と合っている方に○を付けてください。

① 남자는 { 매달 / 매일 } 친구들을 만납니다.
② 모이는 친구들은 모두 { 3명 / 4명 }입니다.

(2) 남자는 친구들하고 앞으로 무엇을 하기로 했습니까?
男性は、今後、友人たちと何をすることにしましたか？　空欄にふさわしい語句を書いてください。。

한 달에 한 번 _____을/를 하러 가기로 했습니다.

(3) 다음 달에 남자하고 친구들은 무엇을 하겠습니까?
来月、男性と友人たちは何をしますか？　それぞれの空欄にふさわしい語句を書いてください。

혼자 사시는 _____, _____을/를 도우러 갈 것입니다.

(4) 봉사를 해 본 적이 있습니까? 친구하고 이야기해 보세요.
ボランティア活動をしたことがありますか？　話してください。

語彙 □돕다: 助ける、手伝う　例) 친구를 도우러 갔어요 友人を手伝いに行きました

202

- 분홍색 카드에는 상황이 있고, 파란색 카드에는 감정, 느낌이 있습니다.
  각 카드에서 하나씩을 고르세요.
  ピンクの枠のワードには状況が示されています。青い枠のワードには感情や気分が示されています。それぞれ
  1つずつワードを選んでください。

그 친구를 처음 만났을 때	가방을 샀을 때	불이 났을 때	한국 노래를 처음 들었을 때
떡볶이를 처음 먹었을 때	수영을 했을 때	친구가 도와줬을 때	텔레비전에서 소리가 안 나왔을 때
친구의 청첩장을 받았을 때	야근을 했을 때	부모님께서 화를 내셨을 때	데이트를 했을 때
손님이 오셨을 때	사고가 났을 때	친구가 약속을 어겼을 때	놀이 기구를 탔을 때
길에서 넘어졌을 때	친구 결혼식에서 옛날 애인을 만났을 때	무서운 부장님이랑 엘리베이터에 탔을 때	좋아하는 사람이 생겼을 때

기분이 좋다	슬프다	울다	웃다
부럽다	기분이 나쁘다	배가 고프다	재미없다
괜찮다	놀라다	행복하다	긴장이 되다
걱정이 되다	신나다	고민하다	우울하다
외롭다	창피하다	섭섭하다	힘들다

18 課

- <보기>와 같이 두 카드가 잘 어울리게 이야기를 만들어 보세요.
  例を参考に、選んだワードを使って作文してください。

 例

야근을 했을 때	창피하다

어제 회사에서 야근을 했을 때 너무 힘들어서 잠깐 잤어요. 그런데 잘 때 큰 소리로 말했어요. 그래서 일어났어요. 사람들이 모두 저를 봤어요. 정말 창피했어요.

語彙 □불：火 □애인：恋人 □엘리베이터：エレベーター

理解度チェック

語彙 **1** この課で習った語彙です。覚えた語彙には✓を付けてください。

- ☐ 소리가 안 나오다
- ☐ 고장이 나다
- ☐ 인터넷이 안 되다
- ☐ 서비스 센터
- ☐ 고치다
- ☐ 수리를 받다
- ☐ AS를 받다
- ☐ 해마다
- ☐ 작년
- ☐ 올해
- ☐ 내년
- ☐ 매달
- ☐ 매일
- ☐ 매주
- ☐ 월요일마다
- ☐ 수요일마다
- ☐ 주말마다

> 分からない語彙が5つ以上あれば、語彙のページを復習してください。

表現 **2** 与えられた語句を、この課で習った適切な表現にして対話を完成させてください。

A 이 가방 어때요? 언니가 ☐☐☐☐ 너무 가볍고 편해요.
　　　　　　　　　　　　　　사 주다

B 예쁘네요. 언제 샀어요?

A 어제 언니하고 인사동에 ☐☐☐ 언니가 사 줬어요.
　　　　　　　　　　　　　　가다

> ・-았을/었을 때を使って、ある事柄があった時間について話せますか？ ☐
>
> ・-는데/(으)ㄴ데、인데を使って、話そうとする内容の背景を説明できますか？ ☐
>
> ・故障した品物について話せますか？ ☐
>
> 分からない表現があれば、文法のページを復習してください。

친구들이 저를 부러워합니다

友達が私をうらやましがっています

学習目標
- -(으)면서を使って2つの行動を同時にすることを表現できる
- -아하다/어하다を使って他人の感情や様子について話せる
- 会社生活について話せる

文法
- ～しながら
- ～がる、～そうにする

語彙
会社生活

語彙

회사에는 누가 있습니까?
会社には誰がいますか？

사장
社長

부장 / 팀장
部長／チーム長

과장
課長

대리
代理
（入社して数年後に就く職位）

사원
社員

직장
職場

대리
사원

승진하다
昇進する

선배
先輩

후배
後輩

회사 분위기가 좋다
会社の雰囲気がいい

적응하다
慣れる

회식을 하다
会食をする

인정받다
認められる

기쁘다
うれしい

월급을 받다
月給をもらう

19課

※第 19 課の答えと訳は P.272 から

1 それぞれの質問に答えてください。

(1) 한국 회사에는 '사원 - 대리 - 과장 - 부장 - 사장'과 같은 순서가 있습니다.
   여러분 나라는 어떻습니까?

(2) 승진을 하려면 어떻게 해야 합니까?

(3) Ａ 회사, Ｂ 회사 중에서 어느 회사에 취직하고 싶습니까? 왜 그렇습니까?

Ａ 회사	Ｂ 회사
•월급이 많고 일이 많다.	•월급이 적고 일이 적다.
•야근이 많고 주말에도 출근한다.	•주말에 회사에 안 간다.

(4) 회사에서 월급을 받으면 뭘 하고 싶습니까?

文法

1 V-(으)면서　～しながら

動詞の後に付いて、2つ以上の行動を同時にすることを表すときに使います。

1

서준 유라 씨, **공부하면서** 음악을
들어요?

유라 네. 저는 음악을 **들으면서**
공부해요.

2

서준 저는 조용한 곳에서 공부하는 것이
좋아요. 저는 **운동하면서** 음악을
들어요.

유라 저도 음악을 **들으면서** 운동해요.
저는 음악이 좋아요.

3

서준 우리 영화 **보면서** 팝콘도
먹을까요?

유라 좋아요.
팝콘도 사고 음료수도 사요.

4

서준 우리 옆에 앉은 사람들이 계속
이야기를 **하면서** 영화를 봤어요.

유라 네. 너무 시끄러웠어요.

公式38

가다		가면서
먹다	+ -(으)면서 =	먹으면서
공부하다		공부하면서

練習 1

例の a、b の部分を (1) ～ (4) の a、b の語句と入れ替え、例を参考にそれぞれ適切な表現にして話す練習をしてみましょう。

例
A 여보세요? 지금 뭐 하고 있어요?
B ª 노래를 들으면서 ᵇ 숙제하고 있어요.

(1) ª게임을 하다 / ᵇ놀다
(2) ª신문을 읽다 / ᵇ밥을 먹다
(3) ª노래를 부르다 / ᵇ청소하다
(4) ª텔레비전을 보다 / ᵇ커피를 마시다

❷ A-아하다 / 어하다　〜がる、〜そうにする

主に感情を表す形容詞の後に付いて、他人の感情や様子について話すときに使います。

1

🧑 유라 안나 씨가 요즘 많이 **힘들어해요**.

🧑 민호 왜요? 무슨 일 있어요?

🧑 유라 한국 생활이 힘든 것 같아요.
　　　 그래서 고향을 **그리워하고 있어요**.

2

🧑 유라 안나 씨는 친구가 많지만
　　　 가끔 **외로워해요**.

🧑 민호 외국에서 생활하니까 외로울 때가
　　　 있을 것 같아요.

3

🧑 민호 유라 씨, 이번에 승진한 거
　　　 축하해요. 어머니도 **기뻐하셨지요**?

🧑 유라 네, 엄마께서 많이
　　　 행복해하셨어요.

4

🧑 민호 유라 씨는 부모님께서 **좋아하시는**
　　　 일을 많이 하는 것 같아요.

🧑 유라 네. 부모님이 **기뻐하시면**
　　　 저도 행복해요.

公式39

| 좋다 / 힘들다 / 행복하다 | + | -아하다/어하다 | = | 좋아하다 / 힘들어하다 / 행복해하다 |

19課

練習 **2**

例のaの部分を (1) 〜 (4) のaの語句と入れ替え、例を参考にそれぞれ適切な表現にして話す練習をしてみましょう。

例
A 안나 씨는 어때요?
B ᵃ아직도 많이 힘들어하고 있어요.

(1) ᵃ약속이 없어서 심심하다

(2) ᵃ결혼식에 초대를 받아서 즐겁다

(3) ᵃ친구들이 고향에 돌아가서 외롭다

(4) ᵃ말하기 대회에서 1등을 해서 기쁘다

スピーキング練習

1 対話を聞いて質問に答えてください。

(1) 音声を聞き、この課で習った表現を使って対話を完成させてください。

서준 선배님, 일하시면서 노래도 자주 들으세요?

선배 우리 회사는 ☐☐☐☐ 노래를 들어도 돼. 노래를 못 듣는
　　　　　　　일하다

　　　회사도 있어.

서준 많은 후배들이 이 회사에 들어오고 싶어 합니다.
　　　그래서 친구들이 저를 많이 ☐☐☐☐☐☐.
　　　　　　　　　　　　　　　　　　　부럽다

선배 야근도 많이 하고 출장도 자주 가야 해서 좀 힘들어.
　　　하지만 회사 분위기도 좋고 사람들도 괜찮아서 좋아.

(2) 対話の内容と合っていれば○を、違っていれば×を付けてください。

- 서준 씨의 선배는 일할 때 노래를 들어요. 　　　　(　　　　)
- 서준 씨의 회사는 야근과 출장이 적어요. 　　　　(　　　　)

(3) 対話をもう一度聞いて、発音とイントネーションに気を付けながら繰り返し読んでみましょう。

(4) 「AI SPEAK」を使って正確に発音できているか確認しましょう。

🎤 **2** 対話文を読んで質問に答えてください。

> 안나 저는 승윤 씨가 부러워요. 운동도 잘하고 공부도 잘하니까요.
>
> 승윤 아니에요. 저는 안나 씨가 부러운데요.
> 안나 씨는 독일어도 잘하고 한국어도 잘해요.
>
> 유라 맞아요. 친구들은 모두 안나 씨를 부러워해요.
> 외국어도 잘하고 성격도 활발해서요.
>
> 지은 저도 안나 씨의 활발한 성격이 부러워요.

(1) 皆さんは友達をうらやましがったことがありますか？　話し合ってそれぞれの
空欄にメモしてください。

언제 부러웠어요?	왜 부러웠어요?

(2) 他の人の長所を褒めてください。褒められた人は、また別の人の長所を褒めて
みましょう。例を参考にしてください。

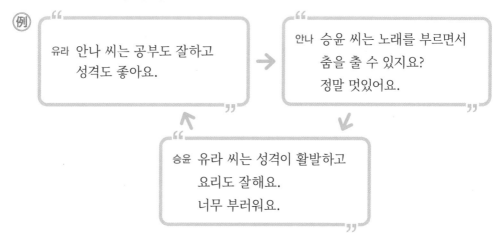

例

> 유라 안나 씨는 공부도 잘하고
> 성격도 좋아요.

> 안나 승윤 씨는 노래를 부르면서
> 춤을 출 수 있지요?
> 정말 멋있어요.

> 승윤 유라 씨는 성격이 활발하고
> 요리도 잘해요.
> 너무 부러워요.

19
課

やってみよう

🎧 **1** (19-5) 音声を聞いて、それぞれの空欄に適切な語句を書いてください。

(1) 에릭 씨는 회사 일 때문에 항상 _____ (-아요/어요).

(2) 에릭 씨는 혼자 외국에 있어서 _____ (-아요/어요).

(3) 두 사람은 에릭 씨랑 같이 _____ (-(으)면서) 신나게 놀 거예요.

🎧 **2** (19-6) 音声を聞いて質問に答えてください。

(1) 여자의 회사는 회식을 한 달에 몇 번 합니까?
   女性の会社では、ひと月に何回会食をしますか？

   한 달에 _____ 정도 합니다.

(2) 여자가 다니는 회사의 회식이 어떻게 바뀌었습니까?
   女性が勤める会社の会食は、どのように変わりましたか？

예전	지금

(3) 회식이 바뀌고 회사 분위기는 어떻습니까?
   会食が変わってから、会社の雰囲気はどうですか？

   회식이 바뀌고 회사 분위기가 _____ (-ㅂ/습니다).

(4) 여러분 나라에는 회식이 있습니까? 회식을 하면 무엇이 좋고 무엇이 안 좋을까요? 이야기해 보세요.
   皆さんの国には会食がありますか？ 会食をすると何がよくて何がよくないでしょうか？ 話し合って、それぞれの空欄にメモしてください。

좋은 점	안 좋은 점

語彙 □공연：公演 □바뀌다：変わる 例) 주소가 바뀌었어요 住所が変わりました

212

3 다음 물음에 답하세요. それぞれの質問に答えてください。

(1) '?'에 무슨 일이 있을까요? 상상해서 이야기를 만드세요. 이야기를 만들고
발표해 보세요.
[?] の部分ではどんなことが起こっているでしょうか？ 想像してストーリーを作り、発表してください。

(2) (1)의 그림과 같은 상황에서 여러분은 어떻게 하겠습니까? <보기>와 같이
이야기해 보세요.
(1) と同じような状況で、皆さんならどうしますか？ 例を参考にして話し合い、それぞれの空欄にメモしてく
ださい。

─○ 例 ○─
친구가 힘들어하면 먼저 이유를 물어봅니다.
그 이유를 듣고 좋은 방법을 생각해 봅니다.
친구가 시험 때문에 힘들어하면 공부를 도와줍니다.
애인하고 헤어져서 외로워하면 같이 이야기하면서 술을 마십니다.
이렇게 하면 친구가 괜찮아할 것 같습니다.

	어떻게 해요?	왜 그렇게 해요?
친구가 힘들어할 때		
친구가 외로워할 때		

(3) (2)에서 말한 내용을 정리해서 글로 써 보세요.
(2) で話した内容をまとめ、作文してください。

語彙 □이유 : 理由

理解度チェック

語彙 **1** この課で習った語彙です。覚えた語彙には✓を付けてください。

□ 사원　　　　　□ 대리　　　　　□ 과장

□ 부장 / 팀장　　□ 사장　　　　　□ 직장

□ 선배　　　　　□ 후배　　　　　□ 승진하다

□ 회사 분위기가 좋다　□ 적응하다　□ 회식을 하다

□ 인정받다　　　□ 월급을 받다　　□ 기쁘다

> 分からない語彙が5つ以上あれば、語彙のページを復習してください。

表現 **2** 与えられた語句を、この課で習った適切な表現にして対話を完成させてください。

Ⓐ 쑤언 씨, 지금 뭐 해요?

Ⓑ 음악을 ☐☐☐☐ 갈비탕을 만들어요. 그런데 좀 어려워요.
　　　　　듣다

Ⓐ 그럼 유라 씨한테 물어보세요. 유라 씨는 요리를 잘해요.

　제 친구가 지난번에 요리 때문에 ☐☐☐☐☐☐ .
　　　　　　　　　　　　　　　　　힘들다

　그때 유라 씨가 많이 도와줬어요.

> ・−(으)면서を使って2つの行動を同時にすることを表現できますか？ ☐
> ・−아하다/어하다を使って他人の感情や様子について話せますか？ ☐
> ・会社生活について話せますか？ ☐
> 分からない表現があれば、文法のページを復習してください。

20

요즘
좋아 보이네

最近、元気そうだね

語彙

어디에서 생활해요?
どこで生活していますか？

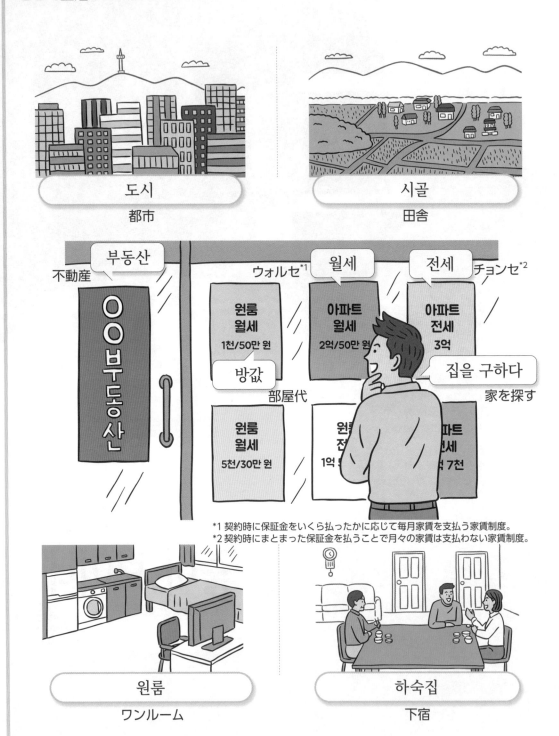

도시
都市

시골
田舎

부동산
不動産

ウォルセ*1 월세

전세 チョンセ*2

원룸
월세
1천/50만 원

아파트
월세
2억/50만 원

아파트
전세
3억

방값
部屋代

집을 구하다
家を探す

원룸
월세
5천/30만 원

원룸
전세
1억

아파트
전세
억 7천

*1 契約時に保証金をいくら払ったかに応じて毎月家賃を支払う家賃制度。
*2 契約時にまとまった保証金を払うことで月々の家賃は支払わない家賃制度。

원룸
ワンルーム

하숙집
下宿

216

지금 어떤 상태예요?
今、どんな状態ですか？

답답하다 もどかしい	귀찮다 面倒くさい
궁금하다 気になる、知りたい	부끄럽다 恥ずかしい

관심이 있다
興味がある　　관심이 생기다
興味がわく

20課

※第20課の答えと訳は P.274 から

1 それぞれの質問に答えてください。

(1) 혼자 사는 것이 좋습니까? 다른 사람하고 함께 사는 것이 좋습니까?

(2) 보통 어디에 있는 집이 방값이 쌉니까?

(3) 궁금한 것이 있을 때 어떻게 합니까?

(4) 요즘 무엇에 관심이 생겼습니까?

文法

① A-아지다 / 어지다　～くなる、～になる

形容詞の後に付いて、その状態が時間の経過とともに変化することを表すときに使います。

1

유라　승윤 씨, 방학 잘 보냈어요?
　　　얼굴이 **좋아졌네요.**

승윤　네, 방학 동안 운동을 많이 했어요.

2

승윤　방학 동안 운동도 하고
　　　아르바이트도 3개 했어요.

유라　와, 정말 힘들었겠어요.

승윤　너무 힘들어서 아르바이트를
　　　그만두었어요. 이제 좀 **편해졌어요.**

3

승윤　유라 씨는 좀 **달라진** 것 같아요.

유라　어제 파마를 했어요.

4

승윤　같이 사는 친구 때문에 많이
　　　힘들어했는데 지금은 **괜찮아졌어요?**

유라　좀 **익숙해졌어요.** 하지만 저랑 안
　　　맞아서 다른 하숙집을 구하고 있어요.

公式40

| 바쁘다
좋다
귀엽다 | + | -아지다/
어지다 | = | 바빠지다
좋아지다
귀여워지다 |

練習 **1**

例のa、bの部分を (1) ～ (4) のa、bの語句と入れ替え、例を参考にそれぞれ適切な表現にして話す練習をしてみましょう。

例
A ᵃ날씨가 어때요?
B ᵇ많이 더워졌어요.

(1) ᵃ한국 생활 / ᵇ익숙하다
(2) ᵃ회사 일 / ᵇ많이 바쁘다
(3) ᵃ몸 / ᵇ병원에 다녀온 후에 좋다
(4) ᵃ유학 생활 / ᵇ시험이 많아서 힘들다

語彙 □편하다:楽だ、気楽だ　例) 생활이 편해졌어요 生活が楽になりました　□익숙하다:慣れている、なじんでいる
例) 한국 생활에 익숙해졌어요? 韓国生活に慣れましたか?

❷ A-아/어 보이다 　〜く見える、〜に見える、〜ように見える

形容詞の後に付いて、目に見える様子から、そのように感じられたり判断したりできるというときに使います。

1

민호 유라 씨, 어디 아파요?
　　 많이 **힘들어 보여요**.

유라 몸이 좀 안 좋아요.

2

민호 많이 안 **좋아 보이는데** 괜찮아요?

유라 네. 조금 전에 약을 먹었어요.
　　 괜찮아질 거예요.

3

지은 유라야, 이사 잘했어?
　　 좀 **피곤해 보여**.

유라 응, 잘했어.
　　 피곤하지만 괜찮아.

4

지은 기분이 **좋아 보여**.

유라 좋은 집을 구해서 정말 좋아.
　　 그동안 룸메이트 때문에
　　 좀 힘들었어.

公式41

바쁘다
좋다
맵다
　　 + 　-아/어
　　　　　 보이다
　　 = 　바빠 보이다
　　　　　 좋아 보이다
　　　　　 매워 보이다

20課

練習
2

例のaの部分を (1) 〜 (4) のaの語句と入れ替え、例を参考にそれぞれ適切な表現にして話す練習をしてみましょう。

例
A 어때요?
B ª케이크가 맛있어 보여요.

(1) ª떡볶이가 맵다

(2) ª파마하니까 어리다

(3) ª그 옷을 입으니까 키가 크다

(4) ª구두를 신으니까 더 깔끔하다

スピーキング練習

 1 **対話を聞いて質問に答えてください。**

(1) 音声を聞き、この課で習った表現を使って対話を完成させてください。

승윤　형, 요즘 ☐☐☐☐☐. 회사 생활에 ☐☐☐☐☐?
　　　　　　　좋다 (−네)　　　　　　　　　익숙하다

서준　응. 이제 좀 적응이 되는 것 같아. 새로운 사람도 만나고 일도 많고
　　　 회식도 많아서 좀 힘들었는데 이제 괜찮아.

승윤　나도 아르바이트 그만하고 회사에 취직하고 싶어.

서준　너는 천천히 준비해도 돼. 아직 졸업까지 2년이나 남았으니까.

승윤　그래도 출근하는 형을 보면 부러워.

> 2년이나 (2年も) のように、N(이)나는、思ったよりも程度が大きいことを表すときに使います。

(2) 対話の内容と合っていれば○を、違っていれば×を付けてください。

- 서준 씨는 회사 생활에 적응했어요. (　　　)
- 승윤 씨는 2년 후에 졸업할 거예요. (　　　)

(3) 対話をもう一度聞いて、発音とイントネーションに気を付けながら繰り返し読んでみましょう。

(4) 「AI SPEAK」を使って正確に発音できているか確認しましょう。

語彙　☐적응이 되다：慣れる　例) 아직 적응이 되지 않았어요 まだ慣れません　☐새롭다：新しい　例) 새로운 친구 新しい友達　☐천천히：ゆっくり　例) 천천히 오세요 ゆっくりいらしてください　☐남다：残る　例) 2년이나 남았어요 2年も残っています

🎙 **2** **文を読んで質問に答えてください。**

> 제 동생 주원이는 서울에 살고 있습니다.
>
> 주원이의 룸메이트는 같은 동아리 선배인데 모든 일을 열심히 하는 사람입니다.
>
> 주원이는 룸메이트가 성실하고 착해서 아주 좋아했습니다.
>
> 그런데 요즘 문제가 많아졌습니다.
>
> 주원이의 룸메이트가 아르바이트 때문에 집에 늦게 들어옵니다.
>
> 주원이는 보통 일찍 자는데 그때 룸메이트가 들어와서 시끄럽게 합니다.
>
> 그리고 룸메이트가 여자 친구랑 매일 싸웁니다.
>
> 전화할 때 큰 소리로 이야기해서 주원이는 잠을 잘 수 없습니다.
>
> 그래서 요즘 주원이가 너무 힘들어합니다.
>
> 어떻게 하면 좋을까요?

(1) ジュウォンさんのルームメイトはどんな人ですか？

(2) ジュウォンさんにはどんな問題がありますか？

(3) この問題をどう解決すればよいでしょうか？　よい方法を話し合ってみましょう。

(4) 皆さんは同じような経験をしたことがありますか？　どのような問題があったか話し合い、よい方法を考えてそれぞれの空欄にメモしてください。

문제	좋은 방법

語彙 □모든 : 全ての　例) 모든 일을 열심히 합니다 全てのことを一生懸命やります

やってみよう

🎧 20-5 1 音声を聞いて、それぞれの空欄に適切な語句を書いてください。

(1) 남자는 _____에 한국에 왔습니다.

(2) 남자는 처음에 한국에서 _____ 때문에 힘들었습니다.

(3) 남자는 요즘 너무 많이 먹어서 좀 _____ (-ㅂ/습니다).

🎧 20-6 2 音声を聞いて質問に答えてください。

(1) 여자는 어떤 집에 살고 싶어 합니까? 女性はどんな家に住みたがっていますか?

　　① 학교에서 먼 곳에 살고 싶어 해요.

　　② 월세가 싸고 좋은 집에 살고 싶어 해요.

　　③ 지하철역에서 가까운 집에 살고 싶어 해요.

(2) 지금 남자가 소개한 곳은 원룸입니다. 이 방에는 무엇이 있습니까?
　　今、男性が紹介した所はワンルームです。この部屋には何がありますか?

　　_____, _____, _____, _____ 이/가 있습니다.

(3) 두 사람은 이제 무엇을 하겠습니까? 2人はこの後何をしますか?

　　① 학교에 가요.

　　② 부동산에 가요.

　　③ 집을 보러 가요.

(4) 한국에는 '월세'하고 '전세'가 있습니다. 여러분 나라는 어떻습니까? 이야기해
　　보세요.
　　韓国の賃貸契約には「ウォルセ」と「チョンセ」があります。皆さんの国はどうですか? 話し合ってください。

3 文を読んで質問に答えてください。

> 저는 지금 원룸에 혼자 살고 있습니다.
>
> 우리 집에는 침대, 에어컨, 냉장고, 옷장이 있습니다.
>
> 방은 안 크지만 그래도 혼자 사니까 편합니다.
>
> 그런데 가끔 외로울 때가 있습니다. 그래서 강아지를 키우고 있습니다.
>
> 이렇게 강아지를 키우면서 사니까 친구가 생겨서 좋습니다.
>
> 10년 후에는 좀 더 큰 집으로 이사를 가고 싶습니다.
>
> 그리고 저는 도시보다 시골에 살고 싶습니다.
>
> 얼마 전에 친구가 시골로 이사 갔는데 걱정이 없어 보였습니다.
>
> 옆집 사람들하고 즐겁게 사는 것이 좋아 보였습니다.
>
> 그래서 저도 시골에 관심이 생겼습니다.
>
> 도시는 편하지만 답답합니다. 시골에 살면 마음이 따뜻해질 것 같습니다.

(1) 빈칸에 알맞은 말을 쓰세요. それぞれの空欄にあてはまる語句を書いてください。

　　① 이 사람은 지금 _____에 살고 있습니다.

　　② 가끔 _____ (-아서/어서) _____을/를 키우고 있습니다.

　　③ 10년 후에는 지금 사는 집보다 _____에 살고 싶어 합니다.

　　④ 도시는 편하지만 _____ (-아서/어서) _____에 살고 싶어 합니다.

(2) 여러분은 지금 어떤 곳에 살고 있습니까? 10년 후에 어디에서 살고 싶습니까?
메모하고 발표해 보세요.
皆さんは今、どんな所に住んでいますか？　10年後にどこで暮らしていたいですか？　それぞれの空欄にメモし、発表してください。

	어디예요?	어때요?
지금 사는 곳		
10년 후에 살고 싶은 곳		

(3) (2)에서 발표한 내용을 정리해서 '내가 살고 싶은 곳'에 대해 글로 써 보세요.
（2）で発表した内容をまとめ、「私が住みたい場所」について作文してください。

20
課

理解度チェック

💬 語彙

1 この課で習った語彙です。覚えた語彙には✓を付けてください。

- ☐ 도시
- ☐ 시골
- ☐ 부동산
- ☐ 방값
- ☐ 월세
- ☐ 전세
- ☐ 집을 구하다
- ☐ 원룸
- ☐ 하숙집
- ☐ 답답하다
- ☐ 귀찮다
- ☐ 궁금하다
- ☐ 부끄럽다
- ☐ 관심이 있다
- ☐ 관심이 생기다

分からない語彙が5つ以上あれば、語彙のページを復習してください。

💬 表現

2 与えられた語句を、この課で習った適切な表現にして対話を完成させてください。

Ⓐ 캐서린 씨, 기분이 ☐☐☐☐☐ . 좋은 일 있어요?
　　　　　　　　　　　좋다

Ⓑ 고향에서 부모님이 오세요. 그래서 너무 행복해요.

그런데 안나 씨, 좀 ☐☐☐ 것 같아요.
　　　　　　　　　 다르다

Ⓐ 네. 미용실에 가서 파마했어요.

- ・-아지다/어지다を使ってある状態が変化したことを表現できますか？ ☐
- ・-아/어 보이다を使って感じ取ったことや判断できることを話せますか？ ☐
- ・どこで生活しているか話せますか？ ☐

分からない表現があれば、文法のページを復習してください。

復習 2

바다에 가 본 적이 있으세요?

海に行ったことがありますか?

- 旅行に行くならどこに行きたいですか?
- ユラさんはどこに行ったでしょうか?

復習 2

 音声を聞きながら、11 ～ 20 課で習った文法と語彙を復習して
ください。

1. 유라 씨는 누구랑 어디에
   갔습니까?
2. 유라 씨는 이곳에 와 본
   적이 있습니까?

•불편하다 心地が悪い、気まずい

유라 여러분, **귀여운** 유라입니다!

여기가 어디일까요? 여러분 아시겠어요?

여기는 바로 을왕리입니다!

여러분은 바다에 **와 본 적이 있으세요?**

저는 여기 처음인데요. 기분이 정말 좋습니다.

자, 그럼 이제 같이 구경해 볼까요?

오늘도 저랑 같이 **다닐** 친구가 한 명 있습니다.

귀엽고 매력이 **많은** 제 친구 지은 씨입니다.

지은 여러분 안녕하세요? 서울에서 **온** 박지은입니다.

유라 우리가 사실 동갑이에요. 그래서 평소에는 말을
편하게 하는데 지금은 그렇게 못해서 조금
불편하네요. 그렇지요?

지은 **맞아.** 아니, 맞아요. 오늘 반말하면 안 돼요.
여러분이 보고 있으니까요.

유라　네. 그런데 지은 씨는 을왕리에 **와 본 적이 있어요?**

지은　저도 처음 **왔는데** 정말 좋아요. 그런데 우리 **구경하기 전에** 밥부터 **먹어도 될까요?** 지금 배가 너무 고파요.

유라　좋아요. 이 집 어때요?

지은　네, 좋아요. 빨리 들어가요.

유라　우아, 이 음식 **맛있을 것 같아요.**

지은　네, 저 음식도 정말 **맛있어 보여요.** 배고파요. 우리 빨리 **먹자.** 아니, 먹을까요?

유라　하하, 네. 이제 먹어 볼까요?

지은　맛있게 잘 먹었습니다.

유라　저도요. 우리 아이스크림 **먹으면서** 구경할까요?

지은　네. 여러분, 유라 씨는 **단** 아이스크림을 정말 **좋아해요.**

유라　지은 씨! 뭐 **먹을래요?**

지은　저는 딸기 아이스크림 **먹을래요.**

3. 유라 씨하고 지은 씨는 밥을 먹은 후에 무엇을 먹었습니까?

•딸기 いちご

 유라　바다가 정말 아름답죠?

 지은　여기에 와서 바다를 보니까 걱정이 다

　　　　없어지는 것 같아요. 제가 **사랑하는** 친구들 모두

　　　　행복하게 **지냈으면** 좋겠어요.

 유라　저도 마음이 **편해지네요**.

　　　　서울에 있을 때는 **일 때문에** 바빠서 걱정도 많고

　　　　고민도 많았는데……

 지은　우리 힘들거나 스트레스를 많이 **받았을 때**

　　　　또 같이 여행 **오기로 해요**.

 유라　네, 좋아요.

 유라　여러분, 혼자 **하는** 여행도 재미있지만 이렇게 친구하고

　　　　같이 **오는** 것도 좋은 것 같아요.

　　　　여러분도 힘들고 외로울 때 친구하고 같이 여행해

　　　　보세요.

　　　　우리는 다음에 또 **좋은** 곳에서 만나요.

　　　　여러분 안녕히 계세요.

4. 유라 씨하고 지은 씨는
　 바다를 보면서 어떤
　 느낌이 들었습니까?

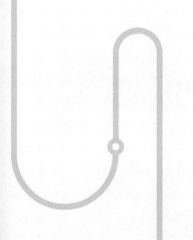

P. 28

1 반갑습니다 お会いできてうれしいです

🎧 1-5

1 音声を聞いて質問に答えてください。

안녕하세요? 만나서 반갑습니다. 저는 한국어과 교수 최지영입니다. 여기 외국 학생들이 많네요. 우리 과에서는 한국어를 공부합니다. 한국어는 어렵지만 재미있습니다. 앞으로 열심히 해 주세요.

こんにちは。お会いできてうれしいです。私は韓国語学科の教授、チェ・ジヨンです。ここは外国の学生たちが多いですね。うちの科では韓国語を勉強します。韓国語は、難しいけれど面白いです。これから頑張ってください。

🎧 1-6

2 サークルの面接での対話です。よく聞いて質問に答えてください。

男 안녕하세요? 저는 김윤오입니다. 역사를 좋아해서 이 동아리에 왔습니다. 역사를 더 배우고 싶습니다.

女 우리 동아리에서는 역사도 공부하고 여행도 자주 갑니다.

男 네. 이야기 많이 들었습니다. 그래서 이 동아리에서 많이 배우고 싶습니다. 열심히 하겠습니다.

男 こんにちは。私はキム・ユノです。歴史が好きでこのサークルに来ました。歴史をもっと学びたいです。

女 うちのサークルでは歴史も勉強して旅行にもよく行きます。

男 はい、話はよく聞いています。それでこのサークルでたくさん学びたいです。頑張ります。

P. 38

2 이제 다 나았어요 もうすっかり治りました

🎧 2-5

1 音声を聞いて、内容と合っていれば〇を、違っていれば×を付けてください。

女 에릭 씨, 감기는 좀 어때요?

男 아직 좀 안 좋아요. 잠도 못 잤어요.

女 몸이 아파서요?

男 네.

女 병원에 가는 게 어때요?

男 병원에 가서 주사를 맞았어요. 그런데 안 나아요.

女 エリックさん、風邪はどうですか？

男 まだちょっと良くないです。眠れませんでした。

女 具合が悪くてですか？

男 はい。

女 病院に行くのはどうですか？

男 病院に行って注射を打ってもらいました。でも、治りません。

🎧 2-6

2 音声を聞いて質問に答えてください。

男 안나 씨, 눈이 빨개요.

女 그래요? 컴퓨터를 오래 봤어요.

男 왜요? 컴퓨터 게임했어요?

女 하하. 아니요, 숙제가 많아서요.

男 그래요? 당근하고 감을 드세요. 당근하고 감은 눈에 좋아요.

男 アンナさん、目が赤いですよ。

女 そうですか？　パソコンを長く見ていました。

男 どうしてですか？　コンピューターゲームをしましたか？

女 はは。いいえ、宿題が多くて。

男 そうなんですか？　にんじんと柿を召し上がってください。にんじんと柿は目にいいです。

P. 48

3 생각만 하지 말고 고백하세요 考えてばかりいないで告白してください

🎧 3-5

1 音声を聞いて、内容と合っていれば〇を、違っていれば×を付けてください。

女 여보세요? 승윤 씨, 지금 뭐 해요?

男 캐서린 씨? 저는 지금 강아지하고 공원에서 산책해요.

女 그래요? 제가 빵을 만들었어요. 빵 먹으러 우리 집에 오세요.

男 좋아요. 지금 강아지하고 같이 갈게요.

女 어, 그런데 미안하지만 제가 강아지를 안 좋아해요.

男 그래요? 그러면 지금 말고 이따가 갈게요.

女 もしもし。スンユンさん、今何してますか？

男 キャサリンさん？　私は今、子犬と公園で散歩しています。

女 そうなんですか？　私がパンを作りました。パンを食べにうちに来てください。

男 いいですよ。今、子犬と一緒に行きますね。

女 あ、でも、すみませんが、私は犬が好きではありません。

男 そうなんですか？ それでは今じゃなくて後で行きます。

3-6

2 音声を聞いて質問に答えてください。

한국 사람들은 고양이도 많이 키우지만 강아지도 많이 키웁니다. 강아지하고 같이 살고 같이 놉니다. 주말에는 공원에서 강아지하고 산책합니다. 한국에는 강아지 카페도 있고 강아지 호텔도 있습니다. 강아지 옷이나 음식도 많습니다. 한국 사람들은 이렇게 강아지를 좋아합니다.

韓国人は猫もたくさん飼いますが、犬もたくさん飼っています。犬と一緒に暮らして一緒に遊びます。週末には公園で犬と散歩します。韓国にはドッグカフェもあるし、ドッグホテルもあります。犬の服や食べ物も多いです。韓国人はこのように犬が好きです。

P. 58

4 머리를 깔끔하게 자르려고요 髪をすっきりと切ろうと思います

4-5

1 音声を聞いて質問に答えてください。

男 안나 씨, 왔어요?

女 민호 씨, 많이 기다렸어요?

男 아니요, 그런데 이게 다 뭐예요? 쇼핑했어요?

女 아, 네. 내일 소개팅을 해서 옷을 샀어요.

男 소개팅요?

女 네, 유라 씨가 소개했어요. 그런데 어떤 옷을 입으면 좋을까요?

男 깔끔하게 입으세요. 저 옷이 어울릴 거예요.

男 アンナさん、来ましたか？

女 ミノさん、ずいぶん待ちましたか？

男 いいえ。ところで、これ全部、何ですか？ 買い物したんですか？

女 あ、はい。明日ブラインドデートをするので服を買いました。

男 ブラインドデートですか？

女 ええ、ユラさんが紹介しました。でも、どんな服を着ればいいでしょうか？

男 こざっぱりと着てください（こざっぱりとした服装をしてください）。あの服が似合うと思います。

4-6

2 音声を聞いて質問に答えてください。

女 내일 면접을 보러 가요. 면접을 볼 때 뭘 입어야 돼요?

男 깔끔하게 입으면 돼요. 보통 정장을 입어요.

女 정장이 없어요. 시간이 없어서 백화점에 못 갔어요. 그리고 정장은 너무 비싸요.

男 그럼, 옷을 빌리면 어떨까요?

女 그래요? 어디로 가면 돼요?

男 여기 주소가 있어요. 여기에 가서 빌리세요.

女 明日面接を受けに行きます。面接を受けるとき、何を着なければなりませんか？

男 こざっぱりした服装ならいいですよ。たいてい、スーツを着ます。

女 スーツがないんです。時間がなくてデパートに行けませんでした。それに、スーツは高すぎます。

男 じゃあ、服を借りたらどうでしょうか？

女 そうですか？ どこへ行けばいいですか？

男 ここに住所があります。ここに行って借りてください。

P. 68

5 운전할 수 있습니다 運転できます

5-5

1 音声を聞いて質問に答えてください。

男 지은 씨, 어디에 가요?

女 학교 근처에 도서관이 새로 생겼어요. 그래서 지금 도서관에 가요.

男 아, 저도 가 봤어요.

女 그래요? 어때요?

男 책도 빌릴 수 있고 영화도 볼 수 있어요. 그리고 1층에는 카페도 있어서 커피도 마실 수 있어요.

女 좋네요.

男 저도 같이 가요. 또 가 보고 싶어요.

男 ジウンさん、どこに行くんですか？

女 学校の近くに図書館が新しくできました。それで今、図書館に行きます。

男 ああ、私も行ってみましたよ。

女 そうなんですか？ どうですか？

男 本も借りられるし、映画も見られます。それから1階にはカフェもあってコーヒーも飲めます。

女 いいですね。

男 私も一緒に行きます。また行ってみたいです。

🎧 5-6

2 音声を聞いて質問に答えてください。

男 유라 씨는 산이 좋아요? 바다가 좋아요?

女 저는 바다가 좋아요. 경치도 아름답고 수영도 할 수 있고 서핑도 할 수 있어서요.

男 유라 씨는 서핑도 할 수 있어요?

女 네, 작년에 배웠어요. 어렵지만 정말 재미있었어요.

男 저는 스노드는 탈 수 있지만 서핑은 못 해요. 안 해 봤어요.

女 한번 해 보세요. 우리 이번 여름에 같이 바다로 놀러 갈까요? 같이 서핑도 배워요.

男 ユラさんは山が好きですか？　海が好きですか？

女 私は海が好きです。景色もきれいで、水泳もできるし、サーフィンもできるからです。

男 ユラさんはサーフィンもできるんですか？

女 はい、去年習いました。難しいですが、本当に面白かったです。

男 私はスノーボードはできますがサーフィンはできません。やったことがありません。

女 一度やってみてください。私たち今度の夏、一緒に海へ遊びに行きましょうか？　一緒にサーフィンも習いましょう。

P. 78

6 오늘은 일이 있는데요 今日は仕事があるんですが

🎧 6-5

1 音声を聞いて、(1)はふさわしい方に〇を、(2)、(3)は空欄に適切な語句を書いてください。

男 여보세요? 유라 씨, 저 승윤이에요.

女 승윤 씨, 어디예요?

男 유라 씨, 지금 사고가 나서요.

女 네? 무슨 사고요? 승윤 씨 다쳤어요?

男 저는 괜찮은데요. 오늘 모임에는 못 갈 거예요.

女 왜요?

男 친구가 좀 다쳤어요. 친구하고 같이 병원에 가려고요.

女 네, 알겠어요. 승윤 씨는 정말 괜찮아요?

男 저는 괜찮으니까 걱정하지 마세요.

男 もしもし。ユラさん、スンユンです。

女 スンユンさん、どこですか？

男 ユラさん、今、事故がありまして。

女 え？　どんな事故ですか？　スンユンさん、けがしたんですか？

男 私は大丈夫なんですが。今日の集まりには行けません。

女 どうしてですか？

男 友達が少しけがしました。友達と一緒に病院に行こうと思います。

女 はい、分かりました。スンユンさんは本当に大丈夫ですか？

男 私は大丈夫ですから心配しないでください。

🎧 6-6

2 音声を聞いて質問に答えてください。

제 친구는 약속에 항상 늦습니다. 약속 시간이 4시면 5시에 옵니다. 그래서 저는 그 친구를 만나면 보통 1시간 동안 기다립니다. 어제도 그 친구를 만나서 영화를 봤습니다. 영화 시간은 5시였습니다. 저는 친구한테 "약속 시간은 4시예요." 이렇게 말했습니다. 하지만 우리는 5시에 만났습니다.

私の友人は約束にいつも遅れます。約束の時間が4時なら5時に来ます。だから私はその友達に会うと、たいてい1時間待ちます。昨日もその友達に会って映画を見ました。映画の時間は5時でした。私は友達に「約束の時間は4時です」。こう言いました。しかし、私たちは5時に会いました。

P. 88

7 약속 시간에 늦겠어요 約束の時間に遅れそうです

🎧 7-5

1 音声を聞いて質問に答えてください。

男 여보세요? 안나 씨, 지금 뭐 해요?

女 그냥 책을 보고 있었어요. 무슨 일이에요?

男 오늘 오후에 모임이 있는데요. 안나 씨도 갈 수 있어요?

女 오늘은 좀 일이 있어서요. 아직 잘 모르겠어요.

男 그러면 제가 이따가 다시 전화할게요.

男 もしもし。アンナさん、今、何してるんですか？

女 ただ本を読んでいました。どうしましたか？

男 今日の午後、集まりがあるんですが。アンナさんも行けますか？

女 今日はちょっと用事がありまして。まだよく分かりません。

男 では、私が後でまた電話します。

7-6

2 音声を聞いて質問に答えてください。

男 날씨가 정말 덥네요. 너무 더워서 힘들어요.

女 저도 여름이 싫어요. 하지만 우리나라에는 여름만 있어요. 저는 눈을 보고 싶어요.

男 지난겨울에 한국에 눈이 많이 왔어요.

女 그래요? 그럼 올해도 눈이 많이 오겠죠?

男 매년 달라서 잘 모르겠어요. 그래도 눈이 올 거예요. 눈이 오면 뭘 하고 싶어요?

女 저는 스키를 타러 가고 싶어요.

男 겨울에 눈이 오면 스키 타러 같이 가요.

男 本当に暑いですね。暑すぎてつらいです。

女 私も夏が嫌いです。でも、私の国には夏だけあります。私は雪が見たいです。

男 去年の冬、韓国に雪がたくさん降りました。

女 そうなんですか？ では今年も雪がたくさん降りますよね？

男 毎年違うのでよく分かりません。それでも雪が降るでしょう。雪が降ったら何をしたいですか？

女 私はスキーに行きたいです。

男 冬に雪が降ったらスキーをしに一緒に行きましょう。

P. 98

8 왼쪽으로 가시면 돼요 左に行ってください

8-5

1 音声を聞いて、それぞれふさわしい方に〇を付けてください。

男 유라 씨, 저 지금 지하철역 4번 출구인데요. 여기에서 어떻게 가야 돼요?

女 출구 밖으로 나오세요. 그리고 횡단보도를 건너세요.

男 네, 그다음에는요?

女 5분 정도 걸어야 돼요. 그러면 왼쪽에 건물이 있을 거예요. 그 건물 5층이에요.

男 알겠어요. 모르면 다시 전화할게요.

女 그럼 저는 그 건물 5층에 있을게요.

男 ユラさん、私は今、地下鉄駅の４番出口なんですが。ここからどうやって行けばいいですか？

女 出口の外に出てください。そして横断歩道を渡ってください。

男 はい、その次は（どう行きますか）？

女 5분 정도 걸어야 돼요. 그러면 왼쪽에 건물이 있을 거예요. 그 건물 5층이에요.

女 5分くらい歩かなければなりません。そうすると左側に建物があるはずです。その建物の5階です。

男 分かりました。分からなければまた電話します。

女 では、私はその建物の5階にいますね。

8-6

2 音声を聞いて質問に答えてください。

(1) 女 죄송하지만 한국어 학원을 찾고 있는데요.

男 한국어 학원요? 왼쪽으로 가시면 횡단보도가 나오는데요. 거기에서 횡단보도를 건너지 말고 앞으로 계속 가세요. 그러면 은행이 나와요. 은행 건너편에 한국어 학원이 있어요.

女 고맙습니다.

女 すみませんが、韓国語の塾を探しているんですが。

男 韓国語の塾ですか？ 左へ行かれると横断歩道が出てくるんです。そこで横断歩道を渡らずにそのまま先へ進んでください。すると銀行が出てきます。銀行の向かい側に韓国語の塾があります。

女 ありがとうございます。

(2) 男 우체국이 어디에 있어요?

女 우체국은 백화점 건너편에 있어요.

男 백화점은 어디에 있는데요?

女 아, 저 횡단보도를 건너서 오른쪽으로 가세요. 그러면 백화점이 나와요.

男 郵便局はどこにありますか？

女 郵便局はデパートの向かい側にあります。

男 デパートはどこにあるんですか？

女 ああ、あの横断歩道を渡って右へ行ってください。そうするとデパートが出てきます。

P. 108

9 집에 오니까 있었어요 家に帰ったらありました

9-5

1 音声を聞いて、対話の内容と合っていれば〇を、違っていれば×を付けてください。

男 주말에 뭐 했어요?

女 마트에 가서 장도 보고 쇼핑도 했어요.

男 주말에는 마트에 사람이 많지요?

女 네, 가니까 사람이 정말 많았어요. 그래서 너무 피곤했어요.

男 그래서 저는 인터넷으로 물건을 주문해요. 주말에 백

화점이나 마트에는 사람이 너무 많아서요. 인터넷에서 사면 자주 할인도 해요.

男 週末、何をしましたか？

女 マートに行って買い物もしてショッピングもしました。

男 週末はマートに人が多いですよね？

女 はい。行ったら人が本当に多かったです。それでとても疲れました。

男 だから私はインターネットで品物を注文します。週末にデパートやマートには人が多すぎるから。インターネットで買えば、よく割引もしています。

일을 하고 퇴근한 후에 프랑스어 학원에 가요. 학원에서 1시간 동안 공부해요. 그런데 요즘 회사에 일이 많아서 학원에 못 갈 때가 많아요. 그래서 기분이 안 좋아요. 저는 외국어를 배우거나 운동할 때 제일 행복해요.

私は毎日8時に起きます。朝食を食べた後、公園に行って30分間運動します。そして家に帰って出勤の準備をします。仕事をして退勤した後にフランス語の塾に行きます。塾で1時間勉強します。でも最近、会社で仕事が多くて塾に行けないときが多いです。だから機嫌がよくないです。私は外国語を習ったり運動するときがいちばん幸せです。

P. 118

10 일이 끝난 후에 보통 도서관에 가요　仕事が終わった後、たいてい図書館に行きます

🎧 10-5

1 音声を聞いて、それぞれの空欄に適切な語句を書いてください。

男 안나 씨, 한국 생활이 힘들지요？

女 네, 재미있는데 좀 힘들어요. 고향에 있을 때는 엄마가 다 해 주셨어요. 빨래도 청소도 요리도 모두 다 엄마가 하셨어요. 그런데 한국에 온 후에 일이 너무 많아요. 집도 깨끗이 청소해야 되고 옷도 빨아야 돼요. 공부도 해야 되고요.

男 그렇겠네요. 그럼 부모님이 보고 싶을 때는 어떻게 해요?

女 전화하거나 인터넷으로 이야기해요.

男 アンナさん、韓国生活は大変でしょう？

女 はい。面白いですが、ちょっと大変です。故郷にいるときは母が全部してくださいました。洗濯も掃除も料理も、すべて母がなさいました。でも、韓国に来てから仕事（やる事）が多すぎます。家もきれいに掃除しないといけないし、服も洗わないといけません。勉強もしないといけませんし。

男 そうでしょうね。では、ご両親に会いたいときはどうするんですか？

女 電話するか、インターネットで話します。

🎧 10-6

2 音声を聞いて質問に答えてください。

저는 매일 8시에 일어나요. 아침을 먹은 후에 공원에 가서 30분 동안 운동해요. 그리고 집에 와서 출근 준비를 해요.

P. 132

11 승윤 씨를 만나기로 했어요　スンユンさんに会うことにしました

🎧 11-5

1 音声を聞いて質問に答えてください。

(1) 女 무슨 일 있어요? 표정이 안 좋네요.

男 사실 여자 친구하고 싸웠어요.

女 왜 싸웠는데요?

男 제가 어제 약속을 잊어버렸어요. 그래서 사과했는데 여자 친구가 계속 화를 냈어요. 어떻게 해야 돼요?

女 만나서 다시 사과해 보세요. 그리고 꽃을 선물하면 어떨까요?

男 네, 그렇게 해 볼게요.

女 何かあったんですか？　表情が良くないですね。

男 実はガールフレンドとけんかしました。

女 どうしてけんかしたんですか？

男 私が昨日約束を忘れてしまいました。それで謝ったんですが、ガールフレンドはずっと怒っていました。どうすればいいですか？

女 会ってまた謝ってみてください。それから花をプレゼントしたらどうでしょうか？

男 はい、そうしてみますね。

🎧 11-6

2 音声を聞いて質問に答えてください。

(1) 男 저는 밥을 먹기 전에 물을 꼭 마셔요. 그렇게 하면 배가 불러서 많이 못 먹어요. 지금 다이어트를 하고 있어서 조금 먹어요. 저는 건강하게 살고 싶어서 다이어트를 해요.

女 저는 점심을 먹은 후에 꼭 커피를 마셔요. 커피를 많이 마시면 건강에 나빠요. 하지만 하루에 한 잔은 괜

찮아요. 그래서 저는 점심을 먹은 후에 커피를 마셔요.

男 私はごはんを食べる前に水を必ず飲みます。そうするとおなかがいっぱいで、たくさん食べられません。今ダイエットをしているので、少し食べます。私は健康に暮らしたくてダイエットをしています。

女 私は昼食を食べた後に必ずコーヒーを飲みます。コーヒーをたくさん飲むと健康に悪いです。しかし、一日に１杯は大丈夫です。だから私は昼食を食べた後にコーヒーを飲みます。

P. 142

12 뭐 먹을래요? 何食べますか？

🎧 12-5

1 音声を聞いて、対話の内容と合っていれば○を、違っていれば×を付けてください。

女 에릭 씨, 배고프죠? 뭐 좀 먹을까요?

男 네, 좋아요. 이 근처에 맛있는 식당이 있어요?

女 인터넷에서 찾아볼게요. 이 근처에 맛있는 김치찌개 집이 있고요. 닭갈비 집도 있어요.

男 닭갈비 먹을래요? 갑자기 먹고 싶네요.

女 좋아요. 저도 닭갈비 좋아해요.
⋮

男 이모, 닭갈비 이 인분 주세요. 그리고 고추장은 조금만 넣어 주세요.

女 네, 맛있게 해 드릴게요.

女 エリックさん、おなかすいてますよね？ ちょっと何か食べましょうか？

男 ええ、いいですね。この近くにおいしい食堂がありますか？

女 インターネットで調べてみますね。この近くにおいしいキムチチゲ屋さんがありますね。タッカルビ屋さんもあります。

男 タッカルビ食べましょうか？ 急に食べたくなりましたよ。

女 いいですよ。 私もタッカルビ好きです。
⋮

男 おばさん、タッカルビ２人前下さい。それからコチュジャンは少しだけ入れてください。

女 はい、おいしく作ってさしあげます。

🎧 12-6

2 音声は陰暦の正月についての話です。よく聞いて答えてください。

오늘은 설날입니다. 가족들이 모두 모였습니다. 어머니께서는 아침부터 요리를 하셨습니다. 그 요리는 떡국입니다. 한국에서는 설날 아침에 떡국을 먹습니다.
　"떡국을 한 그릇 먹으면 나이를 한 살 더 먹어요."
　8살 제 조카는 이 말을 듣고 떡국을 두 그릇 먹었습니다.
　"저는 떡국 더 먹을래요. 떡국 두 그릇 먹으면 저는 열 살이 될 수 있으니까요."
　조카의 말에 가족들이 모두 크게 웃었습니다. 가족들하고 같이 있어서 행복한 시간이었습니다.

今日は旧正月です。家族がみんな集まりました。母は朝から料理をしました。その料理はトックク（お雑煮）です。韓国では旧正月の朝にトッククを食べます。
「トッククを１杯食べると、年をもう１つ取ります」
8歳の私の甥／姪は、この言葉を聞いてトッククを２杯食べました。
「もっとトッククを食べます。トッククを２杯食べれば、私は10歳になれるから」
甥／姪の言葉に家族全員が大笑いしました。家族と一緒にいて幸せな時間でした。

P. 152

13 영화 시간이 다 된 것 같아요 映画の時間になったようです

🎧 13-5

1 音声を聞いて質問に答えてください。

女 민호 씨는 취미가 뭐예요?

男 저는 커피숍에서 책 읽는 거 좋아해요.

女 한국 사람들은 커피숍에서 공부를 많이 하는 것 같아요.

男 맞아요. 커피숍에서 공부하는 사람들이 많아요.

女 그럼 내일 저랑 커피숍에서 공부할래요?

男 내일요? 내일은 회사에 일이 있어서 같이 공부 못 할 것 같아요. 미안해요.

女 ミノさんの趣味は何ですか？

男 私はコーヒーショップで本を読むのが好きです。

女 韓国人はコーヒーショップでたくさん勉強をするみたいです。

男 そうなんです。コーヒーショップで勉強する人が多いです。

女 それでは明日、私とコーヒーショップで勉強しますか？

男 明日ですか？　明日は会社で仕事があって一緒に勉強できないと思います。ごめんなさい。

🎧 13-6

2 音声を聞いて質問に答えてください。

男 캐서린 씨는 어떤 사람을 만나고 싶어요?

女 저는 키가 크고, 눈이 크고, 이마도 넓은 사람을 만나고 싶어요. 그리고 똑똑하고 아는 것이 많은 사람이면 돼요. 그래서 제가 존경할 수 있는 사람을 만나고 싶어요. 아, 그리고 눈썹이 너무 진한 사람은 싫어요.

男 하하, 눈이 높네요.

女 눈이 높아요? 그게 무슨 말이에요?

男 만나고 싶은 사람을 말할 때 조건이 많아요. 좋은 것만 찾지요? 그런 사람을 보고 '눈이 높아요.' 이렇게 말해요.

男 キャサリンさんはどんな人と付き合いたいですか？

女 私は背が高くて、目が大きくて、額も広い人と付き合いたいです。そして賢くて知っていることが多い人だといいです。だから私が尊敬できる人と付き合いたいです。あ、それから眉毛が濃すぎる人は嫌いです。

男 はは、目が高いですね。

女 目が高いですか？　それはどういう意味ですか？

男 付き合いたい人のことを話すときに条件が多いんです。いいことばかり求めますよね？　そんな人を見て「目が高いです」。こう言うんです。

P. 162

14 같이 갔으면 좋겠어요　一緒に行けたらいいです

🎧 14-5

1 音声を聞いて質問に答えてください。

男 이번 주 금요일이 얀토 씨 생일이에요. 그래서 친구들하고 파티를 하기로 했어요. 그런데 얀토 씨한테 무슨 선물을 하면 좋을까요?

女 얀토 씨가 한국어 공부를 하니까 한국어 책은 어때요?

男 좋아요. 책하고 꽃을 살까요?

女 네, 같이 사러 가요. 선물 사고 같이 저녁 먹어요.

男 네, 좋아요. 선물이 얀토 씨 마음에 들었으면 좋겠네요.

男 今週の金曜日がヤントさんのお誕生日です。それで友人たちとパーティーをすることにしました。ところで、ヤントさんにどんなプレゼントをしたらいいでしょうか？

女 ヤントさんが韓国語の勉強をしているので、韓国語の本はどうですか？

男 いいですね。本と花を買いましょうか？

女 はい、一緒に買いに行きましょう。プレゼントを買って一緒に夕食を食べましょう。

男 ええ、いいですね。ヤントさんがプレゼントを気に入ったらいいですね。

🎧 14-6

2 音声を聞いて質問に答えてください。

요즘 회사 부장님 때문에 스트레스를 많이 받고 있어요. 회사 일은 재미있어요. 일이 많아서 야근을 할 때도 많은데 그래도 재미있어요. 하지만 부장님 때문에 힘들어요. 점심시간에 부장님이 먹고 싶은 음식을 우리 모두 먹어야 해요. 어제도 저는 파스타가 먹고 싶었는데 부장님 때문에 갈비탕을 먹었어요. 내일 출장을 가서 좋아요. 하지만 부장님하고 같이 가야 돼요. 부장님은 내일 점심에 뭘 드실까요? 제가 먹고 싶은 음식을 드셨으면 좋겠어요.

最近会社の部長のせいでストレスをたくさん受けています。会社の仕事は面白いです。仕事が多くて残業をするときも多いですが、それでも面白いです。しかし、部長のせいでつらいです。昼食の時間に部長が食べたい食べ物を私たち全員が食べなければなりません。昨日も私はパスタが食べたかったのですが、部長のせいでカルビタンを食べました。明日出張に行くのでうれしいです。しかし部長と一緒に行かなければなりません。部長は明日のお昼に何を召し上がるでしょうか？　私が食べたいものを召し上がったらうれしいです。

P. 172

15 방송국에 와 본 적이 없어요　放送局に来たことがありません

🎧 15-5

1 音声を聞いて、それぞれの空欄に適切な語句を書いてください。

男 안나 씨, 이 식당에 와 본 적이 있어요?

女 아니요, 여기는 처음이에요.

男 뭐 먹을래요?

女 잠깐만요. 지난주에 먹은 음식 이름이 뭐지요?

男 비빔밥이요.

女 아! 그럼 저는 비빔밥을 먹을래요.

男 저도요. 여기요. 비빔밥 두 개 주세요. 하나는 고추장 조금만 넣어 주세요.

男 アンナさん、この食堂に来たことがありますか？

女 いいえ、ここは初めてです。

男 何を食べますか？

女 ちょっと待ってください。先週食べた食べ物の名前は何ですか？

男 ビビンバです。

女 あ！　じゃあ私はビビンバを食べます。

男 私もです。すみません。ビビンバ2つ下さい。1つはコチュジャンを少しだけ入れてください。

🎧 15-6

2 音声を聞いて質問に答えてください。

男 초등학생한테 인기가 있는 직업이 뭘까요?

女 연예인 아닐까요? 요즘 연예인이 되고 싶은 아이들이 많은 것 같아요.

男 인기 있는 직업을 조사한 결과를 신문에서 봤는데요. 남자아이들한테는 운동선수가 인기가 많고요. 여자아이들한테는 선생님이 인기가 있네요. 안나 씨는 어릴 때 꿈이 뭐였어요?

女 저는 요리사가 되고 싶었어요. 하지만 요리를 잘 못해서 그냥 공부를 열심히 했어요.

男 안나 씨 나라에서는 어떤 직업이 인기가 있어요?

女 잘 모르겠어요. 한번 알아볼게요.

男 小学生に人気のある職業は何でしょうか？

女 芸能人ではないでしょうか？　最近芸能人になりたい子どもたちが多いみたいです。

男 人気のある職業を調査した結果を新聞で見たんです。男の子たちにはスポーツ選手が人気が高いです。女の子たちには先生が人気がありますね。アンナさんは幼いころの夢は何でしたか？

女 私は料理人になりたかったです。でも、料理がへたなので、ただ勉強を頑張りました。

男 アンナさんの国ではどんな職業が人気がありますか？

女 よく分かりません。一度調べてみますね。

P. 182

16 만나서 할 말이 있어요 **会って話すことがあります**

🎧 16-5

1 音声を聞いて、それぞれの空欄に適切な語句を書いてください。

男 여보세요? 캐서린 씨. 오늘 캐서린 씨 집에 놀러 가도

돼요? 혼자 있으니까 너무 심심해서요.

女 그럼요. 와도 되죠. 언제 올 거예요?

男 지금 가도 돼요?

女 그런데 청소를 안 해서 집이 좀 더러워요. 30분 후에 오면 안 될까요?

男 알겠어요. 30분 후에 갈게요.

男 もしもし。キャサリンさん。今日キャサリンさんの家に遊びに行ってもいいですか？　一人でいるととても退屈なので。

女 もちろんです。来てもいいですよ。いつ来るんですか？

男 今行ってもいいですか？

女 でも掃除をしていないので家がちょっと汚いです。30分後に来ませんか？

男 分かりました。30分後に行きます。

🎧 16-6

2 音声を聞いて質問に答えてください。

여러분 집에서는 혼자 여행을 가도 됩니까? 우리 집에서는 혼자 여행을 하면 안 됩니다. 아버지께서 항상 "혼자 가면 위험해요." 이렇게 말씀하십니다. 그래서 저는 혼자 여행해 본 적이 없습니다. 그런데 이번 여름에 처음으로 일주일 동안 혼자 여행을 했습니다. 준비할 것도 많았습니다. 혼자 가니까 외롭고 가족들이 그리운 때도 있었습니다. 하지만 편한 것도 있었습니다. 가고 싶은 곳을 갈 수 있고, 먹고 싶은 음식도 먹을 수 있었습니다. 가끔 혼자 여행하는 것도 좋은 것 같습니다.

皆さんの家では一人で旅行に行ってもいいですか？　わが家では一人で旅行をしてはいけません。父がいつも「一人で行くと危ないです」と言います。だから私は一人で旅行したことがありませんでした。ところが、この夏初めて1週間一人旅をしました。準備することも多かったです。一人で行ったので寂しくて家族が恋しいときもありました。しかし、楽なこともありました。行きたいところに行けたし、食べたいものも食べられました。たまに一人で旅行するのもいいと思います。

P. 192

17 나랑 같이 저녁 먹자 **私と一緒に夕飯食べよう**

🎧 17-5

1 音声を聞いて、それぞれの空欄に適切な語句を書いてください。

男 여보세요? 유라야, 통화 괜찮아? 물어볼 게 있어서 전화했어.

女 응, 뭔데?

男 한국 친구가 이사를 해서 내일 친구 집에 초대를 받았어.

女 아, 그 친구가 집들이를 하는 거네.

男 응, 그런데 나는 집들이에 가 본 적이 없어. 집들이에는 뭘 사 가면 좋아?

女 휴지를 사 가면 돼. 그리고 세제를 사 가도 돼.

男 もしもし。ユラ、通話大丈夫？ 聞きたいことがあって電話したんだ。

女 うん、何？

男 韓国の友達が引っ越して、明日友達の家に招待されたんだ。

女 あ、その友達が引っ越し祝いをするんだね。

男 うん、でも、僕は引っ越し祝いに行ったことがなくてさ。引っ越し祝いには何を買っていけばいい？

女 ティッシュ（トイレットペーパー）を買っていけばいいよ。それから洗剤を買っていってもいいね。

🎧 17-6

2 音声を聞いて質問に答えてください。

다음 주에 한국 친구의 결혼식이 있습니다. 보통 결혼식에서 신랑은 정장을 입고, 신부는 하얀 웨딩드레스를 입습니다. 손님은 결혼식에 어떤 옷을 입어야 될까요? 하얀색 원피스를 입어도 될까요? 신부가 하얀 웨딩드레스를 입어서 손님은 하얀색 옷을 입으면 안 될 것 같습니다. 결혼식의 주인공은 신부니까 손님은 그냥 깔끔하게 입고 가면 될 것 같습니다. 제가 어떤 옷을 입으면 될까요? 또 어떤 옷을 입으면 안 될까요?

来週、韓国の友達の結婚式があります。普通、結婚式で新郎はスーツを着て、新婦は白いウエディングドレスを着ます。（招待）客は結婚式にどんな服を着るべきでしょうか？ 白いワンピースを着てもいいですか？ 新婦が白いウエディングドレスを着ているので、招待客が白い服を着てはいけないと思います。結婚式の主役は新婦ですから、招待客は単にすっきりした服装で行けばいいと思います。私はどんな服を着ればいいでしょうか？ また、どんな服を着たらいけないでしょうか？

P. 202

18 AS 신청을 했는데 기다려야 돼요 アフターサービスの依頼をしたんですが、待たなければなりません

🎧 18-5

1 音声を聞いて質問に答えてください。

男 인터넷이 또 안 되네요. 며칠 전에도 안 돼서 AS를 받았는데요.

女 'AS'가 뭐예요?

男 물건을 산 후에 고장이 나거나 잘 안될 때 받는 서비스예요.

女 아, 그런 의미예요? 처음 'AS'를 들었을 때 좀 이상했어요.

男 하하, 한국에서는 물건을 산 후에 수리를 받아야 할 때 "애프터 서비스를 받아요." 이렇게 말해요. 지금 서비스 센터에 가야 돼요. 컴퓨터가 문제인 것 같아요.

女 저도 같이 갈까요?

男 インターネットがまただめ（繋がらない）ですね。数日前にもできなくてASを受けたのですが。

女 "AS"って何ですか？

男 物を買った後に故障したり、うまくいかないときに受けるサービスです。

女 ああ、そういう意味ですか？ 初めて"AS"と聞いたとき、ちょっと変でした。

男 はは、韓国では物を買った後に修理を受けなければならないとき、「アフターサービスを受けます」と言います。今、サービスセンターに行かなければなりません。パソコンが問題のようです。

女 私も一緒に行きましょうか？

🎧 18-6

2 音声を聞いて質問に答えてください。

저와 제 친구들은 매달 같이 모여서 밥을 먹습니다. 모이는 친구들은 모두 3명인데 회사에 다니는 친구도 있고 취직을 준비하는 친구도 있습니다. 우리는 매달 한 번 모이는데 모이면 많은 이야기를 합니다. 친구들을 만나면 너무 행복합니다. 오늘도 모였는데 다음 달부터 매달 한 번 봉사를 하러 가기로 했습니다. 혼자 사시는 할아버지, 할머니를 돕기로 했습니다. 제 친구들은 성격도 좋고 마음도 따뜻한 사람들입니다. 그런 제 친구들이 정말 좋습니다.

私と私の友人たちは毎月一緒に集まってごはんを食べます。集まる友人たちは全部で3人ですが、会社に通う友達もいれば就職を準備する友達もいます。私たちは毎月1回集まりますが、集まるとたくさんの話をします。友人たちに会うととても幸せです。今日も集まりましたが、来月から毎月1回ボランティアをしに行くことにしまし

た。一人暮らしのおじいさん、おばあさんを手伝うことにしました。私の友人たちは性格も良くて心も温かい人たちです。そんな私の友人たちが本当に好きです。

P. 212

19 친구들이 저를 부러워합니다 友達が私をうらやましがっています

🎧 19-5

1 音声を聞いて、それぞれの空欄に適切な語句を書いてください。

女 요즘 에릭 씨한테 무슨 일 있어요?

男 회사에 일이 많아서 항상 피곤해요. 그리고 혼자 외국에 있으니까 더 외로워하는 것 같아요.

女 제 동생도 외국에 살면서 회사에 다녔어요. 그때 많이 힘들어했어요.

男 에릭 씨가 좋아하는 일을 같이 해 주면 좋을 것 같아요.

女 그럼 힘든 일은 이야기하지 말고 그냥 우리 같이 맛있는 음식을 먹으면서 신나게 놀아요.

男 좋아요. 신나게 놀면 힘든 일을 다 잊어버릴 수 있을 거예요.

女 最近エリックさんに何かあったんですか？

男 会社で仕事が多くていつも疲れています。それに一人で外国にいるからさらに寂しがっているようです。

女 私の弟／妹も外国で暮らしながら会社に勤めていました。そのとき、とても大変がっていました。

男 エリックさんが好きなことを一緒にしてあげればいいと思います。

女 それじゃあ、つらいことは話さずに、ただ一緒においしい食べ物を食べながら楽しく遊びましょう。

男 いいですね。楽しく遊んだらつらいことを全部忘れられるでしょう。

🎧 19-6

2 音声を聞いて質問に答えてください。

저는 한국 회사에 다닙니다. 우리 회사는 한 달에 한 번 정도 회식을 합니다. 예전에는 회식을 할 때 술을 많이 마셨습니다. 저는 술을 못 마셔서 회식에 적응하기 힘들었습니다. 그런데 저처럼 술 마시는 것을 힘들어하는 사원들이 많이 있었습니다. 그래서 얼마 전부터 회식할 때 술을 마시러 안 가고, 같이 공연을 보고 맛있는 음식을 먹으러 갑니다. 그렇게 한 후에 회사 분위기가 더 좋습니다. 회식 문화가 이렇게 바뀌고 있습니다.

私は韓国の会社に勤めています。うちの会社はひと月に1回くらい会食をします。以前は会食をするときにお酒をたくさん飲んでいました。私はお酒が飲めないので、会食に慣れるのが大変でした。ところが、私のようにお酒を飲むのがつらい社員がたくさんいました。それで、いくらか前から会食のときにお酒を飲みに行かず、一緒に公演を見ておいしい食べ物を食べに行きます。そのようにしてから、会社の雰囲気がさらにいいんです。会食文化がこのように変わっています。

P. 222

20 요즘 좋아 보이네 最近、元気そうだね

🎧 20-5

1 音声を聞いて、それぞれの空欄に適切な語句を書いてください。

女 한국에 언제 왔어요?

男 작년 여름에 왔어요.

女 한국 생활은 어때요? 처음에는 힘들어 보였는데 요즘은 좋아 보여요.

男 처음에는 음식 때문에 힘들었어요. 그런데 지금은 많이 익숙해졌어요.

女 한국 음식이 좀 맵지만 맛있지요?

男 네. 그래서 너무 많이 먹어서 좀 뚱뚱해졌어요.

女 아니에요. 건강해 보여서 좋아요.

女 韓国にいつ来ましたか？

男 去年の夏に来ました。

女 韓国生活はどうですか？　最初は大変そうに見えましたが、最近は良さそうに見えます。

男 最初は食べ物のせいで大変でした。でも、今はだいぶ慣れました。

女 韓国の食べ物は少し辛いですが、おいしいでしょう？

男 はい。だから食べ過ぎて少し太ってしまいました。

女 いえいえ。元気そうでいいですよ。

🎧 20-6

2 音声を聞いて質問に答えてください。

女 저는 지금 원룸에서 살고 있어요. 지하철역에서 가까워서 좋은데 월세가 좀 비싸요. 싸고 좋은 집을 구하고 싶어요.

男 지하철역에서 가까우면 비싸요. 월세가 싼 곳은 학교에서 조금 멀어요. 학교에서 멀어져도 괜찮아요?

女 네. 가까우면 좋은데 조금 멀어도 돼요.

男 그럼 이 집은 어때요? 에어컨, 냉장고, 책상, 침대도 있어요.

女 한번 가 보고 싶어요.

男 좋아요. 지금 같이 가 봐요

女 私は今ワンルームに住んでいます。地下鉄の駅から近くていいんですが、家賃が少し高いです。安くていい家を探したいです。

男 地下鉄の駅から近いと高いですよ。家賃が安い所は学校から少し遠いです。学校から遠くなっても大丈夫ですか？

女 はい。近ければいいんですけど、少し遠くてもいいです。

男 じゃあ、この家はどうですか？　エアコン、冷蔵庫、机、ベッドもあります。

女 一度行ってみたいです。

男 いいですよ。今、一緒に行ってみましょう。

しょうか？

ユラ：こんにちは。私はイ・ユラです。会社員です。
お会いできてうれしいです。

②ソジュン：こんにちは。私はイ・ソジュンです。私は
大学を卒業しました。私はこの近くに住ん
でいます。

先生：お会いできてうれしいです。

③ジウン：こんにちは。私はパク・ジウンです。学校で
韓国語を教えています。ドイツ語を学びたく
て来ました。

先生：お会いできてうれしいです。

④ジヌ：私はパク・ジヌです。私は銀行に通って（勤めて）
います。ドイツ語を少し習いましたが、あまり
できません。たくさん学びたいです。

先生：皆さん全員、お会いできてうれしいです。

初級 ❶ おさらい

▶ 文法の整理 _P.14

1　(1) 이　　　　(2) 가
　　(3) 는　　　　(4) 을
　　(5) 를　　　　(6) 은
　　(7) 가

2　(1) 에　　　　(2) 에
　　(3) 에　　　　(4) 에서
　　(5) 으로　　　(6) 으로

▶ ㅂ変則、ㄷ変則、ㄹ脱落(ㄹ語幹)の整理 _P.17

1　(1) 추워요 寒いです / 더웠어요 暑かったです
　　어려워요 難しいです / 쉬웠어요 易しかったです
　　무거워요 重いです / 가벼웠어요 軽かったです
　　무서워요 怖いです / 귀여웠어요 かわいかったです
　　아름다워요 美しいです / 즐거웠어요 楽しかったです
　　매워요 辛いです / 가까웠어요 近かったです

　　(2) 걸었어요 歩きました / 걸을까요? 歩きましょうか？
　　들었어요 聞きました / 들을까요? 聞きましょうか？
　　물었어요 尋ねました / 물을까요? 尋ねましょうか？

　　(3) 사네요 住んでいるんですね / 사세요 住んでく
　　ださい
　　만드네요 作るんですね / 만드세요 作ってください
　　노네요 遊ぶんですね / 노세요 遊んでください
　　여네요 開けるんですね / 여세요 開けてください
　　머네요 遠いですね
　　힘드네요 大変ですね

1 例 私はアンナです。私はドイツ人です。私は韓国語
の勉強が楽しいです。

(1) 저는 캐서린입니다. 저는 호주 사람입니다.
저는 부지런합니다.
私はキャサリンです。私はオーストラリア人です。
私は勤勉です。

(2) 저는 송미숙입니다. 저는 의사입니다.
저는 친구가 많습니다.
私はソン・ミスクです。私は医者です。私は友達
がたくさんいます。

(3) 저는 얀토입니다. 저는 회사원입니다.
저는 한국어를 좋아합니다.
私はヤントです。私は会社員です。私は韓国語が
好きです。

(4) 저는 김윤오입니다. 저는 학생입니다.
저는 주말에 농구를 합니다.
私はキム・ユノです。私は学生です。私は週末バ
スケットボールをします。

1 반갑습니다 お会いできてうれしいです

語彙 .... P. 22~23

1 ① 握手をしました
　　[その他の選択肢：①会えてうれしいです ②元気
　　でしたか？]

2 例 私は誠実で活発です。でも、ちょっとせっかちな
性格です。
　　<解答は省略>

文法 .... P. 24~25

①先生：こんにちは。ユラさんから自己紹介をしてみま

①先生：今学期も一生懸命勉強しますよね？
ユラ：はい。今学期も熱心に勉強します。

②スンユン：今日から授業を一生懸命聞きます。そして
毎日授業に早く来ます。

先生：皆さん、よろしくお願いいたします。

③ミノ：新入社員のイ・ミノです。これから一生懸命仕
事します。

部長：お会いできてうれしいです。よろしくお願いし
ます。

答えと訳

④ミノ：こんにちは。イ・ミノです。頑張ります。

職員：私もよろしくお願いいたします。

2 例 A 今勉強します。

B 私も一緒に勉強します。

例 A 旅行にいつ行きますか？

B 今週末に行きます。

(1) A 지금 우유를 사러 갈 거예요.

今、牛乳を買いに行くつもりです。

B 저도 같이 가겠어요.

私も一緒に行きます。

(2) A 지금 케이크를 만들 거예요.

今、ケーキを作るつもりです。

B 저도 같이 만들겠어요.

私も一緒に作ります。

(3) A 숙제를 언제 할 거예요?

宿題をいつするつもりですか？

B 지금 하겠어요.

今やります。

(4) A 이 책을 언제까지 읽을 거예요?

この本をいつまでに読む予定ですか？

B 내일까지 읽겠어요.

明日までに読みます。

スピーキング練習 ·········· P. 26~27

1 部長：こんにちは。イ・ソジュンさん。お会いできて
うれしいです。自分の長所を話してください。

ソジュン：はい、私は誠実で勤勉です。大学に通って
いるとき、専攻の勉強も一生懸命にして、
アルバイトも頑張りました。サークル活動
も頑張って、友達もたくさんいます。また、
私はアクティブでよく笑います。

部長：はい、いいですよ。

ソジュン：この会社で必ず働きたいです。一生懸命仕
事します。

(1) 반갑습니다 / 일하겠습니다

(2) イ・ソジュンさんは誠実でよく笑います。（○）

部長はアクティブで友達がたくさんいます。（×）

2 (1) 저는 에릭입니다. 저는 미국 사람입니다. 한국에서
대학교에 다닙니다. 기숙사에 삽니다. 저는 성격이
밝고 성실합니다. 한국어를 배우고 싶어서 한국에
왔습니다. 열심히 공부하겠습니다.

私はエリックです。私はアメリカ人です。韓国で

大学に通っています。寄宿舎に住んでいます。私
は性格が明るくて誠実です。韓国語を学びたくて
韓国に来ました。一生懸命勉強します。

(2) <解答は省略>

(3) 例 時間があったら何をしますか？／長所は何で
すか？／いつ気分がいいですか？

<解答は省略>

やってみよう ·········· P. 28~29

1 (1) ① 한국어과 교수 この人は韓国語科の教授です。

② 외국 학생들 韓国語科に外国の学生たちがたく
さんいます。

③ 어렵습니다 韓国語の勉強は難しいです。

(2) <解答は省略>

2 (1) ① 歴史を勉強します。

(2) ② 歴史を学びたいです。

(3) <解答は省略>

3 私は月曜日から金曜日まで働きます。週末はたいてい
10時に起きます。疲れて週末にたくさん寝ます。10
時に起きて顔を洗ってごはんを食べます。そしてテレ
ビを見ます。掃除もして洗濯もします。日曜日に友達
に会います。私の友達は賢くてハンサムです。友達と
一緒に日本語を勉強します。日本語の勉強は難しいで
すが面白いです。頑張ります。

(1) 월요일 / 금요일

この人は月曜日から金曜日まで働きます。

(2) 피곤해서

この人は疲れて週末に10時まで寝ます。

(3) 일요일

この人は日曜日に友達に会います。

(4) 일본어

この人は友達と日本語を勉強します。

4 (語句の選択肢) 韓国語を学ぶ／怠惰だ／髪が長い／
品物を買う／友達に会う／暇だ／働く／9時から5時
まで／音楽を聞く／夕食に料理する／家で休む／本を
読む／友達をよく手伝う／天気がいい／テレビを見る
／忙しい／自転車に乗る／頭が痛い／美容室に行く／
ごはんを食べる

<解答は省略>

理解度チェック ·········· P. 30

2 A こんにちは。私はアンナです。私はドイツ人です。

242

お会いできてうれしいです。よろしくお願いいた
します。一生懸命勉強します。

Ⓑ こんにちは。アンナさん、私もよろしくお願いい
たします。

독일 사람입니다 / 공부하겠습니다

---

2 이제 다 나았어요 もうすっかり治りました

語彙 ……………………………………………… P.32~33

1 (1) 나다 熱が出る／咳が出る／おなかを壊す
(2) 붓다 喉が腫れる／足がむくむ／顔がむくむ
＜解答は省略＞

文法 ……………………………………………… P.34~35

① ソジュン：風邪はどうですか？

ユラ：喉が腫れて熱も出て苦しかったです。でも治り
ました。

② ソジュン：耳鼻咽喉科に行って注射を受けましたか？

ユラ：いいえ、ただ薬を調剤して（もらって）飲みま
した。

③ ユラ：ソジュンさん、今日顔がちょっとむくんでますね。

ソジュン：ゆうべ、ラーメンを食べて寝ました。

④ ユラ：夜に食べると健康によくありません。私は夜に
は水もあまり飲みません。

ソジュン：顔がむくんだらどうすればいいですか？

1 (1) 나았어요

Ⓐ 風邪はすっかり治りましたか？

Ⓑ はい、病院に行って注射を受けました。

(2) 부어요

Ⓐ 最近、足がすごくむくみます。

Ⓑ そうなんですか？　病院に行ってください。

(3) 지으면

Ⓐ ここが薬局ですか？

Ⓑ はい、ここで薬を調剤すれば（してもらえば）
いいです。

① ジウン：ミノさん、どこか具合が悪いですか？　表情
どうしたんですか？（何かあったんですか？）

ミノ：いいえ。ただ少しつらくて。最近仕事も多くて
忙しいんですよね。

② ジウン：私は今日、ごはんも食べられませんでした。

ミノ：どうしてですか？

ジウン：時間がなかったので。

③ スンユン：一緒に夕食を食べましょうか？

ジウン：ごめんなさい。今日は家に早く帰らなければ
ならないので。

④ ジウン：じゃあ、明日一緒にごはん食べましょう。

スンユン：明日は私が時間がありません。アルバイト
をしていますので。

2 例 Ⓐ すごく大変ですか？

Ⓑ はい、最近試験が多くて。

(1) Ⓐ 여기 잘 알아요?

ここよく知ってますか？

Ⓑ 네, 자주 와서요.

はい、よく来ますので。

(2) Ⓐ 공원에 가요?

公園に行きますか？

Ⓑ 네, 날씨가 좋아서요.

はい、天気がいいので。

(3) Ⓐ 배가 많이 고파요?

とてもおなかがすいていますか？

Ⓑ 네, 밥을 안 먹어서요.

はい、ごはんを食べていないので。

(4) Ⓐ 또 김밥을 먹어요?

またキンパを食べるんですか？

Ⓑ 네, 김밥을 좋아해서요.

はい、キンパが好きなので。

スピーキング練習 ……………………………… P.36~37

ジウン：スンユンさん、昨日どうして電話に出なかった
んですか？

スンユン：昨日、電話しましたか？　ごめんなさい。最
近仕事が多くて。どうしたんですか？

ジウン：スンユンさんが塾に来なくて心配しました。

スンユン：実はちょっと具合が悪かったんです。でも、
もうすっかり治りました。心配してくれてあ
りがとうございます。

1 (1) 많아서요 / 나았어요

(2) ジウンさんはスンユンさんと昨日電話しました。(×)

スンユンさんはもう具合が悪くありません。（○）

2 例 エリック：先生、喉がとても痛くて来ました。

医師：いつから痛かったですか？

エリック：昨日の夕方からちょっと良くなかった
です。

医師：「あ」と言ってください。喉がとても腫れ

ていますね。

エリック：はい、とても痛いです。

医師：薬を飲まなければなりません。今日から数
日間、お粥を召し上がってください。

エリック：注射も受けないといけませんか？

医者：はい、注射も受けてください。

<解答は省略>

やってみよう　P. 38~39

1 (1) エリックさんは風邪をひきました。（○）

(2) エリックさんは病院に行きませんでした。（×）

2 (1) ① 숙제를

アンナさんは宿題をしました。

② 눈이

アンナさんは今、目が赤いです。

(2) 당근 / 감

にんじんと柿が目にいいです。

(3) <解答は省略>

3 <解答は省略>

4 病院 連休の診療の案内

新年明けましておめでとうございます。

当院は2月12日、13日にも診療します。

午前9時30分から午後3時まで診療します。

診療します／診療しません

※診療時間の案内：月曜日～金曜日 午前9時30分～
午後6時 (昼休み 午後1時～2時) 土曜日 午前9
時30分～午後3時 (昼休み ありません)

<解答は省略>

(1) ユラ：今日は12日です。 病院に行けません。（×）

(2) スンユン：旧正月には病院が閉まります。（○）

(3) ミノ：土曜日は午後3時までに病院に行かなけれ
ばなりません。（○）

(4) ジウン：金曜日の午後1時30分です。病院は昼休
みです。（○）

5 <解答は省略>

理解度チェック　P. 40

2 Ａ どうして食べないんですか？ 食べ物がまずいで
すか？

Ｂ いいえ、おなかが痛くて。

Ａ 薬を飲んでください。

Ｂ 飲みました。食べ物は、おなか少し治ったら食べ
ます。

배가 아파서요 / 나으면

3 생각만 하지 말고 고백하세요 考えてばかりいない で告白してください

語彙　P. 42~43

1 (1) 신발을 모으다 履き物を集める

(2) 만화를 그리다 漫画を描く

(3) 악기를 연주하다 楽器を演奏する

<解答は省略>

文法　P. 44~45

① ミノ：ユラさんはいつ来ますか？

スンユン：すぐ来ると思います。少し前に電話が来ま
した。

② スンユン：明日、試験がありますよね？

ミノ：はい。明日の試験は難しいと思います。この前、
先生が話していました。

③ ミノ：ジウンさんは今、何をしていますか？ 今日来
ないんですか？

ユラ：マートに行ったと思います。家にお客さんが来
たので。

④ ミノ：マートに行ってジウンさんを手伝いましょうか？

ユラ：マートが混んでいて多分会えないと思います。

1 例 Ａ ジウンさんは今、勉強すると思います。

Ｂ そうなんですか？ 分かりました。

(1) Ａ 안나 씨는 피아노를 연습할 거예요.

アンナさんはピアノを練習すると思います。

Ｂ 그래요? 알겠어요.

そうなんですか？ 分かりました。

(2) Ａ 리나 씨는 사진을 찍을 거예요.

リナさんは写真を撮ると思います。

Ｂ 그래요? 알겠어요.

そうなんですか？ 分かりました。

(3) Ａ 승윤 씨는 밥을 먹었을 거예요.

スンユンさんはごはんを食べたと思います。

Ｂ 그래요? 알겠어요.

そうなんですか？ 分かりました。

(4) Ａ 서울은 지금 추울 거예요.

ソウルは今、寒いと思います。

Ｂ 그래요? 알겠어요.

そうなんですか？ 分かりました。

① ジウン：とても暑いです。

ユラ：じゃあ私たち、外に出ないで家で映画を見ましょうか？

② ジウン：猫を飼いたいです。でも、お母さんが猫が好きではないからだめだと思います。

ユラ：そう考えずにお母さんと話してください。

③ スンユン：今回の読書の集いは、コーヒーショップでしないで公園でしたらどうですか？

ユラ：いいですね。みんな喜ぶと思います。

④ スンユン：今回の集まりでこの本を読みましょうか？

ユラ：この本はちょっと難しいです。この本ではなくてあの本はどうですか？

2 例 Ａ 映画見ましょうか？

　　　Ｂ 映画は見ないで散歩しましょう。

(1) Ａ 마트에 갈까요？

　　マートに行きましょうか？

　　Ｂ 마트에 가지 말고 집에서 쉬어요.

　　マートに行かないで家で休みましょう。

(2) Ａ 자전거를 탈까요？

　　自転車に乗りましょうか？

　　Ｂ 자전거를 타지 말고 노래방에 가요.

　　自転車に乗らないでカラオケに行きましょう。

(3) Ａ 이 빵을 살까요？

　　このパンを買いましょうか？

　　Ｂ 이 빵 말고 저 빵을 사요.

　　このパンじゃなくてあのパンを買いましょう。

(4) Ａ 이 노래 들을까요？

　　この歌を聞きましょうか？

　　Ｂ 이 노래 말고 그 노래를 들어요.

　　この歌じゃなくてその歌を聞いてください。

スピーキング練習 ················· P. 46~47

ユラ：ジウンさん、この漫画、本当に面白いです。ジウンさんは漫画を上手に描きますね（漫画が上手ですね）。

ジウン：ありがとうございます。

ユラ：ところで、この漫画の主人公はスンユンさんと似てますね。

ジウン：そうですか？

ユラ：ジウンさん、スンユンさんが好きですよね？　一人で考えているだけじゃなくて、告白してください。多分、スンユンさんもジウンさんを好きだと

思います。

1 (1) 하지 말고 / 좋아할 거예요

(2) ジウンさんは漫画が上手です。（○）

　　ユラさんはスンユンさんが好きです。（×）

2 私は犬（子犬）が好きです。わが家に犬が3匹います。私はその犬たちと一緒に暮らしています。犬と一緒に暮らすと退屈ではありません。家が少し汚いですが、犬がいるので幸せです。私は猫も好きなので、猫を飼いたいです。猫も飼ったらどうでしょうか？

＜解答は省略＞

3 ＜解答は省略＞

やってみよう ················· P. 48~49

1 (1) スンユンさんは公園で散歩します。（○）

(2) キャサリンさんはパンを作りました。（○）

(3) キャサリンさんは犬が嫌いです。（○）

(4) スンユンさんは今、パンを食べました。（×）

2 (1) ① 강아지 / 고양이

　　　　韓国の人たちは犬と猫をよく飼っています。

　　② 공원 / 산책

　　　　週末、公園で犬と散歩をします。

　　③ 강아지 카페 / 강아지 호텔

　　　　韓国にはドッグカフェ、ドッグホテルもあります。犬（用）の服と犬（用）の食べ物もたくさんあります。

(2) ＜解答は省略＞

(3) ＜解答は省略＞

3 ＜解答は省略＞

理解度チェック ················· P. 50

2 Ａ おなかが痛いです。

Ｂ それなのにまたアイスクリーム食べるのですか？アイスクリームを食べないで病院へ行ってください。

Ａ 今8時なので、病院は閉まっていると思います。明日行きます。

먹지 말고 / 닫았을 거예요

4 머리를 깔끔하게 자르려고요 髪をすっきりと切ろうと思います

語彙 ················· P. 52~53

1 ② ミノ：スーツを着てネクタイも締めました。

<解答は省略>

文法 .... P. 54～55

①ジウン：今日の集まりに スンユンさんが来るでしょう
　　　　か？

　ユラ：来ると思います。ところで、今日スンユンさん
　　　　がアルバイトの面接を受けます。

②ジウン：スンユンさんの面接は終わったでしょうか？

　ユラ：5時ですね。終わったと思います。私が電話し
　　　　ます。

③ユラ：あのスカート、どうですか？　私によく似合う
　　　　でしょうか？

　ジウン：きれいですね。よく似合うと思います。

④ユラ：おなかがすきました。私たち、この食堂に行っ
　　　　て先にごはん食べましょう。

　ジウン：ええ。ところで、この食堂の食べ物、おいし
　　　　いでしょうか？

1 例 Ⓐ 明日、寒いでしょうか？

　　　Ⓑ ええ、寒いと思います。

(1) Ⓐ 이 김치가 매울까요?

　　　このキムチは辛いでしょうか？

　　Ⓑ 네, 매울 거예요.

　　　はい、辛いと思います。

(2) Ⓐ 승윤 씨가 청소를 했을까요?

　　　スンユンさんが掃除をしたでしょうか？

　　Ⓑ 네, 했을 거예요.

　　　はい、したと思います。

(3) Ⓐ 안나 씨 동생이 예쁠까요?

　　　アンナさんの妹はきれいでしょうか？

　　Ⓑ 네, 예쁠 거예요.

　　　はい、きれいだと思います。

(4) Ⓐ 캐서린 씨가 그 책을 살까요?

　　　キャサリンさんがその本を買うでしょうか？

　　Ⓑ 네, 살 거예요.

　　　はい、買うと思います。

①ミノ：今日、美容室に行くんです。暑いので髪を短く
　　　　切ろうと思います。

　ユラ：でも、髪をあまり短く切らないでください。

②店員：髪をどのようにしてさしあげましょうか（どうな
　　　　さいますか）？

　ミノ：すっきりと切ってください。

③ユラ：写真がかわいく撮れましたね。

　ミノ：はは、髪を切ってすぐ撮りました。

④ユラ：写真をどうして撮ったんですか？

　ミノ：パスポートを作るときに必要なので。それで急
　　　　いで撮りました。

2 例 市場で服を安く買いました。

(1) 어제 늦게 잤어요.

　　昨日、遅く寝ました。

(2) 방학 동안 바쁘게 지냈어요.

　　学校が休みの間、忙しく過ごしました。

(3) 김 선생님이 문법을 쉽게 설명했어요.

　　キム先生が文法を簡単に説明しました。

(4) 유라 씨가 방을 깨끗하게 청소했어요.

　　ユラさんが部屋をきれいに掃除しました。

スピーキング練習 .... P. 56～57

1 ユラ：スンユンさん、今週の金曜日がアルバイトの
　　　　面接ですよね？

　スンユン：はい。だから今日、美容室に行くつもり
　　　　です。髪をすっきりと切ろうと思います。

　ユラ：服は準備しましたか？

　スンユン：はい。昨日デパートでセールしていて安
　　　　く買いました。でも、とても心配です。
　　　　質問が難しいでしょうか？

　ユラ：難しくないと思います。心配しないでください。

(1) 깔끔하게 / 싸게 / 어려울까요

(2) スンユンさんは服を高く買いました。（×）

　　スンユンさんは美容室で髪を切るつもりです。（○）

2 私は韓国の会社で働きたいです。明日面接があります。
韓国語で話さなければなりません。韓国語がまだへた
なのでとても心配です。すごく緊張しています。こん
なに緊張しているとき、どうすればいいでしょうか？

<解答は省略>

やってみよう .... P. 58～59

1 (1) ① アンナさんは明日買い物をします。（×）

　　　② アンナさんは服をすっきりと着ています。（×）

(2) 내일 소개팅을 해서요

　　明日ブラインドデートをするからです

(3) <解答は省略>

2 (1) ③ 面接を受けるとき、普通はスーツを着る。

(2) ① スーツを借りに行きます。

3 <解答は省略>

4 例 自己紹介をしてください。／わが社がなぜ〇〇さ
　　んを採用すべきでしょうか？／なぜわが社で働き

たいのですか？／後輩が○○さんのチーム長に
なったらどうでしょうか？

<解答は省略>

理解度チェック ·· P. 60

2 Ａ キャサリンさん、どこか具合が悪いですか？

Ｂ いいえ、昨日遅く寝たのでちょっと疲れています。

Ａ 早く帰って休んでください。

Ｂ はい、でもスンユンさんに 会わないといけません。
スンユンさんの授業が終わったでしょうか？

늦게 / 끝났을까요

5　운전할 수 있습니다 運転できます

語彙 ·· P. 62~63

1 <解答は省略>

2 <解答は省略>

文法 ·· P. 64~65

① ユラ：ジヌさん、泳げますか？

ジヌ：はい、（水泳）します。でも、へたです。

② ジヌ：ユラさんは泳げますか？

ユラ：はい。私もできます。高校のときに習いました。

③ ユラ：ジヌさん、今週の土曜日の集まりに来られます
か？

ジヌ：はい。今度は必ず行こうと思います。

④ ユラ：今回の集まりに行ったらスンユンさんに会えま
すよ。

ジヌ：あ、そうなんですか？　アンナさんにも会えま
すか？

1 例 ピアノが弾けます。

(1) 明日のパーティーに行けます。

(2) そのキムチはちょっと辛いかもしれません。

(3) プルコギをおいしく作れます。

(4) 韓国語で歌を歌えます。

① ミノ：ユラさん。あの食堂のプルコギを食べたことあ
りますか？

ユラ：いいえ、食べたことないです。

② ミノ：本当においしいです。一度食べてみてください。

ユラ：いいですね。今、食べに行きましょう。

③ ミノ：ユラさんは春川に行きましたよね？

ユラ：まだ行ったことがありません。

ミノ：そうなんですか？ それではぜひ一度行ってみて
ください。景色が本当に美しいです。

④ ミノ：そして春川に行ったらタッカルビをぜひ食べて
みてください。

ユラ：はい、今週末ジウンさんと行きます。

2 例 Ａ この本、読んだことありますか？

Ｂ いいえ。

Ａ 一度読んでみてください。

(1) Ａ 제주도에 가 봤어요?

済州島に行ったことありますか？

Ｂ 아니요.

いいえ。

Ａ 한번 가 보세요.

一度行ってみてください。

(2) Ａ 그 운동화를 신어 봤어요?

そのスニーカーを履いてみましたか？

Ｂ 아니요.

いいえ。

Ａ 한번 신어 보세요.

一度履いてみてください。

(3) Ａ 한국 노래를 들어 봤어요?

韓国の歌を聞いたことありますか？

Ｂ 아니요.

いいえ。

Ａ 한번 들어 보세요.

一度聞いてみてください。

(4) Ａ 고양이를 키워 봤어요?

猫を飼ったことありますか？

Ｂ 아니요.

いいえ。

Ａ 한번 키워 보세요.

一度飼ってみてください。

スピーキング練習 ·· P. 66~67

1 社長：キム・スンユンさんは運転できますか？

スンユン：はい、運転できます。

社長：この仕事をしたことがありますか？

スンユン：はい。大学１年生のとき、学校の休みの間
にしたことがあります。うまくできます。
頑張ります。

(1) 운전할 수 있습니다 / 해 봤습니다

(2) スンユンさんは面接を受けます。（○）

社長は運転できます。（×）

2 ① スンユン：ユラさん、学校が休みの間、何をしましたか？

② ユラ：スンユンさんは済州島に行ったことありますか？

③ ユラ：済州島は海がきれいです。そして水泳もできます。

④ ユラ：済州島に行きました。

⑤ スンユン：行ったことないです。済州島は何が好きですか？

⑥ ユラ：本当に好きです。一度行ってみてください。

(1) ① → (④) → ② → (⑤) → (③) → (⑥)

(2) <解答は省略>

(3) <解答は省略>

やってみよう .... P. 68~69

1 (1) ① 학교 근처

図書館は学校の近所にあります。

② 가 봤어요

男性は前にこの図書館に来たことがあります。

(2) ② コーヒーを飲めます。

2 (1) ① 水泳がうまくできません。

(2) ③ スノーボードをしたことがあります。

(3) <解答は省略>

3 去年の冬に友達と一緒にスキー場に行きました。友達はスキーをして、私はスノーボードをしました。私はスノーボードができます。ところが、転んでひどくけがをしました。病院に３週間入院しました。スノーボードをするときはいつも気をつけなければいけません。

(1) 작년 겨울 去年の秋

(2) 스노보드 スノーボード

(3) 넘어져서 転んで

(4) 3주 동안 3週間

4 <解答は省略>

理解度チェック .... P. 70

2 A アンナさんは韓国語ができますか？

B はい、私は韓国語を学びました。私はフランス語もできます。スンユンさんもフランス語を習ってみてください。面白いですよ。

할 수 있어요 / 배워 보세요

6 오늘은 일이 있는데요 今日は仕事があるんですが

語彙 .... P. 72~73

1 (1) 약속

私は約束をちゃんと守ります。

道が渋滞して約束に遅れました。

(2) 나다

事故が起こる。

咳が出る。

2 例 私は友達に会ったら映画を見ます。私たちはホラー映画を見ません。とても怖いです。私たちはコメディ映画が好きで、よく見ます。

<解答は省略>

文法 .... P. 74~75

① ユラ：スンユンさん、今勉強してるからちょっと静かにしてください。

スンユン：はい、分かりました。ごめんなさい。

② スンユン：ユラさん、木曜日にサークルの集まりがありますよね？

ユラ：はい。5時なので早めに来てください。そして集まりの準備もしなければなりません。

スンユン：全部準備したから心配しないでください。

③ ユラ：ミノさん、ちょっと手伝ってください。 夜、時間ありますか？

ミノ：今日は暇だから後で電話してください。

④ ユラ：スンユンさんも時間あるでしょうか？

ミノ：多分大丈夫だと思います。今、隣にいるので電話を代わりますね。

1 例 A 天気がいいから公園に散歩に行きましょう。

B ええ、いいですよ。

(1) A 길이 막히니까 지하철을 타요.

道が混んでいるから地下鉄に乗りましょう。

B 네, 좋아요.

ええ、いいですよ。

(2) A 오늘은 바쁘니까 내일 전화해요.

今日は忙しいから明日電話してください。

B 네, 좋아요.

ええ、いいですよ。

(3) Ⓐ 날씨가 추우니까 카페에 들어가요.
   寒いからカフェに入りましょう。

   Ⓑ 네, 좋아요.
   ええ、いいですよ。

(4) Ⓐ 이건 제 커피니까 그 커피를 마셔요.
   これは私のコーヒーだから、あのコーヒーを飲
   みましょう。

   Ⓑ 네, 좋아요.
   ええ、いいですよ。

① 유라 : 여보세요. 私、ユラです。今こちらに早く来て
   ください。

   スンユン : どうしたんですか？

② ユラ : ジウンさんがけがをしました。

   スンユン : え？ 今どこにいるんですか？

   ユラ : 学校の前にいます。

③ ミノ : このズボンはどうですか？

   ユラ : よく似合いますね。でもズボンが4万5000ウォ
   ンです。

   ミノ : ちょっと高いですね。どうしましょう？

④ ミノ : 服を買いに一緒に来てくれてありがとうござい
   ます。ごはん食べてないでしょう？

   ユラ : 私はごはんを食べましたけど。

   ミノ : そうなんですか？　じゃあ、お茶を飲みに行き
   ましょう。

2 例 Ⓐ 私たち、明日会いましょうか？
   Ⓑ 明日はちょっと忙しいんです。

(1) Ⓐ 방을 청소할까요？
   部屋を掃除しましょうか？

   Ⓑ 방이 깨끗한데요.
   部屋はきれいですけどね。

(2) Ⓐ 저녁에 노래방에 갈까요？
   夜、カラオケに行きましょうか？

   Ⓑ 약속이 있는데요.
   約束があるのですが。

(3) Ⓐ 이 영화를 같이 볼까요？
   この映画を一緒に見ましょうか？

   Ⓑ 이 영화는 봤는데요.
   この映画は見たんですが。

(4) Ⓐ 유라 씨랑 같이 놀까요？
   ユラさんと一緒に遊びましょうか？

   Ⓑ 유라 씨는 친구를 만나러 갔는데요.
   ユラさんは友達に会いに行きましたが。

スピーキング練習 ⸺⸺⸺⸺⸺⸺⸺⸺⸺⸺ P.76~77

1 ソジュン : ユラさん、こんにちは。私、イ・ソジュン
   です。

   ユラ : こんにちは。

   ソジュン : 今日ドイツ語の授業が終わったら一緒にお
   茶でも飲みましょうか？

   ユラ : すみませんが、今日は用事があるんですよ。明
   日はどうでしょうか？

   ソジュン : ええ、いいですね。私は明日も大丈夫なので、
   明日ちょっと会いましょう。

(1) 있는데요 / 괜찮으니까

(2) 明日、ソジュンさんとユラさんは会います。（○）
   今日、ユラさんに用事があって会えません。（○）

2 例 スンユン Ⓐ : 今日は寒いですね。手が赤いです。

   ミノ Ⓑ : はい。寒いから登山に行かずに家で休ん
   でください。

   スンユン Ⓐ : 私は大丈夫ですよ。私は週末にいつ
   も登山に行きますから。

   ミノ Ⓑ : それでもあまりにも寒ければ家で休まな
   いといけません。

   スンユン Ⓐ : はい、分かりました。

(1) ① Ⓐ 오늘은 날씨가 덥네요. 얼굴이 빨개요.
   今日は暑いですね。顔が赤いです。

   Ⓑ 네. 날씨가 더우니까 운동하러 가지 말고 집
   에서 쉬세요.
   ええ。暑いから運動しに行かずに家で休ん
   でください。

   Ⓐ 저는 운동을 좋아하는데요. 저는 주말에 항
   상 농구를 하러 가니까요.
   私は運動が好きです。私は週末にいつもバ
   スケットボールをしに行きますから。

   Ⓑ 그래도 너무 더우면 집에서 쉬어야 돼요.
   それでもあまりにも暑ければ家で休まない
   といけません。

   Ⓐ 네, 알겠어요.
   はい、分かりました。

   ② Ⓐ 오늘은 바람이 많이 부네요. 날씨가 너무 안
   좋아요.
   今日は風がすごく吹きますね。天気がとて
   も悪いです。

   Ⓑ 네. 날씨가 안 좋으니까 자전거를 타지 말고

答えと訳

집에서 쉬세요.

ええ。天気が悪いから自転車に乗らないで家で休んでください。

Ⓐ 저는 괜찮은데요. 저는 주말에 항상 공원에서 자전거를 타니까요.

私は大丈夫ですよ。 私は週末にいつも公園で自転車に乗りますから。

Ⓑ 그래도 너무 날씨가 안 좋으면 집에서 쉬어야 돼요.

それでもあまりにも天気が悪ければ家で休まなければいけません。

Ⓐ 네, 알겠어요.

はい、分かりました。

(2) (表現) おなかをこわす／友達をよく手伝ってあげる／アクション映画を見る／金がかかる／用事ができる／足がむくむ／人気がある／漫画を描く／汚い／約束に遅れる／喉が腫れる／勤勉だ／履き物を集める／サーフィンをする／楽しい

<解答は省略>

(3) <解答は省略>

やってみよう ···· P. 78~79

1 (1) 남자는 오늘 모임에 {못 옵니다}.

男性は今日の集まりに来られません。

(2) 사고가 나서 친구가 다쳤습니다.

事故が起こって友達がけがしました。

(3) 남자는 지금 친구하고 병원에 갑니다.

男性は今、友達と病院に行きます。

2 (1) ① 늦습니다

男性の友達は約束の時間にいつも遅れます。

② 5시(다섯 시)

男性の友達は昨日5時に来ました。

(2) <解答は省略>

3 (ミッション) ①明日何をするんですか？ ②昨日の夜7時30分に何をしましたか？ ③時間があれば何をしますか？ ④ㅂ変則形容詞を3つ言ってください。 ⑤運動の名前を4つ言ってください。 ⑥何の映画が好きですか？ ⑦今、クラスの〇〇さんは何をしているでしょうか？ ⑧自己紹介をしてください。 ⑨趣味は何ですか？ ⑩何の運動ができますか？ ⑪運転できますか？ ⑫どんな歌が好きですか？ ⑬△△さんはトッポッキが好きでしょうか？ ⑭今週末の天気はどうでしょうか？ ⑮韓国語で歌えますか？

<解答は省略>

理解度チェック ···· P. 80

2 Ⓐ アンナ、今、私本を読んでいるのでちょっと静かにしてください。

Ⓑ ごめんなさい。でも、私も発表の準備をしなくてはならないんですよ。

읽으니까 / 해야 되는데요

7 약속 시간에 늦겠어요 約束の時間に遅れそうです

語彙 ···· P. 82~83

1 ① 晴れているけど肌寒いです。

[その他の選択肢：② 夏なので暑いです。 ③ じめじめして雨がたくさん降ります。]

2 例 韓国では夏にサムゲタンを食べます。サムゲタンを食べると暑いときに元気が出ます。

<解答は省略>

文法 ···· P. 84~85

1 アナウンサー：今日の天気をお伝えします。ソウルは今日晴れて少し寒いでしょう。そして今夜から雨が降るでしょう。

2 アナウンサー：釜山には昼から風がたくさん吹くでしょう。そして夜雪が降るでしょう。

3 ジウン：キャサリンさんの誕生日パーティーに友達がたくさん来ました。

スンユン：面白かったでしょうね。私はアルバイトがあって行けませんでした。

4 スンユン：昨日もアルバイトをしました。

ジウン：そうなんですか？ 大変そうですね。

スンユン：あれ？ もう10時ですね。早く行きましょう。授業が始まります。

1 例 Ⓐ 昨日、遅く寝ました。

Ⓑ 疲れそうですね。

(1) Ⓐ 다리를 다쳤어요.

足をけがしました。

Ⓑ 아프겠어요.

痛そうですね。

(2) Ⓐ 비가 그쳤어요.

雨がやみました。

Ⓑ 선선하겠어요.

涼しいでしょうね。

(3) A 이번 주에도 일이 많았어요.
　　　今週も仕事が多かったです。
　　B 힘들겠어요.
　　　大変そうですね。

(4) A 도서관에는 에어컨을 켰어요.
　　　図書館ではエアコンをつけています。
　　B 시원하겠어요.
　　　涼しそうですね。

① ミノ：もしもし。ジウンさん、いつ来ますか？
　ジウン：今、向かっています。少しだけお待ちください。
② ジウン：もしもし。ミノさん、今そちらに向かっているんですが。道がかなり混んでいます。先に食事してください。
　ミノ：そうじゃなくても今、食べています。ユラさんが来たので。
③ ユラ：もしもし。ジヌさん、今、何してますか？
　ジヌ：家で映画を見ています。
④ ユラ：ミノさんに会って一緒に遊んでいます。こっちに来てください。
　ジヌ：いいですよ。どこなんですか？

2 例 A 今、何してますか？
　　B 掃除しています。

(1) A 지금 뭐 해요?
　　　今、何してますか？
　　B 빵을 만들고 있어요.
　　　パンを作っています。

(2) A 지금 뭐 해요?
　　　今、何してますか？
　　B 운전을 하고 있어요.
　　　運転をしています。

(3) A 지금 뭐 해요?
　　　今、何してますか？
　　B 노래를 부르고 있어요.
　　　歌を歌っています。

(4) A 지금 뭐 해요?
　　　今、何してますか？
　　B 만화를 그리고 있어요.
　　　漫画を描いています。

スピーキング練習 .... P. 86~87

1 ジウン：雨がやみました。私たち、もう出かけましょう。
　ユラ：ところでジウンさん、私の携帯電話見ませんでしたか？　なくて探しています。
　ジウン：見てないですけど。ありませんか？
　ユラ：朝、机の上に置いたんですが。今はないですね。
　ジウン：一緒に探してみましょう。約束の時間に遅れそうです。

(1) 찾고 있어요 / 늦겠어요
(2) 今、雨が降っていません。（○）
　ユラさんの携帯電話は机の上にあります。（×）

2 (1) <解答は省略>
　날씨가 좋고 선선합니다. 그래서 공원에 사람이 많아요. 여자가 그림을 그리고 있어요. 남자는 강아지랑 산책하고 있어요. 강아지가 귀여워요. 아이들이 축구를 하고 있어요. 재미있겠어요. 사람들이 악기를 연주하고 있어요. 여자가 노래를 잘해요.

　天気が良くて涼しいです。だから公園に人が多いです。女性が絵を描いています。男性は子犬と散歩しています。子犬がかわいいです。子どもたちがサッカーをしています。面白そうです。人々が楽器を演奏しています。女性は歌が上手です。

(2) (動作) 歌を歌う／履き物を履く／読書をする／ギターを弾く／友人を手伝う／猫といっしょに遊ぶ／踊りを踊る／友達を待つ／告白する／寝る／歌を聞く／走る
<解答は省略>

やってみよう P. 88~89

1 (1) ① 本を読んでいます。
　　　[その他の選択肢：② 集まりに向かっています。]
　(2) ① 女性に電話します。
　　　[その他の選択肢：② 女性と集まりに行きます。]

2 (1) ③ 男性は冬にスキーに行きます。
　　　[その他の選択肢：① 女性は夏が好きです。② 今年韓国に雪がたくさん降りました。]
　(2) <解答は省略>

3 今、外で雪がたくさん降っています。テレビで天気予報を見ました。「今日は雪がたくさん降って寒いでしょう」。アナウンサーがこう言いました。私は冬が嫌いです。私は寒さをたくさん感じます（とても寒がりです）。だから私は寒いときは友達に会わずに家で休みます。韓国の友達が私にこう言いました。「エリック

さんは寒がりですね」。私は学校に行くときバスに乗
ります。ところで寒さにも乗ることができますか?
おかしいです。※추위를 타다＝寒がりだ、寒さに弱い
／버스를 타다＝バスに乗る

(1) ① 오늘 날씨는 눈이 많이 오고 춥습니다.

今日の天気は、雪がたくさん降って寒いです。

　　② 이 사람은 추울 때 친구를 안 만나고 집에서 쉽
니다.

この人は、寒いとき友達に会わず家で休みます。

(2) <解答例> 날씨가 추울 때 추위를 많이 느낍니다.

(3) <解答は省略>

理解度チェック .... P. 90

2 A もしもし。アンナさん、今、何してますか?
　　B アルバイトをしています。
　　A 今、夜の12時ですよ?　大変そうですね。

하고 있어요 / 힘들겠어요

8 왼쪽으로 가시면 돼요 左に行かれればいいですよ

語彙 .... P. 92~93

1 <解答は省略>

2 例 お母さんのお名前は何ですか?
　　おばあさんはおいくつですか?
　　おじいさんは普段何時に寝られますか?

<解答は省略>

文法 .... P. 94~95

① ミノ:キム先生いらっしゃいますか?

　助手:ちょっとお出かけになりましたが。どうかしま
したか?

　ミノ:宿題についてお尋ねしようと思いまして。また
来ます。

② ミノ:もしもし。キム先生、いらっしゃいましたか?

　助手:まだいらっしゃっていませんが。今日は遅くな
られると思います。

　ミノ:そうなんですか?　通話も難しいですよね?

③ スンユン:すみませんが道をお尋ねします。この建物
を知っていますか?

　通行人:こっちに行けばいいですよ。

④ スンユン:もしもし。会社の建物の1階に来たんです
が。どこへ行けばいいでしょうか?

　職員:20階へ上がっていらっしゃればいいですよ。

1 例 A おばあさんは週末にたいてい何をなさってい
ますか?

　　B 新聞をお読みになります。それから散歩されま
す。疲れそうですね。

　　A おばあさんは素敵ですね。

(1) A 할머니께서 주말에 보통 뭐 하세요?
おばあさんは週末にたいてい何をなさっていま
すか?

　　B 글을 쓰세요. 그리고 친구들하고 노세요.
書き物をなさっています。それから友達と遊ん
でいらっしゃいます。

　　A 할머니께서 멋있으시네요.
おばあさんは素敵ですね。

(2) A 할머니께서 주말에 보통 뭐 하세요?
おばあさんは週末にたいてい何をなさっていま
すか?

　　B 케이크를 만드세요. 그리고 차를 마시세요.
ケーキをお作りになっています。それからお茶
を飲まれます。

　　A 할머니께서 멋있으시네요.
おばあさんは素敵ですね。

(3) A 할머니께서 주말에 보통 뭐 하세요?
おばあさんは週末にたいてい何をなさっていま
すか?

　　B 텔레비전을 보세요. 그리고 영화를 보러 가세요.
テレビをご覧になっています。それから映画を
見に行かれます。

　　A 할머니께서 멋있으시네요.
おばあさんは素敵ですね。

(4) A 할머니께서 주말에 보통 뭐 하세요?
おばあさんは週末にたいてい何をなさっていま
すか?

　　B 피아노를 치세요. 그리고 바이올린을 연주하세요.
ピアノを弾いていらっしゃいます。それからバ
イオリンを演奏なさいます。

　　A 할머니께서 멋있으시네요.
おばあさんは素敵ですね。

① ジウン:うちの姉は英語が上手ですが、私は英語がと
ても難しいです。

　ユラ:あまり心配しないで毎日練習してみてください。

② ユラ:私も英語を勉強したいのですが、うまくいきま
せん。私たち、一緒に勉強しましょうか?

ジウン：いいですよ。どの本で勉強しましょうか？

③ジウン：この本は気に入りましたが、少し高いです。

ユラ：はい。でも友達がこの本でたくさん勉強しています。

④ジウン：私は、ライティングは苦手ですがリーディングは大丈夫です。ライティングの練習も一緒にしましょう。

ユラ：いいですよ。私もリーディングは大丈夫ですが、ライティングが難しいです。ライティングの本も見ましょうか？

2 例 弟／妹は背が高いですが、私は低いです。

(1) 날씨가 맑은데 바람이 많이 불어요.
晴れているのに風がたくさん吹いています。

(2) 지금은 바쁜데 오후에 한가해요.
今は忙しいですが午後は暇です。

(3) 저는 춤은 잘 추는데 노래는 못해요.
私は、ダンスはうまいのですが歌はへたです。

(4) 윤오 씨는 축구를 좋아하는데 잘 못해요.
ユノさんはサッカーが好きですが、うまくありません。

(5) 친구들은 모두 학생인데 저만 회사원이에요.
友人たちはみんな学生ですが、私だけ会社員です。

スピーキング練習 .... P. 96~97

1 おばあさん：学生さん、この近くに地下鉄の駅はどこにありますか？　以前来たことがあるけど思い出せなくて。

ユラ：こちらの方へ行かれると銀行が出てきます。そこで左に行かれればいいですよ。

おばあさん：こっちから左へ行くんですか？

ユラ：おばあさん、私がお送りしますね。

(1) 와 봤는데 / 가시면 / 가시면
(2) おばあさんは地下鉄の駅を探しています。（○）
ユラさんはおばあさんを助けてあげます。（○）

2 これは私の携帯電話です。母が誕生日プレゼントに買ってくださいました。3年前に買いましたが、まだちゃんとしています（ちゃんと使えます）。この携帯電話は、通話はちゃんとできますが、ゲームはうまくできません。それでも大丈夫です。長く使うと情がわいて、さらにいいです。

例 このボールペンは色がきれいだけど高いです。

<解答は省略>

やってみよう .... P. 98~99

1 (1) 4번 출구
男性は今4番出口にいます。

(2) 건물 5층
女性は建物の5階で男性を待っています。

2 (1) ②

(2) ①

3 私は私の祖父を尊敬しています。祖父は歴史の先生でいらっしゃいました。学校で歴史を教えていらっしゃいました。「歴史を忘れれば未来がありません」。祖父はいつもこうおっしゃいます。年をとられて学校をお辞めになりましたが、お休みにならずボランティア活動を続けていらっしゃいます。毎週金曜日に図書館に行って子どもたちに童話の本を面白く読んであげます。祖父は大学生のときとてもかっこよかったです。私は今でも祖父が本当にかっこいいです。私も祖父のように懸命に生きたいです。

(1) ① 할아버지
この人は祖父を尊敬しています。

② 할아버지/역사
この人の祖父は学校で歴史を教えていらっしゃいました。

③ 할아버지/봉사 활동
この人の祖父は図書館でボランティア活動をなさっています。

(2) <解答は省略>
(3) <解答は省略>

理解度チェック .... P. 100

2 A 스ンユンさんは野球が好きですか？

B 私は、バスケットボールは好きですが野球は好きではありません。父はバスケットボールがお好きです。それで幼いころ、父と一緒にバスケットボールをたくさんしました。

좋아하는데 / 좋아하세요

9 집에 오니까 있었어요 家に帰ったらありました

語彙 .... P. 102~103

1 <解答は省略>

文法 ⋯⋯⋯⋯⋯⋯⋯⋯⋯⋯⋯ P. 104~105

1 ミノ：昨日、何時に家に帰りましたか？

ジウン：家に着いたら12時でした。

2 ミノ：遅くまで遊びましたね。だから今日の授業に遅れたんですか？

ジウン：起きたら9時でした。

3 ユラ：花が本当にきれいですね。

ジウン：春になったから花がきれいに咲きましたね。

4 ユラ：今日の夕食はピザですよね？

ジウン：どうして分かったんですか？

ユラ：部屋に入ったらピザのにおいがしました。

1 例 A 何時に起きましたか？

B 起きたら12時でした。

(1) A 몇 시에 집에 갔어요?

何時に家に帰りましたか？

B 집에 가니까 5시였어요.

家に帰ったら5時でした。

(2) A 그 옷이 잘 맞았어요?

あの服ちゃんと合いましたか？

B 입으니까 사이즈가 작았어요.

着たらサイズが小さかったです。

(3) A 피자가 언제 나왔어요?

ピザはいつ出てきたんですか？

B 조금 기다리니까 나왔어요.

少し待ってたら出てきました。

(4) A 지하철역에 사람이 많았어요?

地下鉄の駅に人が多かったですか？

B 출근할 때 보니까 정말 많았어요.

出勤するときに見たら本当に多かったです。

1 ミノ：週末は何をするんですか？

ジウン：ただ映画を見に行こうかと思っています。

ミノ：何の映画を見るんですか？

ジウン：アクション映画を見ようと思います。

2 ジウン：ミノさんは何をするんですか？

ミノ：私は登山をしようかと思います。天気がいいので。

3 ジウン：インターネットで服を1つ買おうと思います。

ユラ：どんな服を買うんですか？

ジウン：スカートを買おうと思ってるんです。最近どんな服がはやっていますか？

4 ユラ：夕食にプルコギを作ろうかと思います。

ジウン：おいしそうですね。お手伝いしますよ。

2 例 A 週末何をするんですか？

B ショッピングをしようかと思います。

(1) A 주말에 뭐 할 거예요?

週末何をするんですか？

B 집에서 쉴까 해요.

家で休もうかと思います。

(2) A 주말에 뭐 할 거예요?

週末何をするんですか？

B 안나 씨를 만날까 해요.

アンナさんに会おうかと思います。

(3) A 주말에 뭐 할 거예요?

週末何をするんですか？

B 도서관에서 책을 빌려서 읽을까 해요.

図書館で本を借りて読もうかと思います。

(4) A 주말에 뭐 할 거예요?

週末何をするんですか？

B 캐서린 씨하고 노래방에 갈까 해요.

キャサリンさんとカラオケに行こうかと思います。

スピーキング練習 ⋯⋯⋯⋯⋯⋯⋯⋯⋯ P. 106~107

1 ジヌ：スンユンさん、面接はどうでしたか？ うまくできましたよね？

スンユン：すごく緊張しました。

ジヌ：頑張って準備したからうまくいくと思います。

スンユン：ありがとうございます。ところで、これは何ですか？ 宅配便が届きましたか？

ジヌ：私もよく分かりません。家に帰ってきたらありました。宅配便に電話番号があるから、そこへ電話しようかと思います。

(1) 오니까 / 전화할까 해요

(2) スンユンさんは面接を受けました。（○）

ジヌさんは宅配を受け取れませんでした。（×）

2 スンユン：ちょっと服を買おうかと思います。でも最近服が高すぎます。服を安く買いたいです。

アンナ：だから私はデパートでセールしてるときに買います。

ミノ：私はインターネットで買います。インターネットが一番安いです。

アンナ：インターネットで買うと品物がよくないときがあります。この前インターネットで服を買いました。ところがサイズが大きくて返品したかったです。だけど返品が大変でした。

ユラ：だから私はデパートで服を見て、インターネットで注文します。そうすれば安く買えるからいいですよ。

(1) ① 백화점에서 세일할 때 옷을 삽니다 (사요)

アンナさんはデパートでセールするときに服を買います。

② 인터넷에서 옷을 삽니다 (사요)

ミノさんはインターネットで服を買います。

③ 백화점에서 옷을 보고 인터넷으로 주문합니다
(주문해요)

ユラさんはデパートで服を見て、インターネットで注文します。

(2) <解答は省略>

(3) <解答は省略>

やってみよう .... P. 108~109

1 (1) 男性は週末マートに行って買い物をしました。（×）

(2) 週末、マートには人が多かったです。（○）

(3) インターネットで品物を注文すると割引もします。（○）

2 (1) 월요일하고 화요일에 인터넷 쇼핑을 많이 합니다.

月曜日と火曜日にインターネットショッピングをたくさんします。

(2) <解答は省略>

3 스프와 おかずを配達いたします。

パンより朝のごはん！　朝食を食べると健康にいいです。

「今日は何を食べようかな？」。　悩まずに電話してください。

「朝ごはんを食べないでいようかと思います」。こんなふうに考えずに電話してください。

早朝配達いたします。

おいしく作ります。元気に作ります。

(1) ③ おかずの店

[その他の選択肢：① 朝食 ② パンの配達]

(2) ③ スープとおかずを作って配達します。

[その他の選択肢：① 朝、料理します。　② パンを食べると健康にいいです。]

(3) <解答は省略>

(4) <解答は省略>

理解度チェック .... P. 110

2 A 今日は集まりに行かないでいようかと思います。

B どうしてですか？

A この前の集まりに行きました。でも、教室に入ったら1人もいませんでした。

안 갈까 해요 / 들어가니까

---

10 일이 끝난 후에 보통 도서관에 가요　仕事が終わった後、たいてい図書館に行きます

語彙 .... P. 112~113

1 <解答は省略>

2 (単語) 洗顔する／歯を磨く／髪を洗う／服を着替える／化粧をする

例 私は外出前にまず顔を洗って歯を磨きます。そして服を着替えます。私はジーンズが好きでジーンズをよくはきます。

<解答は省略>

文法 .... P. 114~115

①ジウン：お客さんがたくさん来て大変だったでしょうね。

ユラ：大丈夫です。お客さんたちが帰った後、皿洗いを手伝ってください。

②ジウン：皿洗いをした後に散歩に行きましょうか？

ユラ：いいですね。一緒に行きましょう。

③ジウン：ユラさんはドイツ語を勉強して何がしたいですか？

ユラ：私はドイツ語を勉強した後、ドイツへ旅行に行きたいです。

④ジウン：私も外国に旅行に行きたいです。大学に入学した後、旅行に行けませんでした。

ユラ：じゃあ私たち、この夏一緒に旅行に行きましょうか？

1 例 A 授業が終わったら何をするんですか？

B 私は授業が終わった後、アルバイトをしに行きます。

(1) A 언제 잘 거예요?

いつ寝るんですか？

B 책을 읽은 후에 잘 거예요.

本を読んだ後に寝ます。

(2) A 이번 주말에 뭐 할 거예요?

今週末、何をするんですか？

B 영화를 본 후에 쇼핑을 할 거예요.

映画を見た後に買い物をするつもりです。

(3) Ⓐ 어제 저녁에 뭐 했어요?

昨日の夜、何をしましたか？

Ⓑ 밥을 먹은 후에 텔레비전을 봤어요.

ごはんを食べた後テレビを見ました。

(4) Ⓐ 어제 집에 가서 뭐 했어요?

昨日家に帰って何をしましたか？

Ⓑ 숙제를 한 후에 집안일을 했어요.

宿題をした後、家事をしました。

①ユラ：スンユンさんは、気分が悪いときどうしますか？

スンユン：私は友達に電話するか家で音楽を聞きます。

②ユラ：私は掃除したり机を整理したりします。整理すると気分がいいです。

スンユン：そうなんですか？ それでは気分が悪いとき、うちに来てください。

③ジウン：ミノさんは時間があるとき、何をしますか？

ミノ：私は友達と遊んだり、一人で映画を見に行きます。

④ジウン：私は悲しかったり気分が良くないと、カラオケに行きます。

ミノ：私も寂しいときやつらいとき、カラオケに行きます。

2 例 Ⓐ 風邪をひきました。

Ⓑ 薬を飲むか病院へ行ってください。

(1) Ⓐ 심심해요.

退屈です。

Ⓑ 책을 읽거나 영화를 보세요.

本を読んだり映画を見てください。

(2) Ⓐ 배가 고파요.

おなかがすきました。

Ⓑ 우유를 마시거나 빵을 드세요.

牛乳を飲むか、パンを召し上がってください。

(3) Ⓐ 여행을 가고 싶어요.

旅行に行きたいです。

Ⓑ 제주도에 가거나 부산에 가세요.

済州島に行くか釜山に行ってください。

(4) Ⓐ 친구가 보고 싶어요.

友達に会いたいです。

Ⓑ 친구한테 전화하거나 편지를 쓰세요.

友達に電話したり手紙を書いてください。

スピーキング練習 .... P. 116~117

1 ジウン：スンユンさん、週末はたいてい何をしていま

すか？

スンユン：アルバイトをしています。仕事が終わった後に普通図書館に行きます。たまに友達にも会います。

ジウン：私も友達に会うか家で休みます。今週末、約束はありますか？

スンユン：いいえ。今週は約束がありません。

ジウン：では今週末、一緒に映画を見に行きましょうか？

スンユン：ええ、いいですね。アルバイトが終わったら電話しますね。

(1) 끝난 후에 / 만나거나

(2) スンユンさんは今週末、アルバイトをしません。（×）

ジウンさんとスンユンさんは週末に映画を見る予定です。（○）

2 (1) 例 スンユン Ⓐ：アンナさん、時間があればたいてい何をしますか？

アンナ Ⓑ：コーヒーショップに行って韓国語を勉強したり友達に会います。

スンユン Ⓐ：韓国語を勉強した後に何をするんですか？

アンナ Ⓑ：韓国で就職したいです。

スンユン Ⓐ：どんな会社で働きたいですか？

アンナ Ⓑ：まだ分かりません。

① Ⓐ 안나 씨, 시간이 있으면 보통 뭐 해요?

アンナさん、時間があればたいてい何をしますか？

Ⓑ 마트에서 장을 보거나 집을 깨끗이 청소해요.

マートで買い物をしたり、家をきれいに掃除します。

Ⓐ 이번 주말에 뭐 할 거예요?

今週末は何をするんですか？

Ⓑ 집을 청소한 후에 쉴까 해요.

家を掃除した後に休もうかと思います。

Ⓐ 약속이 없어요?

約束がないんですか？

Ⓑ 아직 없어요.

まだありません。

② Ⓐ 안나 씨, 시간이 있으면 보통 뭐 해요?

アンナさん、時間があればたいてい何をしますか？

Ⓑ 소풍을 가거나 외출해요.

ピクニックに行くか外出します。

Ⓐ 금요일에 뭐 할 거예요?

金曜日に何をするんですか？

Ⓑ 손님이 오셔서 준비해야 돼요.

お客さんがいらっしゃるので準備しなければなりません。

Ⓐ 손님이 가신 후에 뭐 할 거예요?

お客さんが帰られた後に何をする予定ですか？

Ⓑ 집에서 영화를 볼까 해요.

家で映画を見ようかと思います。

(2) 時間があるとき／寂しかったり悲しいとき／気分が良くないとき／友達に会いたいとき

＜解答は省略＞

やってみよう
P. 118~119

1 (1) 한국

女性は今韓国にいます。

(2) 깨끗이 청소해야/빨아야

女性は家を掃除しなければなりません。そして服も洗わなければなりません。

(3) 전화하거나

女性は両親に会いたいとき、電話するかインターネットで話します。

2 (1) 2、4、3、1

(2) ② 회사에서 일이 많아요.

[その他の選択肢：① 운동하지 않으면 안 됩니다]

(3) 외국어를 배우거나 운동할 때 제일 행복합니다

外国語を学ぶか運動をしているとき、一番幸せです。

(4) ＜解答は省略＞

3 私は最近スペイン語を勉強しています。スペイン語を勉強した後、スペインに留学するつもりです。スペインで4年間広告を勉強します。私はのちに広告会社を作りたいです。韓国に帰ってから広告会社に就職するつもりです。そこで仕事を学びます。10年ほど働いた後、40歳になったら広告会社を作るつもりです。

(1) ① 스페인어

この人はスペイン語を勉強しています。

② 광고

この人はスペインで広告を勉強するつもりです。

③ 광고 회사

この人は留学から帰った後、広告会社で働くつ

もりです。

④ 광고 회사를 만들 거예요

この人は40歳になったら広告会社を作るつもりです。

(2) ＜解答は省略＞

(3) ＜解答は省略＞

(4) ＜解答は省略＞

理解度チェック
P. 120

2 Ⓐ アンナさんは宿題を全部やった（終えた）後、たいてい何をしますか？

Ⓑ テレビを見るか寝ます。

다 한 후에 / 보거나

復習 1
P. 122~124

ニュース：ここは南山公園です。今日は天気が本当にいいです。今日は一日中晴れるでしょう。しかし、夜からは少し肌寒いでしょう。

ミノ：皆さん、お元気でしたか？　私はこの間、風邪をひいて家にだけいました。でも、もう治ったので出かけて遊びたいです。今日は南山に行きたいですね。ユラさんは時間大丈夫でしょうか？　電話してみますね。
もしもし。ユラさん、今何してますか？

ユラ：ただ家で休んでいます。これから掃除をしようと思います。なぜですか？

ミノ：天気がいいので南山に行こうかと思います。一緒に行けますか？

ユラ：掃除もしないといけないし、洗濯もしないといけません。

ミノ：そう言わずに一緒に行きましょう。一緒に行けば面白いと思いますよ。

ユラ：いいですよ。それではジウンさんも一緒に行きましょう。私が電話します。

ミノ：皆さん、ここが南山です。景色が本当にいいですね。私の友人たちは今写真を撮っています。ユラさん！　ジウンさん！

ユラ：こんにちは。皆さん！ユラです。ここを見てください。本当に美しいですよ。

ジウン：こんにちは。パク・ジウンです！　景色が美しいので、私たちここで写真を撮りましょう。

ユラ：いいですね。私が撮りますよ。2人が先に撮ってください。いち、に、さん。キムチ！

ジウン：ユラさん、こっちへ来てみてください。ここ、どうですか？

ユラ：ここもいいですね。私たち一緒に写真を撮りましょう。ミノさん、写真を撮ってください。

ミノ：はい。2人でそこに立ってください。

ジウン：この写真ちょっと見てください。ユラさんはきれいに撮れたのに、私は変です。

ユラ：いえいえ、ジウンさんもきれいです。

ミノ：2人ともきれいですよ。

ジウン：おなかが少しすきました。

ユラ：私たち、ごはん食べに行きましょう。さっきインターネットで調べてみたら、こっちに食堂がありました。

ミノ：そこ、トンカツがおいしいです。食べに行きましょう。ごはんを食べた後に夜景も見に行きましょう。

ジウン：ミノさん、ユラさん。夜景は今度見ましょう。夜に用事がありまして。ごめんなさい。

ユラ：ジウンさんは週末にたいてい何してますか？

ジウン：ユラさんと似てます。家で本を読むか、友達に会います。

ユラ：そうですよね？ みんな似てますよね？ だから週末はちょっと退屈です。

ミノ：私たち、週末に一緒に何かを学びましょう。

ユラ：絵はどうですか？ ジウンさんは絵が上手です。

ジウン：いいえ。うまく描けません。でも絵が好きです。

ミノ：私も絵が好きです。

ユラ：では週末一緒に絵を見に出かけましょうか？

ミノ：いいですね。

ジウン：今日、楽しく過ごしました。皆さんもそうですよね？

ユラ：私も楽しかったです。来週は乙旺里（ウルワンリ）に一緒に行きましょう。

ミノ：皆さんは今日一日、どうでしたか？ 私は今日、友人たちと南山に来たんです。皆さんもソウルに来たら南山にぜひ来てみてください。

1 今日の天気はどうですか？

하루 종일 계속 맑겠습니다. 밤부터는 좀 쌀쌀하겠습니다.

一日中ずっと晴れるでしょう。夜からは少し肌寒いでしょう。

2 ミノさんは今日どこに行きますか？

남산에 갑니다 南山へ行きます。

3 南山で3人は何をしていますか？

사진을 찍고 있습니다. 写真を撮っています。

4 ジウンさんは週末たいてい何をしますか？

집에서 책을 읽거나 친구를 만납니다.

家で本を読むか友達に会います。

5 3人は週末一緒に何をする予定ですか？

그림을 보러 다닐 거예요.

絵を見に出かける予定です。

11 승윤 씨를 만나기로 했어요 スンユンさんに会うことにしました

語彙 ⋯⋯⋯ P.126~127

1 （例）私の友達は優しくて魅力的です。背も高くてかっこいいです。そして心が広いです。

＜解答は省略＞

文法 ⋯⋯⋯ P.128~129

1 スンユン：ミノさん。今日、アンナさんの誕生日パーティーがありますよね？

ミノ：はい。6時にアンナさんの家にみんな集まることにしました。

2 スンユン：アンナさんのプレゼントはどうするんですか？

ミノ：花とスニーカーを買うことにしました。アンナさんが喜びますよね？

3 スンユン：夕食はどうすることにしましたか？

ミノ：ユラさんがキンパとプルコギを作ることにしました。

4 スンユン：プレゼントを買いに一緒に行きましょう。

ミノ：いいですね。3時に学校の前でジウンさんに会うことにしました。3人で一緒に行きましょう。

1 （例）A 週末、何するんですか？

B スンユンさんと遊ぶことにしました。

(1) A 주말에 뭐 할 거예요?

週末、何するんですか？

B 안나 씨하고 같이 공부하기로 했어요.
アンナさんと一緒に勉強することにしました。

(2) A 주말에 뭐 할 거예요?
週末、何するんですか？

B 유라 씨랑 단풍을 보러 가기로 했어요.
ユラさんと紅葉を見に行くことにしました。

(3) A 주말에 뭐 할 거예요?
週末、何するんですか？

B 친구하고 같이 밖에서 저녁을 먹기로 했어요.
友達と一緒に外で夕食を食べることにしました。

(4) A 주말에 뭐 할 거예요?
週末、何するんですか？

B 진우 씨하고 한강에서 자전거를 타기로 했어요.
ジヌさんと漢江で自転車に乗ることにしました。

① ミノ：ソジュンさんはこの会社に来る前に何の仕事をしましたか？
ソジュン：ここに来る前は学生でした。就職準備を一生懸命しました。

② ミノ：私はこの会社に就職する前にドイツ留学を準備しました。
ソジュン：そうですか？　ところで、どうして行かなかったんですか？
ミノ：就職して職場に通いたかったです。

③ スンユン：学校に行く前にコンビニにちょっと寄ります。
ユラ：はい。何を買うんですか？
スンユン：飲み物を買おうかと思います。

④ スンユン：授業が始まる前にちょっとトイレに行ってきますね。
ユラ：はい。先生がいらっしゃる前に戻らないといけませんよ。

2 例 故郷に帰る前に友達みんなに会います。

(1) 빵을 먹기 전에 우유를 살 거예요.
パンを食べる前に牛乳を買います。

(2) 집에 가기 전에 시장에 들를 거예요.
家に帰る前に市場に立ち寄ります。

(3) 한국에 유학 가기 전에 한국어를 공부할 거예요.
韓国に留学する前に韓国語を勉強するつもりです。

(4) 손님이 오시기 전에 집을 깨끗이 청소할 거예요.
お客さまがいらっしゃる前に家をきれいに掃除します。

スピーキング練習 P. 130~131

1 ジウン：今週末、スンユンさんに会うことにしました。ま

ず私の気持ちを告白してみようと思います。
ユラ：そうなんですか？　うまくいくと思います。
ジウン：ちょっと緊張しますね。
ユラ：ジウンさんは優しくて魅力があります。心配しないでください。スンユンさんに会いに行く前に私に電話してください。

(1) 만나기로 했어요 / 만나러 가기 전에

(2) ジウンさんは今週末、スンユンさんに会うつもりです。（○）
ユラさんはジウンさんに会う前にスンユンさんに会うつもりです。（×）

2 私は韓国に来る前に韓国ドラマをたくさん見て韓国の歌をたくさん聞きました。韓国ドラマは面白くて、韓国の歌は本当に好きです。韓国ドラマと韓国の歌が好きで韓国に来ました。韓国語を勉強するとき、ドラマもたくさん見て歌もたくさん聞きます。韓国に来たので本当にうれしいです。人も優しくて韓国文化も面白いです。来週からサークルで韓国の楽器を習うことにしました。ずっと韓国で勉強するつもりです。

＜解答は省略＞

やってみよう P. 132~133

1 (1) ① 男性は約束を忘れてしまいました。（○）
② 男性はガールフレンドに腹を立てました。（×）
③ 男性はガールフレンドに謝りませんでした。（×）
④ 男性はガールフレンドに花をプレゼントします。（○）

(2) ＜解答は省略＞

2 (1) ① 밥/물/마셔요(마십니다)
男性はごはんを食べる前に水を必ず飲みます。
② 다이어트
男性はダイエットをしているので少し食べます
③ 점심/커피/마셔요(마십니다)
女性は昼食を食べた後にコーヒーを必ず飲みます。

(2) ＜解答は省略＞

3 ＜解答は省略＞

理解度チェック P. 134

2 A 明日、何をするんですか？
B キャサリンさんと博物館に行くことにしました。
アンナさんも一緒に行きましょう。
A いいですよ。博物館に行く前に韓国の歴史の本を読んでみましょうか？

가기로 했어요 / 가기 전에

12 뭐 먹을래요? 何食べますか？

語彙 .... P. 136~137

1 (1) 짜다 しょっぱい

(2) 달다 甘い

(3) 맵다 辛い

2 例 私はトッポッキが好きです。トッポッキは辛いけどおいしいです。週に一度必ず食べます。

＜解答は省略＞

文法 .... P. 138~139

1 ミノ：もしもし。ユラさん、一緒に勉強しましょう。私の家に来ますか？

ユラ：はい、いいですよ。そちらに行きますね。

2 ミノ：よく来ましたね（いらっしゃい）。何を飲みますか？

ユラ：ジュースがあればジュース下さい。

3 ミノ：ごはんを食べに行きましょう。何がいいですか？

ユラ：私はカルビタンが食べたいです。カルビタンを食べます。

4 ミノ：おいしく食べましたか？ ここまで来たからスンユンさんに会っていきますか？

ユラ：ごちそうさまでした。でも、もう家に帰ります。帰ってもっと勉強します。

1 例 Ⓐ 図書館に行きましょうか？

Ⓑ 行きません。疲れました。

(1) Ⓐ 밥 먹을까요?

ごはん食べましょうか？

Ⓑ 안 먹을래요. 배가 불러요.

食べません。おなかいっぱいです。

(2) Ⓐ 뭐 마실까요?

何飲みましょうか？

Ⓑ 커피를 마실래요. 졸려요.

コーヒーを飲みます。眠いです。

(3) Ⓐ 버스 타고 갈까요?

バスに乗って行きましょうか？

Ⓑ 걸어서 갈래요. 걷고 싶어요.

歩いて行きます。歩きたいです。

(4) Ⓐ 공포 영화 볼까요?

ホラー映画を見ましょうか？

Ⓑ 액션 영화 볼래요. 공포 영화는 무서워요.

アクション映画を見ます。ホラー映画は怖いです。

1 ユラ：ジウンさん、私がお菓子を持ってきました。食べてみてください。

ジウン：私は冷たいコーヒーを持ってきました。暑いので。

2 ジウン：本当においしいお菓子ですね。ごちそうさまでした。

ユラ：私もごちそうさまでした。気分のいい朝ですね。

3 ジウン：うちのクラスには面白い友達がたくさんいます。

ユラ：はい。いい友達と一緒に勉強するから勉強がより楽しいです。

4 ジウン：難しいことがあれば尋ねますね。

ユラ：はい、私も大変だったり難しいことがあったら言いますね。

2 例 Ⓐ 私はきれいな部屋がいいです。

Ⓑ では、この部屋はどうですか？

(1) Ⓐ 저는 큰 모자가 좋아요.

私は大きな帽子がいいです。

Ⓑ 그럼 이 모자는 어때요?

では、この帽子はどうですか？

(2) Ⓐ 저는 재미있는 책이 좋아요.

私は面白い本がいいです。

Ⓑ 그럼 이 책은 어때요?

では、この本はどうですか？

(3) Ⓐ 저는 싱거운 음식이 좋아요.

私はうす味の食べ物がいいです。

Ⓑ 그럼 이 요리는 어때요?

では、この料理はどうですか？

(4) Ⓐ 저는 착한 사람이 좋아요.

私は優しい人がいいです。

Ⓑ 그럼 이 사람은 어때요?

では、この人はどうですか？

スピーキング練習 .... P. 140~141

1 客1：何を食べますか？

客2：料理が全部おいしそうですね。注文する前に店員に一度聞いてみましょう。

スンユン：何になさいますか？

客2：この食堂で一番おいしい食べ物は何ですか？

スンユン：全部おいしいです。でも普通、ビビンバをたくさん食べます（ビビンバを食べる人が

多いです)。

客2：では私はビビンバをください。

(1) 먹을래요 / 맛있는

(2) スンユンさんは食堂で働いています。（○）

この食堂ではビビンバが人気が高いです。（○）

2 私は韓国の食べ物が好きです。韓国の食べ物の中で特にトッポッキがおいしいです。辛い食べ物を食べるとストレスが解消されます。でもしょっぱすぎる食べ物は嫌いです。しょっぱい食べ物をたくさん食べるとおなかが痛いです。トッポッキの話をすると急にトッポッキが食べたくなりますね。一緒に食べに行きますか？

(2) 例 エリックさんと私はサムギョプサルを食べに行きます。私たちは肉が好きで、今週の土曜日に一緒に行くことにしました。

＜解答は省略＞

やってみよう ⸺ P. 142~143

1 (1) 女性はタッカルビが好きです。（○）

(2) 男性と女性はキムチチゲを食べに行きました。（×）

(3) 男性は「コチュジャンを抜いてください」と言いました。（×）

(4) 2人は食べ物を2人前注文しました。（○）

2 (1) ① 떡국

旧正月の朝にトックク（餅スープ）を食べます。

② 두 (2)

甥／姪はトッククを2杯食べました。

③ 행복했습니다

この人は旧正月に家族たちと一緒にいて幸せでした。

(2) ＜解答は省略＞

3 韓国ではサムギョプサルをたくさん食べます。3月3日は「サムギョプサルデー」です。この日は特にサムギョプサルをたくさん食べます。サムギョプサルだけを焼いて食べることもできますが、キムチや野菜も一緒に焼いて食べることができます。サムギョプサルを全部食べた後に焼き飯を食べることもできます。サムギョプサル食堂は特別な所も多いです。ある食堂は、サムギョプサルをにんじんやワイン、にんにくと一緒に料理します。ある食堂は、パスタとサムギョプサルを一緒に料理します。このようにサムギョプサルは韓国で人気が高い食べ物です。

④ サムギョプサルは野菜と一緒に焼いて食べることができます。

［その他の選択肢：① サムギョプサルデーは3月4日です。② パスタも韓国で人気の高い食べ物です。③ サムギョプサルを食べた後に必ず焼き飯を食べなければなりません。］

4 ＜解答は省略＞

理解度チェック ⸺ P. 144

2 Ａ キャサリンさん、何か飲みますか？

Ｂ はい、私はコーヒーを飲みます。アンナさんは？

Ａ 私も温かいコーヒーを飲みます。

마실래요 / 따뜻한 / 마실래요

13 영화 시간이 다 된 것 같아요 映画の時間になったようです

語彙 ⸺ P. 146~147

1 ＜解答は省略＞

2 (1) 이마가 넓고, 눈썹이 진해요.

額が広くて眉毛が濃いです。

(2) 이마가 좁고, 눈이 크고, 입술이 얇아요.

額が狭くて目が大きく、唇が薄いです。

文法 ⸺ P. 148~149

① ミノ：ジウンさんの趣味は何ですか？

ジウン：私の趣味はピアノを弾くことです。

② ミノ：私はおいしい食べ物を食べるのが好きです。

ジウン：私も好きです。私たち一緒においしいものを食べに行きましょう。

③ ミノ：好きな食べ物は何ですか？

ジウン：私はトッポッキのように辛い食べ物が好きです。

④ ミノ：あの食堂に行きますか？テレビにたくさん出てくる食堂です。

ジウン：そうなんですか？並んで待っている人が多いですね。

1 例 Ａ 誰がキャサリンさんですか？

Ｂ 本を読んでいる人がキャサリンさんです。

(1) Ａ 캐서린 씨가 누구예요?

誰がキャサリンさんですか？

Ｂ 이를 닦는 사람이 캐서린 씨예요.

歯を磨いている人がキャサリンさんです。

(2) Ⓐ 캐서린 씨가 누구예요?

誰がキャサリンさんですか？

Ⓑ 노래를 부르는 사람이 캐서린 씨예요.

歌を歌っている人がキャサリンさんです。

(3) Ⓐ 캐서린 씨가 누구예요?

誰がキャサリンさんですか？

Ⓑ 만화를 그리는 사람이 캐서린 씨예요.

漫画を描いている人がキャサリンさんです。

Ⓔ Ⓐ 여기는 어디예요?

Ⓑ 私が通っている学校です。

(4) Ⓐ 여기가 어디예요?

ここはどこですか？

Ⓑ 제가 운동하는 곳이에요.

私が運動する所です。

(5) Ⓐ 여기가 어디예요?

ここはどこですか？

Ⓑ 제가 매일 산책하는 공원이에요.

私が毎日散歩する公園です。

(6) Ⓐ 여기가 어디예요?

ここはどこですか？

Ⓑ 제가 자주 쇼핑하러 가는 백화점이에요.

私がよく買い物に行くデパートです。

① ユラ：ドイツ語の勉強をもっとしようと思います。この本はどうですか？ 大丈夫だと思いますか？

ジウン：その本はちょっと簡単だと思います。ユラさんはドイツ語がうまいですからね。

② ジウン：今日の集まりにスンユンさんも来るでしょうか？

ユラ：スンユンさんは最近忙しいみたいです。電話にもあまり出ません。多分来られないと思います。

③ ユラ：外でみんな傘を差して行きますね。雨が降っているようです。

ジウン：雨がもっとたくさん降る前に早く帰りましょう。

④ ユラ：道がすごく混んでますね。

ジウン：事故が起こったようです。車が進まないですね。 集まりに遅れそうです。

2 Ⓔ Ⓐ この家どうですか？

Ⓑ いいと思います。

(1) Ⓐ 이 가방 어때요?

このかばんどうですか？

Ⓑ 비싼 것 같아요.(비쌀 것 같아요.)

高いと思います。 （高そうです。）

(2) Ⓐ 저 영화 어때요?

あの映画はどうですか？

Ⓑ 재미있을 것 같아요.

面白そうです。

(3) Ⓐ 지금 날씨 어때요?

今の天気はどうですか？

Ⓑ 눈이 그친 것 같아요.(눈이 그칠 것 같아요.)

雪がやんだようです。雪がやみそうです

Ⓔ Ⓐ 아나 씨는 어디에 있어요?

Ⓑ 帰ったみたいです。

Ⓔ Ⓐ アンナさんはどこにいますか？

Ⓑ 帰ったみたいです。

(4) Ⓐ 승윤 씨는 지금 뭐 해요?

スンユンさんは今、何をしていますか？

Ⓑ 공부하는 것 같아요.

勉強しているようです。

(5) Ⓐ 유라 씨는 친구가 많아요?

ユラさんは友達が多いですか？

Ⓑ 많은 것 같아요.(많을 것 같아요.)

多いと思います。 （多そうです。）

(6) Ⓐ 오늘 파티에 와요?

今日パーティーに来ますか？

Ⓑ 못 갈 것 같아요.

行けないと思います。

スピーキング練習 .... P. 150~151

1 スンユン：ジウンさん、ここです。

ジウン：スンユンさん、ごめんなさい。私が少し遅れましたよね？　道がちょっと混んでいて。

スンユン：いいえ。私も今来ました。

ジウン：映画を見た後、ごはんを食べに行きましょうか？ この近くに私がよく行く食堂があります。

スンユン：いいですよ。その食堂に行きます。映画の時間になったようです。早く入りましょう。

(1) 가는 / 된 것 같아요

(2) スンユンさんとジウンさんは映画を見に来ました。（○）

ジウンさんは道が混んでいて遅れました。（○）

2 (1) <解答例>

① 비가 올 것 같아요.

雲が多いです。雨が降りそうです。

② 기분이 좋은 것 같아요.

子どもたちが自転車に乗っています。気分が良さそうです。

③ 두 사람이 싸우는 것 같아요.

男性、女性の表情が良くありません。2人がけんかしているようです。

④ 약속 시간에 늦은 것 같아요.

女性が走っています。約束の時間に遅れたようです。

⑤ 좋은 노래를 들어서 행복할 것 같아요.

歌を聞いている人たちがいい表情です。いい歌を聞いて幸せのようです。

(2) 例 アンナさんは今日、気分が良さそうです。ずっと笑っています。授業が終わってデートをするみたいです。

<解答は省略>

やってみよう .... P. 152~153

1 (1) ① 커피숍/책 읽는

男性はコーヒーショップで本を読むのが好きです。

② 커피숍/공부하는

韓国ではコーヒーショップで勉強する人たちが多いです。

③ 못 할 것 같습니다

男性は用事があって女性と一緒に勉強できなさそうです。

(2) 例 私はコーヒーショップで勉強がはかどります。少しうるさいですが、もっと一生懸命勉強できます。静かすぎる所は眠くなりそうです。だから私は勉強するときコーヒーショップに行きます。

<解答は省略>

2 (1) ② 知っていることが多くて賢い人

[その他の選択肢：① 女性を尊敬してくれる人 ③ 背が低く額が狭い人 ④ 顔が白くて眉毛が濃い人]

(2) ③ 人に会うとき、良い条件ばかりを探すこと

[その他の選択肢：① 本を読むとき、目がとても良いこと ② みんなと一緒にいい食べ物だけを食べること]

(3) <解答は省略>

3 ここは私がよく行く食堂です。食べ物がおいしくて店員が親切でいいです。ここで私がよく食べる食べ物はビビンバなんですが、辛くなくておいしいです。ごはんを食べてコーヒーを飲みに行きます。私は食事をし

た後にコーヒーを飲むのが好きです。

(1) ① 안 맵고 맛있는

この人がよく行く食堂は辛くなくておいしいビビンバを売っている所です。

② 커피 마시는

この人はごはんを食べた後にコーヒーを飲むのが好きです。

(2) <解答は省略>

(3) <解答は省略>

理解度チェック .... P. 154

2 Ⓐ アンナさん、好きな歌手は誰ですか？

Ⓑ 私は好きな歌手がたくさんいます。歌がうまい歌手はみんな好きです。

Ⓐ ではこの歌手の歌を聞いてみてください。アンナさんが好きだと思います。

잘하는 가수 / 좋아할 것 같아요

14 같이 갔으면 좋겠어요 一緒に行けたらいいです

語彙 .... P. 156~157

1 (1) 근무 시간

わが社の勤務時間は午前9時から午後6時までです。

(2) 지각

今日は遅く起きたので遅刻をしました。9時30分に会社に着きました。

(3) 야근

仕事が多くて夜9時まで残業をしました。

2 <解答は省略>

文法 .... P. 158~159

①ユラ：スンユンさん、今年の願いは何ですか？

スンユン：今年、就職したいです。

②スンユン：ユラさんは今年、何をしたいですか？

ユラ：私は資格試験に合格したいです。

③ジウン：ユラさん、プレゼントです。ユラさんが気に入ってくれたらうれしいです。

ユラ：ジウンさん、ありがとうございます。

④ジウン：ユラさんがいつも幸せで健康でいてほしいです。

ユラ：ありがとうございます。ジウンさんは本当に素敵な友達です。

1 例 Ⓐ 今年、望むことはありますか？
　　Ⓑ スペインに旅行に行きたいです。

(1) Ⓐ 올해 바라는 일이 있어요?
　　今年、望むことはありますか？
Ⓑ 운전 면허증을 땄으면 좋겠어요.
　　運転免許証を取りたいです。

(2) Ⓐ 올해 바라는 일이 있어요?
　　今年、望むことはありますか？
Ⓑ 우리 식당에 손님이 많았으면 좋겠어요.
　　うちの食堂にお客さんが多いといいです。

(3) Ⓐ 올해 바라는 일이 있어요?
　　今年、望むことはありますか？
Ⓑ 서핑 대회에서 1등을 했으면 좋겠어요.
　　サーフィン大会で1位になりたいです。

(4) Ⓐ 올해 바라는 일이 있어요?
　　今年、望むことはありますか？
Ⓑ 가고 싶은 대학교에 입학했으면 좋겠어요.
　　行きたい大学に入学したいです。

① ソジュン：最近、部長のせいでとても大変です。
ジヌ：どうしてですか？
ソジュン：仕事をすごくたくさんさせるんです。
② ソジュン：退勤しないんですか？
ジヌ：この報告書のせいで退勤できません。明日まで
　　　に出さなければなりません。
③ ユラ：ソジュンさん、最近とても忙しそうです。
ソジュン：はい。出張の準備のせいでちょっと忙しい
　　　　　です。
④ ユラ：道がすごく混んでますね。塾に遅れそうです。
ソジュン：雨のせいでさらに渋滞しているようです。

2 例 Ⓐ 気分が良くないみたいですね。
　　Ⓑ 天気のせいで気分が悪いです。

(1) Ⓐ 바쁜 것 같아요.
　　忙しそうです。
Ⓑ 이사 준비 때문에 바빠요.
　　引っ越し準備のせいで忙しいです。

(2) Ⓐ 힘든 것 같아요.
　　大変そうです。
Ⓑ 아르바이트 때문에 힘들어요.
　　アルバイトのせいで大変です。

(3) Ⓐ 피곤한 것 같아요.
　　疲れているようです。

Ⓑ 숙제 때문에 잠을 못 잤어요.
　　宿題のせいで眠れませんでした。

(4) Ⓐ 기분이 좋은 것 같아요.
　　気分が良さそうです。
Ⓑ 친구 때문에 기분이 좋아요.
　　友達のおかげで気分がいいです。

スピーキング練習 ......P. 160~161

1 ユラ：ソジュンさん、最近忙しかったですか？
ソジュン：はい。会社の仕事のせいで3日間残業をし
　　　　　ました。だから、今からちょっと休もうと
　　　　　思います。
ユラ：そうなんですか？　何をするんですか？
ソジュン：映画を見に行こうと思います。ユラさんも
　　　　　一緒に行ってほしいです。
ユラ：ええ、いいですよ。

(1) 회사 일 때문에 / 갔으면 좋겠어요
(2) ソジュンさんは残業をして忙しかったです。（○）
　　ソジュンさんとユラさんは映画を見に行きます。（○）

2 例 ジウンⒶ：もしもし。ユラさん、私ジウンです。
ユラⒷ：はい、ジウンさん。
ジウンⒶ：明日集まることにしましたよね？で
　　　　　も、すみませんが明日は授業のため行
　　　　　けなそうです。
ユラⒷ：そうなんですか？　それでもジウンさん
　　　　　が来たらうれしいです。時間があれば
　　　　　ちょっと寄ってください。

(1) Ⓐ 여보세요? 유라 씨, 저 지은이에요.
　　もしもし。ユラさん、私ジウンです。
Ⓑ 네, 지은 씨.
　　はい、ジウンさん。
Ⓐ 내일 만나기로 했지요? 그런데 미안하지만 내일
　　학교 일 때문에 못 만날 것 같아요.
　　明日会うことにしましたよね？ でも、すみませんが
　　明日は学校の用事のため行けなそうです。
Ⓑ 그래요? 그래도 잠깐 만났으면 좋겠어요. 시간
　　이 되면 잠깐 오세요.
　　そうなんですか？　それでもちょっと会えたら
　　うれしいです。時間があればちょっと来てくだ
　　さい。

(2) Ⓐ 여보세요? 유라 씨, 저 지은이에요.
　　もしもし。ユラさん、私ジウンです。

Ⓑ 네, 지은 씨.

　　はい、ジウンさん。

Ⓐ 내일 같이 공원에 가기로 했지요? 그런데 미안하지만 내일 다른 일 때문에 못 갈 것 같아요.

　　明日一緒に公園に行くことにしましたよね？　でも、すみませんが、明日は他の用事で行けなそうです。

Ⓑ 그래요? 그래도 같이 갔으면 좋겠어요. 시간이 되면 연락하세요.

　　そうなんですか？　それでも一緒に行けたらうれしいです。時間があれば連絡してください。

3 [状況1]

Ⓐ 風邪のせいで具合が悪くて昨日友達と会うことにした約束を破りました。

Ⓑ 友達が具合が悪いことを知らないで、昨日2時間友達を待ちました。

[状況2]

Ⓐ 友達と一緒にごはんを食べていました。でも急に会社で仕事が発生したので会社に行きました。

Ⓑ ひとりで食堂で友達を待ちました。

＜解答は省略＞

やってみよう ·························· P. 162~163

1 (1) ① 이번 주 금요일

ヤントさんの誕生日は今週の金曜日です。

② (한국어) 책/꽃

ヤントさんの誕生日プレゼントに(韓国語の)本と花を準備するつもりです。

(2) ① 같이 저녁(을) 먹습니다

一緒に夕食(を)食べます

2 (1) ③ 部長のせいで

[その他の選択肢：① 出張のせいで ② 会社の仕事のせいで]

(2) ④ 男性は部長と一緒に昼食をとります。

[その他の選択肢：① 男性はパスタが一番好きです。② 男性が勤めている会社は残業をしません。③ 男性は明日から一人で出張に行かなければなりません。]

(3) ＜解答は省略＞

(4) ＜解答は省略＞

3 この人は私が好きな友達のユ・ソヒョンさんです。ソヒョンさんは性格も良くてきれいな友達です。ソヒョ

ンさんのおかげで毎日楽しいです。ソヒョンさんに会うと気分がいいです。私が韓国語の勉強でストレスを受けると、ソヒョンさんと漢江に行って遊びます。話もしてチキンも食べます。ソヒョンさんとずっと仲良く過ごしたいです。

(1) 한강/이야기/치킨

漢江に行って話もしてチキンも食べます。

(2) 서현 씨하고 계속 잘 지냈으면

ソヒョンさんとずっと仲良く過ごしたいです。

(3) ＜解答は省略＞

(4) ＜解答は省略＞

理解度チェック ·························· P. 164

2 Ⓐ アンナさん、また風邪を引いたんですか？

Ⓑ はい、しょっちゅう風邪をひきます。早く治るといいです。

Ⓐ 寒い天気のせいで(寒いせいで)そうなんだと思います。元気だしてください。

나았으면 좋겠어요 / 날씨 때문에

15 방송국에 와 본 적이 없어요 放送局に来たことがありません

語彙 ·························· P. 166~167

1 ＜解答は省略＞

文法 ·························· P. 168~169

① ミノ：今日の新聞、見ませんでしたか？

　　ジヌ：これじゃないですか？

　　ミノ：それは昨日来た新聞です。

② ミノ：昨日会った友達は誰ですか？

　　ジヌ：高校のときの友達です。

③ ミノ：昨日見た映画は本当に面白かったです。

　　ジヌ：そうですね。主人公もかっこいいですし。

④ ミノ：昨日ユラさんが飲んだ飲み物は 何でしたっけ？

　　ジヌ：レモン茶です。疲れたときに飲むといいですよ。

1 例 Ⓐ これは何ですか？

　　　Ⓑ 昨日読んだ本です。

(1) Ⓐ 이게 뭐예요?

これは何ですか？

Ⓑ 아까 쓴 보고서예요.

さっき書いた報告書です。

(2) Ⓐ 이게 뭐예요?

これは何ですか？

B 어제 산 청바지예요.

昨日買ったジーンズです。

(3) A 이게 뭐예요?

これは何ですか？

B 주말에 찍은 사진이에요.

週末に撮った写真です。

(4) A 이게 뭐예요?

これは何ですか？

B 지난주에 그린 그림이에요.

先週描いた絵です。

① ユラ：ジウンさんの歌を聞いたことがありますか？

スンユン：いいえ。聞いたことがありません。歌がうまいですか？

ユラ：はい、歌が本当にうまいです。

② ユラ：ジウンさんの家に行ったことがありますか？

スンユン：はい。この前、授業が終わってから行ったことがあります。

③ ミノ：ここはどこですか？

ユラ：フランスです。フランスを旅行したことがあります。そのとき撮った写真です。

④ ミノ：私はフランスに行ったことがありません。他にどこに行きましたか？

ユラ：オーストラリアに旅行に行ったことがあります。オーストラリアも美しかったです。

2 例 A トッポッキを食べたことがありますか？

B はい、食べたことがあります。

(1) A 김밥을 만든 적이 있어요?

キムパプを作ったことがありますか？

B 네, 만든 적이 있어요.

はい、作ったことがあります。

(2) A 태권도를 배운 적이 있어요?

テコンドーを習ったことがありますか？

B 네, 배운 적이 있어요.

はい、習ったことがあります。

(3) A 부산에 가 본 적이 있어요?

釜山に行ったことがありますか？

B 아니요, 가 본 적이 없어요.

いいえ、行ったことがありません。

(4) A 이 회사의 컴퓨터를 써 본 적이 있어요?

この会社のコンピュータを使ったことがありますか？

B 아니요, 써 본 적이 없어요.

いいえ、使ったことがありません。

スピーキング練習 ...... P. 170~171

1 スンユン：ここが放送局です。

ユラ：私は放送局に来たことがありません。不思議ですね。

スンユン：私たちが今日ここに来た理由はですね。

ユラ：はい、分かってます。学校の先輩にインタビューしないといけないんですよね。それが課題ですよね？　ただ芸能人を見物しに来たのならいいのにと思います。

スンユン：はは、ユラさん、早くインタビューしておいしいものを食べに行きましょう。

(1) 와 본 적이 / 온

(2) ユラさんは放送局に初めて来ました。（○）

2人は芸能人に会いに放送局に来ました。（×）

2 ユラ：アンナさんはチムジルバンに行ったことありますか？

アンナ：はい。行ったことがあります。先週友達と初めてチムジルバンに行ってみました。私が行った所は東大門にあるチムジルバンだったんです。友達とチムジルバンでわかめスープも食べて(飲んで)シッケも飲みました。わかめスープは誕生日に食べる食べ物です。でもチムジルバンで売っていて不思議でした。

(1) ① 있어요

アンナさんはチムジルバンに行ったことがあります。

② 미역국이랑 (하고) 식혜

アンナさんはチムジルバンでわかめスープとシッケを食べました。

(2) <解答は省略>

やってみよう ...... P. 172~173

1 (1) 없습니다

女性はこの食堂に来たことがありません。

(2) ③ 비빔밥

2人は先週、ビビンバを食べました。

2 (1) ① 운동선수

男の子たちに人気がある職業はスポーツ選手です。

② 料理師

女性は幼いとき、<u>料理人</u>になりたかったです。

(2) ② 人気のある職業を調べます。

[その他の選択肢：① 歌を練習しに行きます。

③ 新聞で調査結果を読みます。]

(3) <解答は省略>

3 私の夢は芸能人です。私は踊るのが好きで、歌うのが好きです。だから歌手になりたいです。歌手になるのは難しいです。多くの人が歌手になりたくて毎日練習しています。一日に歌手が100人ほど（世に）出ます。そのうち1人か2人だけが人気のある歌手になります。こんなに歌手になるのが難しいので私も毎日練習しています。夜8時から夜中の2時までダンスの練習、歌の練習をします。本当に大変ですが、もっと一生懸命練習して必ず歌手になりたいです。

(1) 이 사람의 꿈은 가수가 되는 것입니다.

この人の夢は歌手になることです。

(2) 밤 8시부터 새벽 2시까지 연습합니다.

夜8時から夜中の2時まで練習します。

(3) 가수가 되는 것이 어려워서 매일 연습합니다.

歌手になることは難しいので毎日練習します。

(4) <解答は省略>

(5) <解答は省略>

理解度チェック .... P. 174

2 Ⓐ キャサリンさん、韓服を着たことがありますか？

Ⓑ はい、着たことがあります。先週、慶福宮に行きました。そのときに着ました。これがその<u>日撮った写真</u>です。どうですか？

Ⓐ 韓服を着たキャサリンさんが本当にきれいですね。

입어 본 적이 있어요 / 찍은 사진

---

16 만나서 할 말이 있어요 会って話すことがあります

語彙 .... P. 176~177

1 <解答は省略>

2 例 映画館で大きな声で騒いではいけません。バスの停留所でたばこを吸ってはいけません。

<解答は省略>

文法 .... P. 178~179

① スンユン：家に食べ物がないですね。

ジヌ：私が出かけて買ってきます。

② スンユン：すみませんが飲み物もお願いします。

ジヌ：分かりました。何を買ってきましょうか？

③ ソジュン：ユラさん、明日会う場所は決めましたか？

ユラ：まだ決めていません。会う場所と時間を決めたらまた連絡しますね。

④ ソジュン：明日何を準備すればいいですか？

ユラ：ソジュンさんが準備するものはありません。そのまま来てください。

1 例 これは明日食べるアイスクリームです。

(1) 이건 주말에 할 일이에요.

これは週末にすることです。

(2) 이건 이따가 들을 노래예요.

これはあとで聞く歌です。

(3) 이건 파티 때 입을 원피스예요.

これはパーティーのときに着るワンピースです。

(4) 이건 다음 주에 공부할 책이에요.

これは来週勉強する本です。

① ミノ：ここで写真を撮ってもいいでしょうか？

職員：申し訳ありませんが、ここで写真をお撮りになってはいけません。

② ユラ：ミノさん、この本に美術館にある絵が全部あります。

ミノ：そうなんですか？ この本、私が見てもいいですか？

③ ジウン：この服ちょっと着てみても（試着しても）いいですか？

店主：もちろんです。試着してもいいですよ。

④ ジウン：帽子かぶってみてもいいですか？

店主：はい、使ってみてください。

2 例 Ⓐ ここに座ってもいいですか？

Ⓑ はい、お座りください。

(1) Ⓐ 창문을 열어도 돼요?

窓を開けてもいいですか？

Ⓑ 네, 여세요.

はい、開けてください。

(2) Ⓐ 숙제를 내일 해도 돼요?

宿題を明日してもいいですか？

Ⓑ 네, 내일 하세요.

はい、明日してください。

(3) Ⓐ 영화를 보러 가도 돼요?

映画を見に行ってもいいですか？

B 네, 보러 가세요.

はい、見に行ってください。

(4) A 주말에 빨래해도 돼요?

週末に洗濯してもいいですか？

B 네, 주말에 하세요.

はい、週末にしてください。

スピーキング練習 .... P. 180~181

1 ジウン：もしもし。ユラさん、会って話すことがあります。今ユラさんの家に行ってもいいですか？

ユラ：はい。ところで、どうしたんですか？

ジウン：スンユンさんは、好きな人がいるみたいです。

ユラ：本当ですか？　スンユンさんは話したことがないですけど（そんなことは言っていませんでしたけど）。

ジウン：日本で勉強していたときに会った人を忘れられないみたいです。私たち、会って話しましょう。

(1) 할 / 가도 돼요

(2) ジウンさんは今スンユンさんに会いに行きます。(×)

スンユンさんは日本で勉強したことがあります。(○)

2 エリック：おなかがすいています。先に食べてもいいでしょうか？

ユラ：先に食べたらだめですよ。教授が食事を始めてから召し上がってください。

エリック：分かりました。おなかがすいていますが、待ちますね。

ユラ：韓国の食事マナーを話しますね。スプーンと箸を一緒に使わないでください。スプーンはご飯とスープを食べるときに使います。箸はおかずを食べるときに使います。

エリック：器を持って食べてもいいですか？

ユラ：器を持たずに食べた方がいいです。

エリック：分かりました。では、ごはんを食べる前にあいさつはどのようにしますか？

(1) ① 시작하신 후에

大人が食事を始められた後に食べられます。

② 숟가락/젓가락

スプーンと箸を一緒に使ってはいけません。

③ 들고

器を持って食べてはいけません。

(2) <解答は省略>

(3) <解答は省略>

やってみよう .... P. 182~183

1 (1) 심심해서

男性はとても退屈なのでキャサリンさんの家に遊びに行きます。

(2) 30분(삼십 분) 후

男性は30分後にキャサリンさんの家に行きます。

(3) 청소를 할 거예요(청소를 해야 돼요)

キャサリンさんは男性が来る前に掃除をします（掃除をしなければなりません）。

2 (1) 이번 여름

今年の夏に一人旅をしました。

(2) 위험해요

「一人で旅に行くと危険です。」

(3) 가고 싶은 곳을 갈 수 있고, 먹고 싶은 음식도 먹을 수 있습니다

行きたい所に行けて、食べたい食べ物も食べられます。

(4) <解答は省略>

3 昨日家に食べ物がなくて、スーパーマーケットで食べ物を買ってから家に帰りました。ところが横断歩道の前に、たばこを吸っている人たちがいました。私はたばこを吸わないのに、その人たちのそばにいるからたばこを吸っているようでした。皆さんの国では公共の場所でたばこを吸ってもいいですか？　私の国では公共の場所でたばこを吸ってはいけません。それから家に帰って休んでいました。でも、隣の家で声を張り上げて大声で騒いでいて眠れませんでした。マンションは人々が一緒に住む公共の場所です。公共の場所では他の人のことを少し考えてほしいです。

(1) ① 슈퍼마켓

この人は昨日スーパーマーケットで品物を買って家に帰りました。

② 횡단보도 앞

横断歩道の前でたばこを吸っている人たちのせいで気分がよくなかったです。

③ 소리를 지르고 큰 소리로 떠들어서

隣の家の人たちが声を張り上げて大声で騒いでいて眠れませんでした。

(2) <解答は省略>

(3) <解答は省略>

理解度チェック .... P. 184

2 A 今日作る食べ物はパスタです。

B はい、いいですね。

A 料理が全て終わりました。

B 私が食べてみても (試食しても) いいでしょうか？

만들 / 먹어 봐도 될까요

17 나랑 같이 저녁 먹자 私と一緒に夕飯食べよう

語彙 ·· P. 186~187

1 <解答は省略>

2 <解答は省略>

文法 ·· P. 188~189

① ミノ：お母さん、ごはんください。

母：ごはん食べてないの？ おなかすいてるだろうね。
少しだけ待ってて。

② ミノ：お母さん、兄さんは帰って来てないんですか？

母：さっき帰って来たよ。部屋にいると思うよ。

③ 母：今日はどうだった？ 特別なことはなかった？

ミノ：はい、それなりでした。

④ ミノ：お母さん、今日病院に行かれましたか？

母：うん。私はもう大丈夫。心配しないで。

1 ⑲ A 何してる？

B ごはん食べてる。

(1) A 뭐 해?

何してる？

B 영화가 슬퍼서 울어.

映画が悲しくて泣いてる。

(2) A 뭐 해?

何してる？

B 피곤해서 쉬고 있어.

疲れて休んでる。

(3) A 뭐 해?

何してる？

B 스페인어를 연습해.

スペイン語を練習してる。

(4) A 뭐 해?

何してる？

B 인터넷으로 가방을 주문해.

インターネットでかばんを注文してる。

① ジウン：ユラ、私たち、気楽に話そうか？

ユラ：いいよ。私たちは同い年だから、ため口で話そう。

② ジウン：おなかすいた。何か食べようか？ 出前を頼んで食べようか？

ユラ：出前を頼まないで家にあるもので作ろう。

③ ジウン：卵と牛肉、野菜が少しある。

ユラ：じゃあ炒めて食べよう。

ジウン：いいね。卵は入れないようにしよう。ない方がおいしいと思う。

④ ジウン：おなかいっぱい。

ユラ：ごちそうさま。私たち、これから散歩しに出ようよ。

2 ⑲ A 明日から休暇だね。

B 明日、映画見に行こうよ。

(1) A 내일부터 휴가네.

明日から休暇だね。

B 내일 놀이공원에 가서 놀자.

明日、遊園地に行って遊ぼうよ。

(2) A 내일부터 휴가네.

明日から休暇だね。

B 내일 산에 가서 등산을 하자.

明日、山に行って山登りをしようよ。

(3) A 내일부터 휴가네.

明日から休暇だね。

B 내일 노래방에 가서 노래 부르자.

明日、カラオケに行って歌おうよ。

(4) A 내일부터 휴가네.

明日から休暇だね。

B 내일 친구들을 초대해서 같이 파티하자.

明日、友達を招待して一緒にパーティーしようよ。

スピーキング練習 ·· P. 190~191

1 スンユン：兄さん、明日、時間ある？ 僕と一緒に夕食を食べようよ。

ソジュン：ごめん。明日、会社の部長の引っ越し祝いに行かなきゃいけないんだ。

スンユン：そうなの？ 久しぶりに兄さんと夕食を食べようと思ったんだけど。

ソジュン：遅く終わりそう。悪いけど今度会おう。

スンユン：大丈夫だよ。おいしいものをたくさん食べて、楽しく遊んできて。

※형 (兄さん)＝ここでは親しい年上の男性のこと

(1) 먹자 / 괜찮아

(2) ソジュンさんの会社の部長は、明日引っ越し祝い

をします。（○）

スンユンさんは明日おいしい食べ物を食べるでしょう。（×）

2 Ⓐ 주말에 뭐 했어?

週末は何をしたの？

Ⓑ 아르바이트를 했어. 그래서 너무 힘들었어. 공부도 해야 되고 아르바이트도 해야 돼서 너무 스트레스를 받아.

アルバイトをしてた。それですごく大変だったんだ。勉強もしなきゃいけないし、アルバイトもしなきゃいけないから、ストレスを感じるよ。

Ⓐ 그렇겠네. 나는 남자 친구하고 싸워서 우울했어.

そうだろうね。私はボーイフレンドとけんかしてゆううつだった。

Ⓑ 왜 싸웠어?

なんでけんかしたの？

Ⓐ 남자 친구가 또 약속을 어겨서. 너무 화가 나서 크게 화를 냈어.

ボーイフレンドがまた約束を破ったから。とても腹が立って、すごく怒ったの。

Ⓑ 정말 힘들었겠네. 우리 기분도 안 좋은데 노래방에 갈래? 큰 소리로 노래를 부르면 스트레스가 풀릴 것 같아.

本当に大変だっただろうね。僕たち、気分もさえないからカラオケに行く？　大声で歌を歌えばストレスが解消されると思う。

Ⓐ 응, 좋아. 지금 가자.

うん、いいよ。今行こう。

3 （話題）昨日したこと／最近よくすること／週末にするつもりのこと／友達とした約束／趣味

＜解答は省略＞

やってみよう .... P. 192~193

1 (1) 이사

男性の韓国の友達は引っ越しをしました。

(2) 집들이

男性は明日友達の家の引っ越し祝いに招待されました。

(3) 휴지/세제

プレゼントにちり紙／トイレットペーパーを買うか、洗剤を買っていけばいいです。

2 (1) ① 신랑

新郎はスーツを着ます。

② 웨딩드레스

新婦はウエディングドレスを着ます。

③ 신부

結婚式の主役は新婦です。

(2) ②

(3) ＜解答は省略＞

3 （メッセージ内容）

ユラ：土曜日に時間ある？

アンナ：うん、大丈夫だよ。どうして？

ユラ：うちのお姉ちゃん娘の誕生日なの。だからパーティーするんだ。来られる？

アンナ：お姉ちゃんの娘の誕生日？　そのパーティーに私が行ってもいいの？

ユラ：うん。お姉ちゃんの娘は1歳なんだ。だから1歳の誕生祝いをするの。

アンナ：ああ、1歳の誕生祝い！　一度行ってみたかったんだ。招待してくれてありがおう。必ず行くね。プレゼントは何にしようか？

ユラ：プレゼントは買ってこなくていいよ。そのまま来て。

(1) ③ ユラさんは1歳の誕生祝いにアンナさんを招待しました。

［その他の選択肢：① 土曜日にユラさんの誕生パーティーをします。② アンナさんは1歳の誕生祝いに行ったことがあります。］

(2) ＜解答は省略＞

(3) ＜解答は省略＞

理解度チェック .... P. 194

2 Ⓐ 今、何してる？

Ⓑ 宿題してる。

Ⓐ 終わったら、うちでゲームしようか？

Ⓑ 今日はだめなんだ。別の約束がある。明日会おうよ。

숙제해 / 만나자

18 AS 신청을 했는데 기다려야 돼요 アフターサービスの依頼をしたんですが、待たなければなりません

語彙 .... P. 196~197

1 <解答は省略>

2 例 私は毎週金曜日に公園に行って運動します。毎日運動をするのがいいのですが、時間がないので1週間に一度は必ず運動をします。運動をすると気分がいいです。

<解答は省略>

文法 .... P. 198~199

① スンユン：ここに初めて来たとき、覚えてますか？

ユラ：もちろんです。天気もいいし、気分もとても良かったです。もう去年の夏ですね。

② スンユン：ユラさんとアンナさんと 釜山に行ったとき、ソジュン兄さんに会いました。

ユラ：本当ですか？ あのとき会った人がソジュンさんだったんですか？

③ スンユン：ソジュン兄さんに初めて会ったとき、本当にかっこよかったです。

ユラ：そうなんですか？　ソジュンさんは今もかっこいいです。

④ スンユン：私はソジュン兄さんが好きです。私が大変だったとき、私をたくさん助けてくれました。

ユラ：そうなんですか？ スンユンさんはいいお兄さんがいていいですね。

※ 형 (兄さん) ＝ここでは親しい年上の男性のこと

1 例 Ⓐ いつキャサリンさんに会いましたか？
Ⓑ 去年、アメリカに行ったときに会いました。

(1) Ⓐ 언제 캐서린 씨를 만났어요?
いつキャサリンさんに会いましたか？

Ⓑ 작년에 일본을 여행했을 때 만났어요.
去年、日本を旅行したときに会いました。

(2) Ⓐ 언제 캐서린 씨를 만났어요?
いつキャサリンさんに会いましたか？

Ⓑ 캐서린 씨가 한국에 왔을 때 만났어요.
キャサリンさんが韓国に来たときに会いました。

(3) Ⓐ 언제 캐서린 씨를 만났어요?
いつキャサリンさんに会いましたか？

Ⓑ 지난주에 캐서린 씨가 많이 아팠을 때 만났어요.
先週、キャサリン氏がとても具合が悪かったときに会いました。

(4) Ⓐ 언제 캐서린 씨를 만났어요?
いつキャサリンさんに会いましたか？

Ⓑ 주말에 책을 빌리러 도서관에 갔을 때 만났어요.
週末、本を借りに図書館に行ったときに会いました。

① ミノ：昨日このシャツを買ったんですが、私には似合わないみたいです。

ジウン：悪くないですけど、色がもう少し明るいといいと思います。

② ミノ：明日着る服が必要なんですが、どうすればいいでしょう？

ジウン：この近くに私がよく行く服屋があるんですが、一緒に行ってみますか？

③ ミノ：もしもし。ジウンさん、アンナさんが電話に出ないんですけど、何かありましたか？

ジウン：私とチムジルバンに来ていますけど。

④ ミノ：アンナさんに何度も電話したのに出なかったので心配しました。

ジウン：心配しないでください。ところで、ここに初めて来たんですけど、本当にいいですね。

2 例 今、マートへ行くのに雨が降っています。

(1) 지금 노래방에 가는데 같이 가요.
今カラオケに行くんですが、一緒に行きましょう。

(2) 내일 면접을 보는데 긴장이 돼요.
明日、面接を受けるのに緊張します。

(3) 어제 명동에 갔는데 안나 씨를 만났어요.
昨日、明洞に行ったらアンナさんに会いました。

(4) 이 책은 여행 책인데 재미있어요.
この本は旅行本ですが、面白いです。

スピーキング練習 .... P. 200~201

1 ユラ：スンユンさん、ちょっと手伝ってもらえますか？

スンユン：どうしたんですか？

ユラ：インターネットがだめなんです（使えないんです）。サービスセンターにAS（アフターサービス）の依頼をしたんですけど、今日は祝日なので待たなければなりません。でも、私が今日インターネットを必ず使わなければなりません。

スンユン：じゃあ私が手伝ってあげます。以前アルバイトをしていたときにインターネットの修理方法を学んだことがあります。

(1) 했는데 / 했을 때

(2) ユラさんの家のインターネットが故障しました。（○）
スンユンさんはASを受けたことがあります。（✕）

2 アンナ：韓国に初めて来たとき、覚えてますか？

キャサリン：もちろんです。とても暑かったです。
　　　　　　もう去年の夏ですね。アンナさんは？

アンナ：私も覚えています。私は冬に来たんですけど、
　　　　その日、雪がとてもたくさん降りました。

キャサリン：それから韓国で友達と一緒に旅行にたく
　　　　　　さん行きましたが、その中で釜山がいち
　　　　　　ばん良かったです。

アンナ：私も韓国を旅行したとき、よかったです。
　　　　韓国は美しい国だと思います。

(2) 例 いちばん記憶に残っている日はいつですか？
　　／その日の天気はどうでしたか？／その日の
　　気分はどうでしたか？／その日がなぜ記憶に
　　残っていますか？

<解答は省略>

やってみよう ······································· P. 202~203

1 (1) 인터넷/서비스 센터

今、インターネットが使えないので、サービスセ
ンターに行きます。

(2) ③ 男は数日前にもインターネットの修理を受けま
した。

[その他の選択肢：① 品物を買う前にASを受
けなければなりません。② 女性はコンピュー
タを修理してもらったことがあります。]

2 (1) ① 매달

男性は毎月友人たちに会います。

② 3명

集まる友達はみんなで3人です。

(2) 봉사

ひと月に一度、ボランティアをしに行くことにし
ました。

(3) 할아버지/할머니

一人で暮らしていらっしゃるおじいさん、おばあ
さんを手伝いに行きます。

(4) <解答は省略>

3 (状況) その友達に初めて会ったとき／かばんを買っ
たとき／火事になったとき／韓国の歌を初めて聞いた
とき／トッポッキを初めて食べたとき／水泳をしたと
き／友達が手伝ってくれたとき／テレビから音が出な
かったとき／友達の招待状をもらったとき／残業をし
たとき／両親が怒ったとき／デートをしたとき／お客
様がいらっしゃったとき／事故が起こったとき／友達

が約束を破ったとき／遊具に乗ったとき／道で転んだ
とき／友達の結婚式で昔の恋人に会ったとき／怖い部
長とエレベーターに乗ったとき／好きな人ができたと
き

(感情・気分) 気分がいい／悲しい／泣く／笑う／う
らやましい／気分が悪い／おなかがすいている／面白
くない／大丈夫だ／驚く／幸せだ／緊張する／心配に
なる／楽しい／悩む／ゆううつだ／寂しい／恥ずかし
い／寂しい／大変だ

例 残業をしたとき／恥ずかしい

昨日会社で残業をしたとき、とても大変で、少し
寝ました。でも寝ているときに大声で話しました。
それで起きました。みんなが私を見ました。本当
に恥ずかしかったです。

<解答は省略>

理解度チェック ······································· P. 204

2 A このかばん、どうですか？　姉が買ってくれたん
ですが、とても軽くて楽です。

B かわいいですね。いつ買ったんですか？

A 昨日、姉と仁寺洞に行ったときに姉が買ってくれ
ました。

사 줬는데 / 샀을 때

---

19 친구들이 저를 부러워합니다 　友達が私をうらや
　　　　　　　　　　　　　　　　ましがっています

語彙 ······································· P. 206~207

1 (3) A会社：月給が多くて仕事が多い。
　　　　　　残業が多くて週末にも出勤する

B会社：月給が少なくて仕事が少ない。
　　　　週末に会社に行かない。

<解答は省略>

文法 ······································· P. 208~209

1 ソジュン：ユラさん、勉強しながら音楽を聞きますか？

ユラ：はい。私は音楽を聞きながら勉強します。

2 ソジュン：私は静かな所で勉強する方がいいです。私
　　　　　　は運動しながら音楽を聞きます。

ユラ：私も音楽を聞きながら運動します。私は音楽が
　　　好きです。

3 ソジュン：映画を見ながらポップコーンも食べましょ
　　　　　　うか？

ユラ：いいですね。ポップコーンも買って飲み物も買いましょう。

④ソジュン：私たちの隣に座った人たちがずっと話しながら映画を見てました。

ユラ：はい。とてもうるさかったです。

1 例 Ⓐ もしもし。今、何してますか？
　　Ⓑ 歌を聞きながら宿題しています。

(1) Ⓐ 여보세요? 지금 뭐 하고 있어요?
　　もしもし。今、何してますか？
　　Ⓑ 게임을 하면서 놀고 있어요.
　　ゲームをしながら遊んでいます。

(2) Ⓐ 여보세요? 지금 뭐 하고 있어요?
　　もしもし。今、何してますか？
　　Ⓑ 신문을 읽으면서 밥을 먹고 있어요.
　　新聞を読みながらごはんを食べています。

(3) Ⓐ 여보세요? 지금 뭐 하고 있어요?
　　もしもし。今、何してますか？
　　Ⓑ 노래를 부르면서 청소하고 있어요.
　　歌を歌いながら掃除をしています。

(4) Ⓐ 여보세요? 지금 뭐 하고 있어요?
　　もしもし。今、何してますか？
　　Ⓑ 텔레비전을 보면서 커피를 마시고 있어요.
　　テレビを見ながらコーヒーを飲んでいます。

① ユラ：アンナさんが最近とてもつらがっています。
　　ミノ：どうしてですか？ 何かありましたか？
　　ユラ：韓国での生活が大変みたいです。それで故郷を恋しがっています。

② ユラ：アンナさんは友達が多いけど、たまに寂しがります。
　　ミノ：外国で生活しているから寂しいときがあると思います。

③ ミノ：ユラさん、今回の昇進、おめでとうございます。お母さんも喜んでいらっしゃったでしょう？
　　ユラ：はい、お母さんがとても幸せそうでした。

④ ミノ：ユラさんはご両親がうれしがることをたくさんしていると思います。
　　ユラ：はい。両親が喜んでくださったら私も幸せです。

2 例 Ⓐ アンナさんはどうですか？
　　Ⓑ まだとてもつらそうにしています。

(1) Ⓐ 안나 씨는 어때요?
　　アンナさんはどうですか？
　　Ⓑ 약속이 없어서 심심해하고 있어요.

約束がなくて退屈がっています。

(2) Ⓐ 안나 씨는 어때요?
　　アンナさんはどうですか？
　　Ⓑ 결혼식에 초대를 받아서 즐거워하고 있어요.
　　結婚式に招待されてうれしがっています。

(3) Ⓐ 안나 씨는 어때요?
　　アンナさんはどうですか？
　　Ⓑ 친구들이 고향에 돌아가서 외로워하고 있어요.
　　友達が故郷に帰って寂しがっています。

(4) Ⓐ 안나 씨는 어때요?
　　アンナさんはどうですか？
　　Ⓑ 말하기 대회에서 1등을 해서 기뻐하고 있어요.
　　スピーキング大会で1位になって喜んでいます。

スピーキング練習 ·········· P.210~211

ソジュン：先輩、仕事しながら歌もよく聞くんですか？

先輩：うちの会社は仕事しながら歌を聞いてもいいんだよ。歌を聞けない会社もある。

ソジュン：たくさんの後輩たちがこの会社に入りたがっています。だから友人たちが私をとてもうらやましがっています。

先輩：残業もたくさんして出張もしょっちゅう行かなければならないからちょっと大変だよ。でも会社の雰囲気もいいし、(会社の)人たちもいいから、いいよ。

1 (1) 일하면서 / 부러워합니다
(2) ソジュンさんの先輩は仕事するとき歌を聞きます。(○)
　　ソジュンさんの会社は残業と出張が少ないです。(×)

2 アンナ：私はスンユンさんがうらやましいです。運動もできるし、勉強もできるからです。

スンユン：いえいえ。私はアンナさんがうらやましいです。アンナさんはドイツ語も上手で韓国語も上手です。

ユラ：そうですよね。友達はみんな、アンナさんをうらやましがっています。外国語も上手で性格もアクティブですから。

ジウン：私もアンナさんのアクティブな性格がうらやましいです。

(2) ユラ：アンナさんは勉強もできて性格もいいです。

アンナ：スンユンさんは歌を歌いながら踊りを踊れますよね？ 本当にかっこいいです。

スンユン：ユラさんは性格がアクティブで料理も上手です。とてもうらやましいです。

答えと訳

<解答は省略>

やってみよう .... P. 212~213

1 (1) 피곤해요

　エリックさんは会社の仕事のせいでいつも<u>疲れて</u>
　<u>います</u>。

(2) 외로워해요

　エリックさんは一人で外国にいるので<u>寂しがって</u>
　<u>います</u>。

(3) 맛있는 음식을 먹으면서

　2人はエリックさんと一緒に<u>おいしい食べ物を食</u>
　<u>べながら楽しく遊ぶ</u>つもりです。

2 (1) 한 번

　ひと月に<u>一度</u>くらいします。

(2)

예전 以前	지금 今
술을 많이 마셨습니다. お酒をたくさん飲みました。	(술을 마시러 안 가고) 같이 공연을 보고 맛있는 음식을 먹으러 갑니다. (お酒を飲みに行かない で)一緒に公演を見ておいしい食べ物を食べに行きます。

(3) 더 좋습니다

　会食が変わって会社の雰囲気がよりいいです。

(4) <解答は省略>

3 (2) 例 友達がつらそうにしていたら、まず理由を尋
　ねます。その理由を聞いて、いい方法を考え
　てみます。友達が試験のために大変そうにし
　ていたら勉強を手伝ってあげます。恋人と別
　れて寂しがっていたら一緒に話しながらお酒
　を飲みます。このようにすれば、友達が大丈
　夫だと感じると思います。

<解答は省略>

理解度チェック .... P. 214

2 Ａ スオンさん、今、何してますか？

Ｂ 音楽を<u>聞きながら</u>カルビタンを作っています。で
　も、ちょっと難しいです。

Ａ じゃあ、ユラさんに聞いてみてください。ユラさ
　んは料理が<u>上手</u>です。私の友達がこの前、料理の
　せいでつらがっていました。そのとき、ユラさん
　がたくさん手助けしてあげました。

들으면서 / 힘들어했어요

20　요즘 좋아 보이네　最近、元気そうだね

語彙 .... P. 216~217

1 <解答は省略>

文法 .... P. 218~219

①ユラ：スンユンさん、夏休みは楽しく過ごしましたか？
　　　　顔(色)が良くなりましたね。

　スンユン：はい。学校の休みの間、運動をたくさんし
　　　　　　ました。

②スンユン：学校の休みの間、運動もしてアルバイトも
　　　　　　3つしました。

　ユラ：わあ、本当に大変だったでしょうね。

　スンユン：とても大変でアルバイトを辞めました。今
　　　　　　は少し楽になりました。

③スンユン：ユラさんは少し変わったみたいです。

　ユラ：昨日パーマをかけました。

④スンユン：一緒に住んでいる友達のせいですごく大変
　　　　　　そうにしていましたが、今は大丈夫になり
　　　　　　ましたか？

　ユラ：ちょっと慣れました。でも、私と合わなくて、
　　　　他の下宿を探しています。

1 例 Ａ 天気はどうですか？

　　Ｂ とても暑くなりました。

(1) Ａ 한국 생활이 어때요?

　　韓国の生活はどうですか？

　Ｂ 익숙해졌어요.

　　慣れました。

(2) Ａ 회사 일이 어때요?

　　会社の仕事はどうですか？

　Ｂ 많이 바빠졌어요.

　　とても忙しくなりました。

(3) Ａ 몸이 어때요?

　　体(の調子)はどうですか？

　Ｂ 병원에 다녀온 후에 좋아졌어요.

　　病院に行ってきた後に良くなりました。

(4) Ａ 유학 생활이 어때요?

　　留学生活はどうですか？

　Ｂ 시험이 많아서 힘들어졌어요.

　　試験が多くて大変になりました。

①민호：유라 씨. 어디가 具合が悪いですか？　とて

も大変そうです。

ユラ：体調がちょっと悪いです。

②ミノ：すごく具合が良くないみたいですが、大丈夫で
すか？

ユラ：はい。ちょっと前に薬を飲みました。良くなる
と思います。

③ジウン：ユラ、無事に引っ越した？　ちょっと疲れて
見える。

ユラ：うん、無事できた。疲れてるけど大丈夫。

④ジウン：気分が良さそうだね。

ユラ：いい家が見つかって本当にうれしい。これまで
ルームメイトのせいでちょっと大変だった。

2 例 A どうですか？
B ケーキがおいしそうです。

(1) A 어때요?
どうですか？
B 떡볶이가 매워 보여요.
トッポッキが辛そうです。

(2) A 어때요?
どうですか？
B 파마하니까 어려 보여요.
パーマをかけたら幼く見えます。

(3) A 어때요?
どうですか？
B 그 옷을 입으니까 키가 커 보여요.
その服を着ているから背が高く見えます。

(4) A 어때요?
どうですか？
B 구두를 신으니까 더 깔끔해 보여요.
靴を履くともっとすっきりして見えます。

スピーキング練習 ··· P. 220~221

1 スンユン：兄さん、最近元気そうだね。会社生活に慣
れた？

ソジュン：うん。やっと慣れてきた気がする。新しい
人にも会って、仕事も多くて会食も多くて、
ちょっと大変だったけど、もう大丈夫だよ。

スンユン：僕もアルバイトを辞めて会社に就職したい。

ソジュン：君はゆっくり準備してもいいよ。まだ卒業
まで２年もあるからね。

スンユン：でも出勤する兄さんを見るとうらやましいな。

※형 (兄さん)＝ここでは親しい年上の男性のこと

(1) 좋아 보이네 / 익숙해졌어

(2) ソジュンさんは会社生活に慣れました。（○）
スンユンさんは２年後に卒業します。（○）

2 私の弟のジュウォンはソウルに住んでいます。ジュ
ウォンのルームメイトは同じサークルの先輩ですが、
何でも一生懸命にする人です。ジュウォンはルームメ
イトがまじめで優しくてとてもうれしがっていまし
た。ところが最近問題が多くなりました。ジュウォン
のルームメイトがアルバイトのせいで家に遅く帰って
きます。ジュウォンは普段早く寝るんですが、そのと
きルームメイトが帰って来てうるさくします。そして
ルームメイトがガールフレンドと毎日けんかします。
電話するとき大声で話すので、ジュウォンは眠れませ
ん。それで最近ジュウォンがとてもつらがっています。
どうしたらいいでしょうか？

(1) 모든 일을 열심히 하는 사람입니다. 성실하고 착한
사람입니다.
何でも一生懸命にする人です。まじめで優しい人
です。

(2) 룸메이트가 집에 늦게 들어와서 시끄럽게 합니다.
그리고 룸메이트가 여자 친구랑 매일 싸웁니다. 전
화할 때 큰 소리로 이야기해서 잠을 잘 수 없습니다.
ルームメイトが家に遅く帰ってきてうるさくしま
す。そしてルームメイトがガールフレンドと毎日
けんかします。電話するとき大声で話すので眠れ
ません。

(3) <解答は省略>

(4) <解答は省略>

やってみよう ··· P. 222~223

1 (1) 작년 여름
男性は去年の夏に韓国に来ました。

(2) 음식
男性は最初、韓国で食べ物のせいで大変でした。

(3) 뚱뚱해졌습니다
男性は最近、食べ過ぎてちょっとぽっちゃりして
きました。

2 (1) ② ウォルセ（毎月の家賃）が安くて、いい家に住
みたがっています。
[その他の選択肢：① 学校から遠い所に住みた
がっています。③ 地下鉄の駅から近い家に住
みたがっています。]

答えと訳

(2) 에어컨 / 냉장고 / 책상 / 침대

　　エアコン、冷蔵庫、机、ベッドがあります。

(3) ③ 家を見に行きます。

　　[その他の選択肢：① 学校に行きます。② 不
　　動産屋に行きます。]

(4) <解答は省略>

3 私は今、ワンルームに一人で住んでいます。私の家に
はベッド、エアコン、冷蔵庫、クローゼットがあります。
部屋は大きくないですが、それでも一人で暮らしてい
るので楽です。でも、たまに寂しいときがあります。
それで子犬を飼っています。このように子犬を育てな
がら暮らしているので、友達ができてうれしいです。
10年後にはもうちょっと大きな家に引っ越したいで
す。そして私は都会より田舎に住みたいです。先日、
友人が田舎に引っ越しましたが、心配なさそうでした。
隣人たちと楽しく暮らすのが良さそうに見えました。
だから私も田舎に興味がわきました。都会は楽ですが、
息苦しいです。田舎に住むと心が温かくなりそうです。

(1) 책거리 チェッコリ

(2) 계속 한국어를 공부할 거예요

　　ずっと韓国語を勉強するつもりです。

4 (例) 私は4年間ドイツに住んでいました。大学を卒業
してドイツへ留学に行きました。ドイツでさらに
勉強して友達ともたくさん付き合いました。大変
でしたが本当に面白かったです。これから韓国で
就職したいです。それで今日から就職準備をしよ
うと思います。

(1) ① 원룸

　　この人は今、ワンルームに住んでいます。

　② 외로워서 / 강아지

　　たまに寂しくて子犬を飼っています。

　③ 좀 더 큰 집

　　10年後には今住んでいる家よりもう少し大き
　　い家に住みたがっています。

　④ 답답해서 / 시골

　　都会は楽ですが、息苦しいので田舎に住みた
　　がっています。

(2) <解答は省略>

(3) <解答は省略>

理解度チェック ……………………………… P. 224

2 A キャサリンさん、気分が良さそうですね。

B 故郷から両親がいらっしゃいます。だからとても
幸せです。ところでアンナさん、少し変わったみ
たいですね。

A ええ。美容室に行ってパーマしました。

좋아 보여요 / 달라진

復習 2　　　　　　　　　　　　　　　　P. 226~228

ユラ：皆さん、かわいいユラです！　ここはどこで
　　　しょうか？　皆さんお分かりですか？　ここ
　　　は乙旺里です！　皆さんは海に来たことがあ
　　　りますか？　私はここが初めてなんですよ。
　　　気分が本当にいいです。では、今から一緒に
　　　見てみましょうか？　今日も私と一緒に回る
　　　友達が一人います。かわいくて魅力的な友達
　　　のジウンさんです。

ジウン：皆さん、こんにちは。ソウルから来たパク・
　　　　ジウンです。

ユラ：私たちは実は同い年です。だから普段は気楽
　　　に話すんですが、今はそうできなくて少し不
　　　便ですね。そうでしょう？

ジウン：だよね。いや、そうですね。今日はため口
　　　　で話したらだめですよ。皆さんが見ている
　　　　ので。

ユラ：はい。ところでジウンさんは乙旺里に来たこ
　　　とがありますか？

ジウン：私も初めて来たんですが、本当にいいです。
　　　　ところで、私たち見物する前にまずごはん
　　　　を食べてもいいでしょうか？　今おなかが
　　　　とてもすいています。

ユラ：いいですよ。この店どうですか？

ジウン：ええ、いいですね。早く入りましょう。

ユラ：うわ、この食べ物、おいしそうです。

ジウン：はい、あの食べ物も本当においしそうです。
　　　　おなかすきました。早く食べよう。いや、
　　　　食べましょうか？

ユラ：ハハ。はい、では、食べてみましょうか？

ジウン：おいしくいただきました。

ユラ：私もです。私たち、アイスクリーム食べなが
　　　ら見物しましょうか？

ジウン：はい。皆さん、ユラさんは甘いアイスクリー
　　　　ムが大好きです。

ユラ：ジウンさん！　何食べますか？

ジウン：私はいちごアイスクリームを食べます。

ユラ：海が本当に美しいですよね？

ジウン：ここに来て海を見ると心配が全部なくなる気がします。私が愛する友人たちがみんな幸せに過ごしてほしいです。

ユラ：私も気持ちが楽になりますね。ソウルにいるときは仕事のせいで忙しくて心配も多くて悩みも多かったんですが……。

ジウン：大変だったりストレスをたくさん受けたとき、また一緒に旅行に来ることにしましょう。

ユラ：ええ、いいですね。

ユラ：皆さん、一人旅も面白いですが、こうやって友達と一緒に来るのもいいと思います。皆さんも大変で寂しいとき、友達と一緒に旅行してみてください。私たちは今度またすてきな場所で会いましょう。皆さん、さようなら。

1 ユラさんは誰とどこに行きましたか？

지은 씨랑 을왕리에 갔습니다.

ジウンさんと乙旺里に行きました。

2 ユラさんはここに来たことがありますか？

을왕리에 와 본 적이 없습니다.

乙旺里に来たことがありません。

3 ユラさんとジウンさんはごはんを食べた後に何を食べましたか？

아이스크림을 먹었습니다.

アイスクリームを食べました。

4 ユラさんとジウンさんは海を見ながらどんな気持ちになりましたか？

걱정이 다 없어지는 것 같았습니다. 그리고 마음이 편해졌습니다.

心配が全てなくなる気がします。そして気持ちが楽になりました。

変則活用のまとめ

　動詞、形容詞は、後ろに続く語尾によって活用し形が変わりますが、規則的に活用するものがある一方で、規則通りに活用しないものがあります（変則活用・不規則活用）。

1. ㄷ変則活用

　語幹がㄷパッチムで終わる一部の動詞は、ㄷパッチムの後ろに**아/어**、**으**で始まる語尾が来ると、ㄷがㄹに変わります。

	ー(스)ㅂ니다	ー아/어요	ー(으)세요	ー(으)니까
듣다（聞く）	듣습니다	들어요	들으세요	들으니까
묻다（尋ねる）	묻습니다	물어요	물으세요	물으니까
걷다（歩く）	걷습니다	걸어요	걸으세요	걸으니까
싣다（積む）	싣습니다	실어요	실으세요	실으니까

＊받다（受け取る）、얻다（もらう）、닫다（閉める）、믿다（信じる）などは、語幹がㄷパッチムで終わっても規則的な活用となります。

2. ㄹ変則活用

　語幹がㄹパッチムで終わる動詞と形容詞は、ㄹパッチムの後ろに子音ㄴ、ㅂ、ㅅが来ると、ㄹが脱落します。

	ー(스)ㅂ니다	ー아/어요	ー(으)세요	ー(으)니까
알다（知る）	압니다	알아요	아세요	아니까
살다（住む）	삽니다	살아요	사세요	사니까
만들다（作る）	만듭니다	만들어요	만드세요	만드니까
길다（長い）	깁니다	길어요	기세요	기니까
멀다（遠い）	멉니다	멀어요	머세요	머니까
달다（甘い）	답니다	달아요	다세요	다니까

3. ㅂ変則活用

語幹がㅂパッチムで終わる一部の動詞と形容詞は、ㅂパッチムの後ろに으で始まる語尾が来ると、ㅂが우に変わります。また、ㅂの後ろに아/어で始まる語尾が来ると、워に変わります。

	-(스)ㅂ니다	-아/어요	-(으)세요	-(으)니까
춥다（寒い）	춥습니다	추워요	추우세요	추우니까
맵다（辛い）	맵습니다	매워요	매우세요	매우니까
고맙다（ありがたい）	고맙습니다	고마워요	고마우세요	고마우니까
돕다（手伝う、助ける）	돕습니다	도와요	도우세요	도우니까

※例外的に、돕다（手伝う、助ける）、곱다（美しい、きれい）は、後ろに아/어で始まる語尾が来ると、와になります。また、입다（着る）、잡다（取る）、접다（折る）、좁다（狭い）などは、語幹がㅂパッチムで終わっても規則的な活用となります。

4. ㅅ変則活用

語幹がㅅパッチムで終わる一部の動詞と形容詞は、パッチムㅅの後ろに아/어、으で始まる語尾が来ると、ㅅが脱落します。

	-(스)ㅂ니다	-아/어요	-(으)세요	-(으)니까
낫다（治る、優れている）	낫습니다	나아요	나으세요	나으니까
젓다（混ぜる）	젓습니다	저어요	저으세요	저으니까
긋다（線を引く）	긋습니다	그어요	그으세요	그으니까
붓다（注ぐ）	붓습니다	부어요	부으세요	부으니까
잇다（繋げる）	잇습니다	이어요	이으세요	이으니까
짓다（建てる）	짓습니다	지어요	지으세요	지으니까

＊웃다（笑う）、벗다（脱ぐ）、씻다（洗う）、빼앗다（奪う）などは、語幹がㅅパッチムで終わっても規則的な活用となります。

5. ㅎ変則活用

語幹が**ㅎ**で終わる形容詞は、パッチム**ㅎ**の後ろに**으**で始まる語尾が来ると、パッチム**ㅎ**と**으**が一緒に脱落します。また、パッチム**ㅎ**の後に**아/어**で始まる語尾が来ると、語幹末の母音によって、パッチム**ㅎ**と**아/어**が애、에、얘、예に変わります。

	ー(스)ㅂ니다	ー아/어요	ー(으)세요	ー(으)니까
그렇다（そうだ）	그렇습니다	그래요	그러세요	그러니까
어떻다（どうだ）	어떻습니다	어때요	어떠세요	어떠니까
시꺼멓다（真っ黒だ）	시꺼멓습니다	시꺼메요	시꺼머세요	시꺼머니까
하얗다（白い）	하얗습니다	하얘요	하야세요	하야니까
허옇다（白い）	허옇습니다	허예요	허여세요	허여니까

＊그렇다＋으세요→그렇으세요→그러세요
　그렇다＋어요→그렇어요→그래요
＊좋다（いい）は規則的な活用となります。

6. 으変則活用

語幹が**으**で終わる動詞と形容詞の後ろに**아/어**で始まる語尾が来ると、**으**が脱落します。語尾**아/어**を付ける場合は、**으**の前の文字の母音が ㅏ・ㅗ なら**아**を、ㅏ・ㅗ以外なら**어**を付けます。

	ー(스)ㅂ니다	ー아/어요	ー(으)세요	ー(으)니까
쓰다（書く、使う）	씁니다	써요	쓰세요	쓰니까
끄다（消す）	끕니다	꺼요	끄세요	끄니까
기쁘다（嬉しい）	기쁩니다	기뻐요	기쁘세요	기쁘니까
고프다（空腹だ）	고픕니다	고파요	고프세요	고프니까

＊고프다の語幹고프は、고ㅍ＋으と考えられます。고の母音がㅗなので、아を付けると으が脱落し（고ㅍ＋으＋아→고ㅍ아→고파）、고파になります。기쁘다は기の母音がㅣなので、어を付けると기뻐になります。

7. 르変則活用

　語幹が르で終わる一部の動詞と形容詞は、르-の後ろに**아/어**で始まる語尾が来ると、르が**ㄹ라**、**ㄹ러**に変わります。르の前の文字の母音が ㅏ・ㅗ なら**ㄹ라**に、ㅏ・ㅗ以外なら**ㄹ러**に変わります。

	-(스)ㅂ니다	-아/어요	-(으)세요	-(으)니까
모르다（知らない）	모릅니다	**몰라**요	모르세요	모르니까
고르다（選ぶ）	고릅니다	**골라**요	고르세요	고르니까
다르다（異なる）	다릅니다	**달라**요	다르세요	다르니까
누르다（押す）	누릅니다	**눌러**요	누르세요	누르니까
게으르다（怠ける）	게으릅니다	게으**러**요	게으르세요	게으르니까

＊치르다（支払う）、따르다（注ぐ）、들르다（立ち寄る）などは、語幹が르で終わっても
　으変則活用となります。

8. 러変則活用

　語幹が르で終わる一部の動詞と形容詞は、르-の後ろに語尾**어**が来ると、**어**が**러**に変わります。日常で使われる**러**変則の単語はそれほどありません。

	-(스)ㅂ니다	-아/어요	-(으)세요	-(으)니까
이르다（到着する）	이릅니다	이르**러**요	이르세요	이르니까
푸르다（青い）	푸릅니다	푸르**러**요	푸르세요	푸르니까
누르다（黄色い）	누릅니다	누르**러**요	누르세요	누르니까

よく使う副詞と接続詞

　副詞と接続詞の基本的なものは、レベルに関係なく非常によく使われます。これらを覚えることで、表現の幅が広がっていきます。

1. 副詞
動詞、形容詞を修飾するさまざまな副詞のうち、使用頻度の高いものをまとめました。

副詞	意味
계속	ずっと、〜し続ける
곧	すぐ、もうすぐ、間もなく
금방	すぐ、たった今
꼭	きっと、必ず、ぜひ
나중에	また今度、後日
너무	とても、あまりにも、〜すぎる
다음에	次に、また今度
매우	とても、たいへん
먼저	まず、先に
바로	すぐ、ただちに、今すぐ
벌써	すでに
별로	別に、特に、あまり（〜ない、〜しない）
보통	普通、普段、たいてい
빨리	早く（速度的に）、速く、急いで
아마	たぶん、おそらく
아주	とても

副詞	意味
아직	まだ、いまだに
이따가	あとで、後ほど
이미	もう、すでに、とっくに
이제	今、もう、すでに
일찍	早く（時間的に）、早めに
자주	しょっちゅう、たびたび、よく
잘	よく、しょっちゅう
정말	本当に
제일	いちばん、最も
조금	少し、ちょっと
좀	少し、ちょっと
진짜	本当に、まじで、すごく
천천히	ゆっくり
특히	特に、特別に
항상	いつも、常に

2. 接続詞
前後の語句や文をつなぐさまざまな接続詞のうち、使用頻度の高いものをまとめました。

接続詞	意味
그런데	ところで、でも
그럼	では、それでは、じゃあ
그리고	そして、それから
그러니까	だから
그래서	それで、だから
그러면	それなら、それでは

接続詞	意味
하지만	しかし、だけど
그러나	けれど、しかし
그렇지만	しかし、そうではあるが、
또	また
그래도	それでも
아니면	それとも、でなければ

連体形のまとめ

名詞を修飾する連体形は、品詞と時制によって形が変わります。連体形の作り方を整理して覚えましょう。

［動詞の連体形］

動詞の後ろに来る名詞を修飾するときに使います。

①過去のことを述べるときは、語幹末にパッチムがあれば−은が、パッチムがない場合は−ㄴが付きます。ㄹパッチムの場合はㄹが脱落し−ㄴが付きます。ただし、ㄷ変則活用をする単語はㄷがㄹに変わり−은が付きます。ㅂ変則活用をする単語はㅂが−우に変わり−ㄴが付き、ㅅ変則活用をする単語の場合もㅅが脱落し−은が付きます。

> 例　읽다 (読む) →읽은 책 (読んだ本)　　　　보다 (見る) →본 영화 (見た映画)
> 　　만들다 (作る) →만든 음식 (作った食べ物)　　듣다 (聞く) →들은 음악 (聴いた音楽)
> 　　굽다 (焼く) →구운 생선 (焼いた魚)　　짓다 (建てる) →5년 전에 지은 미술관 (5年前に建てた美術館)

②現在のことと一般的な事実を述べるときは、語幹末のパッチムの有無にかかわらず−는が付きます。ㄹパッチムの場合はㄹが脱落し−는が付きます。

> 例　마시다 (飲む) →지금 마시는 차 (今、飲むお茶)　　걷다 (歩く) →자주 걷는 길 (よく歩く道)
> 　　알다 (知る) →아는 사람 (知り合い)

③これから先、未来のことを述べるときは語幹末にパッチムがあれば−을が、パッチムがない場合は−ㄹが付きます。ㄹパッチムの場合は、語幹の後に名詞が来ます。ㅂ変則活用をする単語は、ㅂが−우に変わり−ㄹが付きます。ㅅ変則活用をする場合もㅅが脱落し−을が付きます。

> 例　받다 (受け取る) →내일 받을 예정 (明日、受け取る予定)　　보내다 (送る) →한국에 보낼 책 (韓国に送る本)
> 　　놀다 (遊ぶ) →놀 시간이 없다 (遊ぶ時間がない)　　돕다 (手伝う) →도울 것이 있으면 (手伝うことがあれば)
> 　　긋다 (線を引く) →선을 그을 때 (線を引くとき)

［形容詞の連体形］

形容詞の後ろに来る名詞を修飾するときに使います。

①語幹末にパッチムがあれば−은が、パッチムがない場合は−ㄴが付きます。また、ㄹパッチムの場合はㄹが脱落し−ㄴが付きます。

> 例　맑다 (晴れる) →맑은 날 (晴れている日)　　시원하다 (涼しい) →시원한 바람 (涼しい風)
> 　　길다 (長い) →긴 머리 (長い髪)

②ㅂ変則活用をする単語はㅂパッチムが−우に変わり−ㄴが付きます。

> 例　춥다 (寒い) →추운 아침 (寒い朝)

③ㅎ変則活用をする単語はㅎパッチムが−ㄴに変わります。

> 例　하얗다 (白い) →하얀 손수건 (白いハンカチ)　　그렇다 (そうだ) →그런 이야기 (そのような話)

④ㅅ変則活用をする単語はㅅパッチムが脱落し−은が付きます。

> 例　낫다 (より良い) →어제보다 나은 생활 (昨日より、良い生活)

［있다 (いる・ある)／없다 (いない・ない)］

있다／없다は、動詞のように活用をするときと、形容詞のように活用をするときがありますが、現在のことと一般的なことを述べるときは、動詞の活用のように−는が付きます。

> 例　집에 있는 사람 (家にいる人)　　아무도 없는 교실 (誰もいない教室)

また、멋있다 (すてきだ)、맛있다 (おいしい)、재미없다 (面白くない) のように、名詞に있다／없다が付いてできた形容詞も−는が付きます。

> 例　멋있는 사람 (すてきな人)　　재미없는 영화 (面白くない映画)

文法公式一覧

公式1 ～ます、～です
[動詞] [形容詞] −ㅂ/습니다、입니다 ➡ 1課
格式ある状況で、ある動作や状態、事実などを礼儀正しく説明するときに使います。動詞と形容詞の語幹末にパッチムがあれば−습니다が、パッチムがなければ−ㅂ니다が付きます。ㄹパッチムの場合は、ㄹが脱落して−ㅂ니다が付きます。

公式2 意志
[動詞] −겠− ➡ 1課
動詞の後ろに付いて、未来に対する話者の意志を表現するときに使います。

公式3 ㅅ変則 ➡ 2課
語幹末のパッチムがㅅで終わる動詞낫다（治る）、짓다（作る）、붓다（腫れる、注ぐ）などは、後ろに−아/어や−으が続く場合、ㅅが脱落します。−아/어요の形にする場合、語幹末の母音がㅏ・ㅗならば−아요を、ㅏ・ㅗ以外ならば−어요を付けます。

公式4 ～からです、～ためです
[動詞] [形容詞] −아서요/어서요 ➡ 2課
理由や原因を話すときに使います。

公式5 ～でしょう
[動詞] [形容詞] −(으)ㄹ 거예요 ➡ 3課
動詞と形容詞の後ろに付いて、ある事柄を推測するときに使います。語幹末にパッチムがあれば−을 거예요が、パッチムがなければ−ㄹ 거예요が付きます。ㄹパッチムの場合は−거예요が付きます。

公式6 ～しないで、～ではなくて
[動詞] −지 말고、[名詞] 말고 ➡ 3課
前節の内容をしないよう促し、後節で別の内容を提案するときに使います。名詞の後に말고を付けて、命令や提案のほか、疑問の表現も作れます。

公式7 ～でしょうか？
[動詞] [形容詞] −(으)ㄹ까요？ ➡ 4課
まだ起きていないこと、知らないことについて推測して質問したり、相手の意見を尋ねたりするときに使います。語幹末にパッチムがあれば−을까요？が、パッチムがなければ−ㄹ까요？が付きます。ㄹパッチムの場合は−까요？が付きます。

公式8 ～く、～に
[形容詞] −게 ➡ 4課
形容詞の後に付いて、動作や状態の程度を表します。

公式9 ～(ら)れる、～することができる、～かもしれない
[動詞] [形容詞] −(으)ㄹ 수 있다 ➡ 5課
能力や可能性があることを表すときに使います。

公式10 ～てみる
[動詞] −아/어 보다 ➡ 5課
動詞の後ろに付いて、ある事柄に関する経験を話したり、ある行動を試してみることについて話したりするときに使います。

公式11 ～から、～ので
[動詞] [形容詞] -(으)니까、[名詞] (이)니까 ➡6課
ある出来事の理由や原因を話すときに使います。

公式12 ～ですね、～ですよ、～ですが
[動詞] -는데요/[形容詞] -(으)ㄴ데요、[名詞] 인데요 ➡6課
質問したり感嘆したりする表現で、聞く人の反応を待ちながら話すときに使います。

公式13 推量、未来
[動詞] [形容詞] -겠- ➡7課
動詞や形容詞の後ろに付いて、未来のことについて話すときや、ある事柄を推測して話すときに使います。また、알겠습니다（分かりました）、모르겠습니다（知りません）のように、自分の意見をやわらかく言うときにも使います。

公式14 ～している
[動詞] -고 있다 ➡7課
動詞の後に付いて、動作が進行中であることを表します。입다、신다などの着用動詞は、動作完了後にその結果が持続している状態を表します。

公式15 尊敬
[動詞] [形容詞] -(으)시- ➡8課
動詞や形容詞の後ろに-(으)시-を付けて、敬意を表します。자다（寝る）の敬語は주무시다（お休みになる）、있다（いる）の敬語は계시다（いらっしゃる）のように、特殊な敬語もあります。

公式16 ～ですが、～ますが
[動詞] -는데/[形容詞] -(으)ㄴ데、[名詞] 인데 ➡8課
前節と後節の内容が反対または対照されるときに使います。

公式17 ～すると、～したら
[動詞] -(으)니까 ➡9課
動詞の後に付いて、前節の内容が行われた後に後節の内容が起きたことを表します。過去のことを述べるときは、-(으)니까を過去形にするのではなく、文末を過去形にします。

公式18 ～しようと思う
[動詞] -(으)ㄹ까 하다 ➡9課
動詞の後に付いて、確実に決まってはいない計画を話すときに使います。語幹末にパッチムがあれば-을까 하다が、パッチムがなければ-ㄹ까 하다が付きます。ㄹパッチムの場合は-까 하다が付きます。

公式19 ～した後に
[動詞] -(으)ㄴ 후에 ➡10課
動詞の後に付いて、前節の行動をした後に後節の行動をするということを表します。語幹末にパッチムがあれば-은 후에が、パッチムがなければ-ㄴ 후에が付きます。ㄹパッチムの場合はㄹが脱落して-ㄴ 후에が付きます。

公式20 ～か、～するか、～たり、～したり
[動詞] [形容詞] -거나 ➡10課
2つ以上の中から1つを選択することを表すときに使います。

公式21 ～することにする
[動詞] -기로 하다 ➡11課
動詞の後ろに付いて、あることをすると決定したり、約束をしたりするときに使います。

公式22 ～する前に
[動詞] -기 전에 ➡11課
動詞の後に付いて、後節の内容が前節の内容よりも先に行われることを表すときに使います。

公式23 ～します
[動詞] −(으)ㄹ래요 ➡12課

動詞の後に付いて、あることをしようとする自分の意志について話したり、相手の意志を尋ねるときに使います。現在の状況で、どれを選択するか、何をするかなど、具体的な意志表現を表します。

公式24 ～な…、～い…
[形容詞] −(으)ㄴ [名詞] ➡12課

形容詞を連体形にして名詞を修飾するときに使い、現在の状態を表します。語幹末にパッチムがあれば−은が、パッチムがなければ−ㄴが付きます。ただし있다、없다には、−는が使われます。

公式25 ～する…
[動詞] −는 [名詞] ➡13課

動詞を連体形にして名詞を修飾するときに使い、動作が現在行われていることを表します。また、−는 곳（～するところ）−는 것（～すること）のように 一般的な事実を表したり、説明したりするときにも使います。재미있다、재미없다のように있다、없다が付く形容詞の場合も使います。

公式26 ～するようだ、～したようだ
[動詞] −(으)ㄴ/는/(으)ㄹ 것 같다 ➡13課

ある事柄を推測して話すときに使います。自分の考えや意見を強く主張するのではなく、優しく控え目に言うときにも使います。動詞および있다/없다が付く形容詞の場合、現在の事柄について推測するときは−는 것 같다の形になります。未来の事柄について推測したり、「～すると思う」のように断定せずに意見を述べたりするときは−(으)ㄹ 것 같다の形を使います。また動詞の場合、過去の事柄についての推測を述

べるときは、−(으)ㄴ 것 같다になります。

公式27 ～(な)ようだ
[形容詞] −(으)ㄴ/(으)ㄹ 것 같다 ➡13課

ある事柄を推測して話すときに使います。自分の考えや意見を強く主張するのではなく、優しく控え目に言うときにも使います。形容詞に付いて現在の状況を推測する場合は−(으)ㄴ 것 같다、未来の状況を推測したり、「～(だ)と思う」のように断定せずに意見を述べたりするときは−(으)ㄹ 것 같다になります。

公式28 ～たらいいです、～たらうれしいです、～したいです
[動詞] [形容詞] −았으면/었으면 좋겠다 ➡14課

ある事柄がかなうことを願う、希望について表現するときに使います。

公式29 ～のせいで
[名詞] 때문에 ➡14課

名詞と一緒に使い、ある事柄の理由や原因を述べるときに使います。

公式30 ～した…
[動詞] −(으)ㄴ [名詞] ➡15課

動詞を連体形にして名詞を修飾するときに使い、動作がすでに行われたことを表します。

公式31 ～したことがある／ない
[動詞] −(으)ㄴ 적이 있다/없다 ➡15課

動詞の後に付いて、過去の経験を表すときに使います。

公式 32 〜する…
[動詞] −(으)ㄹ [名詞] ➡ 16課
動詞を未来の連体形にして名詞を修飾するとき
に使います。未来、予定、推測、意図などを表
します。

公式 33 〜してもよい
[動詞] −아도/어도 되다 ➡ 16課
動詞の後に付いて、ある事柄に対する許可や許
容を表すときに使います。

公式 34 〜する、〜だ、〜しろ
[動詞] [形容詞] −아/어 ➡ 17課
動詞や形容詞の後に付いて、説明をするときや
尋ねたり返答をしたりするとき、命令や指示を
するときなどに使います。親しい間柄で使われ
るくだけた言葉遣い（パンマル）です。

公式 35 〜しよう
[動詞] −자 ➡ 17課
動詞の後に付いて、ある事柄を一緒にしようと、
勧誘・提案するときに使います。親しい間柄で
使われるくだけた言葉遣いです。

公式 36 〜したとき、〜かったとき、
         〜だったとき
[動詞] [形容詞] −았을/었을 때 ➡ 18課
過去にある出来事があったことや、ある状況
だったこと、また、その出来事や状況が終わっ
たことを表すときに使います。

公式 37 〜するが、〜(だ)が、
         〜(な)のに
[動詞] −는데/[形容詞] −(으)ㄴ데、[名詞]
인데 ➡ 18課
後節で述べようとする事柄の背景や、関係する
状況を前節であらかじめ提示して説明するとき
などに使います。

公式 38 〜しながら
[動詞] −(으)면서 ➡ 19課
動詞の後に付いて、2つ以上の行動を同時にす
ることを表すときに使います。

公式 39 〜がる、〜そうにする
[形容詞] −아하다/어하다 ➡ 19課
主に感情を表す形容詞の後に付いて、他人の感
情や様子について話すときに使います。

公式 40 〜くなる、〜になる
[形容詞] −아지다/어지다 ➡ 20課
形容詞の後に付いて、その状態が時間の経過と
ともに変化することを表すときに使います。

公式 41 〜く見える、〜に見える、
         〜ように見える
[形容詞] −아/어 보이다 ➡ 20課
形容詞の後に付いて、目に見える様子からその
ように感じられたり判断できる、と述べるとき
に使います。

語彙索引

「文法」「スピーキング練習」「やってみよう」のページに掲載されている [語彙] の索引です。　※数字はすべて課の番号。

基礎力アップ単語集

韓国語初級後半レベルを中心に、基本単語を約500語集めました。覚えた単語をチェックしながら、少しずつ語彙を増やしていきましょう。

服など

半袖	반팔
サイズ	사이즈
ポケット	포켓
上着	겉옷
下着	속옷
眼鏡	안경
アクセサリー	액세서리
スニーカー	운동화
履く	신다

食べ物

スープ	국
スパゲッティ	스파게티
サンドイッチ	샌드위치
ケーキ	케이크
ジュース	주스
酒	술
ワイン	와인
肉	고기
牛肉	쇠고기
豚肉	돼지고기
鶏肉	닭고기
野菜	야채
玉ねぎ	양파
ニンジン	당근

米	쌀
塩	소금
こしょう	후추
唐辛子	고추
コチュジャン	고추장
コチュカル（唐辛子粉）	고춧가루
味	맛
油	기름
甘い	달다／달콤하다
辛い	맵다
塩辛い	짜다
すっぱい	시다
苦い	쓰다
におい	냄새
お茶	차
お湯	뜨거운 물
おかず	반찬
分ける	나누다
残す	남기다
残る	남다

家・設備

入口	입구
玄関	현관
廊下	복도
階段	계단

居間	거실	救急車	구급차
台所	부엌	消防車	소방차
床	바닥	交通	교통
壁	벽	渋滞	혼잡
窓	창	警察	경찰
屋根	지붕	都市	도시
ソファー	소파	田舎	시골
エアコン	에어컨	隣	이웃
鏡	거울	近所	근처
引き出し	서랍		

自然

ごみ箱	쓰레기통	森	숲
庭	정원	湖	호수
鍵	열쇠	池	연못
鍵をかける	잠그다	石	돌

交通・街など

道路	도로	海辺	바닷가
交差点	사거리	島	섬
信号	신호등	景色	경치
通り	거리	晴れる	맑다
停留所	정류장	咲く	피다
駐車場	주차장	太陽	태양
飛行機	비행기	光	빛
船	배	天気予報	일기 예보
港	항구	空気	공기
乗り換える	환승하다	動物	동물

体・健康

自転車	자전거	髪の毛	머리카락

耳	귀	ダイエット	다이어트
目	눈		

鼻	코	科学	과학
口	입	数学	수학
首	목	歴史	역사
胸	가슴	文化	문화
背中	등	専門	전문
おなか	배	研究する	연구하다
腰	허리	運転手	운전수
お尻	엉덩이	料理人、調理師	요리사
指	손가락	銀行員	은행원
骨	뼈	歯医者	치과의사
熱	열	店員	점원
頭痛	두통	講師	강사
咳	기침	教授	교수
風邪	감기	芸能人	연예인
風邪を引く	감기에 걸리다	選手	선수
けがする	다치다	従業員	종업원
痛い	아프다	アルバイト	아르바이트
薬	약	部長	부장
治る	낫다	校長	교장
入院する	입원하다	勤める	근무하다
退院する	퇴원하다	出張	출장
疲れる	피곤하다	書類	서류
眠い	졸리다	給料	월급
気分が悪い	몸이 안좋다	面接	면접

趣味・活動・イベント

趣味	취미
楽器	악기
ピアノ	피아노
ギター	기타
バイオリン	바이올린
コンサート	콘서트
歌	노래
踊る	춤추다
カラオケ	노래방
描く	그리다
展覧会	전시회
漫画	만화
アニメ	애니메이션
文学	문학
ドラマ	드라마
劇場	극장
ゴルフ	골프
試合	경기
大会	대회
チケット	티켓
散歩	산책
ゲーム	게임
集まり、会	모임
パーティー	파티
祭り	축제

おみやげ	선물

経済・産業

経済	경제
工業	산업
農業	농업
技術	기술
機械	기계
原料	원료
石油	석유
材料	소재, 재료
製品	제품
輸出する	수출하다
輸入する	수입하다
貿易	무역
価格、値段	가격
割引	할인
無料	공짜
現金	현금
レシート	영수증

道具・材料

道具	도구
鉄	철
ガラス	유리
缶	캔
びん	병
電気	전기

社会・コミュニケーション

社会	사회
法律	법률
政治	정치
ニュース	뉴스
情報	정보
放送	방송
国際	국제
市	시
人口	인구
連絡する	연락하다
返事、答え	대답
挨拶する	인사하다
謝る	사과하다

世界

世界	세계
国	국가
アジア	아시아
アフリカ	아프리카
ヨーロッパ	유럽
フィリピン	필리핀
オーストラリア	호주
カナダ	캐나다
ブラジル	브라질
エジプト	이집트
ロシア	러시아

世界	세계

色

色	색, 색깔
赤色	붉은색
赤い	붉다
青色	파란색
青い	파랗다
黄色	노란색
黄色い	노랗다
黒色	검은색, 까만색
黒い	까맣다
白色	하얀색, 흰색
白い	하얗다
茶色	갈색
ピンク色	분홍색

時間・時

今度	이번에
最近	최근
最初に、まず	우선
最後に	마지막으로
～中	중
～する途中、～しているところ	～는 중
休日	휴일
季節	계절
新年	새해
旧正月	설날

対象・範囲・数量

両方	둘 다、양쪽
みんな、すべて、全部	모두
前	앞
後ろ	뒤
横（隣）	옆
中、内部、内側	안
外、外部、外側	밖
上	위
下	아래
倍	배
２倍	두 배
～以上	～이상
～以下	～이하
～以内に	～ 이내에

感情・気持ち

安心する	안심하다
うらやましい	부럽다
うれしい	기쁘다
怒る	화내다
悲しい	슬프다
感動する	감동하다
頑張る	힘내다
気に入る	마음에 들다
気分	기분
気持ち	기분

気持ちがいい	기분이 좋다
緊張する	긴장하다
怖い	무섭다
寂しい	외롭다
不安だ	불안하다
幸せだ	행복하다
信じる	믿다
心配する	걱정하다
尊敬する	존경하다
楽しい	즐겁다
楽しむ	즐기다
泣く	울다
恥ずかしい	부끄럽다
腹が立つ	화가 나다
驚く	놀라다

動詞

～にする	～으로 하다
合う	맞다
諦める	포기하다
開く	열다
あげる、くれる	주다
集まる	모이다
集める	모으다
洗う[髪を]	감다
現れる	나타나다
歩く	걷다

急ぐ	서두르다	着替える	갈아입다
入れる	넣다	決まる	결정되다
植える	심다	決める	결정하다
受け取る	받다	競争する	경쟁하다
動く	움직이다	切る	자르다
歌う	노래하다	気を付ける	조심하다
打つ、弾く	치다	比べる	비교하다
産まれる	태어나다	計画する	계획하다
選ぶ	선택하다 / 고르다	化粧する	화장하다
得る	얻다	消す、切る [電気を]	끄다
遠慮する	삼가하다	蹴る	걷어차다
終える	끝내다	けんかする、争う	싸우다
置く	놓다	合格する	합격하다
送る	보내다	故障する	고장나다
起こる、生じる	일어나다, 생기다	コピーする	복사하다
押す	누르다	探す	찾다
落ちる	떨어지다	誘う	초대하다 / 꾀다 /
落とす	떨어뜨리다		권하다
覚える	기억하다	触る	만지다
飾る	꾸미다	叱る	꾸짖다
勝つ	이기다	失敗する	실패하다
噛む	씹다	質問する	질문하다
乾く、渇く	마르다	閉める、閉じる	닫다
変わる	변화하다	修理する	수리하다
考える	생각하다	出席する	참석하다
感じる	느끼다	紹介する	소개하다

知らせる	알리다	似合う	어울리다
調べる	알아보다	逃げる	도망가다
捨てる	버리다	入学する	입학하다
滑る	미끄러지다	似る	닮다
育てる	기르다	脱ぐ	벗다
耐える、我慢する	참다	盗む	훔치다
倒れる	쓰러지다	濡れる	젖다
出す	꺼내다	登る	오르다 / 등반하다
助ける、手伝う	돕다	始める	시작하다
建てる	짓다	払う	지불하다
頼む	부탁하다	貼る	붙이다
注文する	주문하다	引く	당기다
到着する	도착하다	引っ越す	이사하다
つける［電気を］	켜다	拾う	줍다
伝える	전하다	吹く	불다
続ける	계속하다	復習する	복습하다
包む、包装する	포장하다	ぶつかる	부딪히다
連れて行く	데려가다	踏む	밟다
閉じる［目を］	감다	ほめる	칭찬하다
配達する	배달하다	負ける	지다
飛ぶ	날다	間違える	실수하다
泊まる	묵다	磨く、拭く	닦다
直す	고치다	道に迷う	길을 잃다
なくす	잃다	見る［夢を］	꿈 (을) 꾸다
なくなる	사라지다	迎える	맞이하다
亡くなる	죽다	目が覚める	깨다

メモする	메모하다	厳しい	힘들다
戻る	되돌아가다	急だ、差し迫っている	급하다
もらう	받다	暗い	어둡다
焼く	굽다	苦しい	괴롭다
役に立つ	유용하다	混んでいる	복잡하다
やめる	멈추다	十分だ	충분하다
やめる、中止する	그만두다	涼しい	시원하다
用意する／準備する	준비하다	素晴らしい	훌륭하다／놀랍다
予習する	예습하다	狭い	좁다
予約する	예약하다	面白くない、つまらない	재미없다
寄る、立ち寄る	들르다	強い	강하다
理解する、聞き取る	이해하다／알아듣다	丁寧な	정중한
沸かす	끓이다	適当だ	적당하다
沸く、煮える	끓다	特別だ	특별하다
分ける	나누다	必要だ	필요하다
忘れる	잊다	ひどい	끔찍하다
渡る	건너다	広い	넓다
		深い	깊다

形容詞

あいまいだ	애매하다	不便だ	불편하다
浅い	얕다	変だ、おかしい	이상하다
いろいろな	다양한	貧しい	가난하다
美しい	아름답다	珍しい	특이하다
うるさい	시끄럽다	面倒だ、煩わしい	귀찮다
硬い	딱딱하다	柔らかい	부드럽다
危険だ	위험하다	弱い	약하다
汚い	더럽다	楽だ	편하다

若い	젊다	規則、ルール	규칙

副詞

一生懸命	열심히	経験	경험
必ず	반드시	原因	원인
急に	갑자기	事故	사고
自由に	자유롭게	仕事、用事	일
全然〜ない	전혀 〜 없다	辞典	사전
そんなに〜ない	그렇게 〜 없다	戦争	전쟁
だいたい	대체로	平和	평화
たっぷり、ゆったり	듬뿍, 느긋하게	方法	방법
できるだけ〜	가능한 한 〜	ミス	실수
特に	특히	夢	꿈
はっきり	명확하게	理由	이유
早めに	일찍	音	소리
まれに	드물게	火、明かり	불
自ら、すすんで	스스로		
もうすぐ	곧		
もちろん	물론		
最も	가장		
やっと	마침내		
やはり	역시		

名詞

安全	안전
受付	접수
うそ	거짓말
火事	화재

●日本語版監修者

佐々木 正徳（ささき まさのり）

北海道生まれ。立教大学外国語教育研究センター教授。北海道大学文学部卒業、九州大学大学院人間環境学府博士後期課程修了。博士（教育学）。九州大学大学院人間環境学研究院助教、長崎外国語大学外国語学部教授を経て、2020年より現職。地域文化研究に長年携わってきた経験をもとに、複言語・複文化主義の観点から韓国語教育に取り組んでいる。

朴永奎（パク・ヨンキュウ）

韓国生まれ。長崎外国語大学外国語学部教授。九州大学大学院人間環境学府博士後期課程修了。博士（教育学）。熊本学園大学外国語学部特任教授を経て、2020年より現職。韓国を主な研究領域として1945年以前の植民地における教員養成や学校行事など、1945年以降の韓国の教育理念などの研究に取り組みながら、韓国語教育に携わっている。

〈日本語版制作〉

本文DTP　　　　平田文普
カバーデザイン　花本浩一
編集協力　　　　河井佳　宋貴淑

原著作　Learn and Use Immediately Visang Korean Beginner2（Visang Education Inc.）

ご意見・ご感想は下記のURLまでお寄せください。
https://www.jresearch.co.jp/contact/

STEP☆UP 韓国語初級2

令和6年（2024年）1月10日　初版第1刷発行

原著者　　　　　キム・ミスク
日本語版監修者　佐々木正徳　朴永奎
発行人　　　　　福田富与
発行所　　　　　有限会社Jリサーチ出版
　　　　　　　　〒166-0002　東京都杉並区高円寺北2-29-14-705
　　　　　　　　電　話 03(6808)8801(代)　FAX 03(5364)5310
　　　　　　　　編集部 03(6808)8806
　　　　　　　　https://www.jresearch.co.jp
印刷所　　　　　株式会社シナノ パブリッシング プレス

ISBN 978-4-86392-607-3

masterTOPIK
最も速く韓国語をマスターできます

専門講師による1,000本以上の授業ビデオとサービスをご提供します。

www.mastertopik.com 🔍

01　どこにもない専門的なビデオ授業

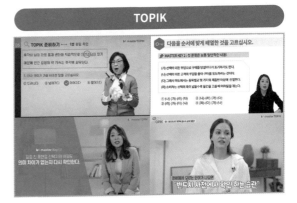

韓国語教授歴10年以上の講師陣が教えてくれる有用かつ面白い講義が揃えられています。
全レベルの韓国語統合課程を英語、日本語、韓国語でわかりやすく講義します。
TOPIKの目標級数に合格するための正解探しのTIP、そして効率よく早く勉強する方法までご紹介します。
いつでもどこでも、マスタートピックと一緒に韓国語力アップの目標を叶えてください!

02　いつでもどこでも、オンラインでTOPIK試験からAIスピークまで

映像を見るだけで終わりにしないでください! 学んだことをすぐに使わなければ韓国語力は伸びません。
最新の出題傾向を反映した模擬試験を通して実際の試験を受けるように練習をし、TOPIK受験に備えてください。
一人でも会話の練習ができます。AI SPEAKで文章を覚え、発音も学んでください。
そのほか、単語カード、講義ノート、ワークブックなどを無料でダウンロードして勉強することもできます。

今すぐ登録して2週間無料体験をお申し込みください!　🅼 masterTOPIK

ビサン 韓国語!
master TOPIKで効率的に勉強しましょう

テキストと同じ内容を以下の手順で学習すれば、韓国語がどんどん話せるように!

01 基礎学習

教材ベースの講座

・どのように勉強すればよいですか?
サイト内でコース名を検索してください。
"Korean, you use right after learning"
自分のレベルに合う講義をご覧ください。

・どんな勉強ができますか?
担当の講師がテキストに載っていないことについて
詳しい説明をします。
講義ノートも無料でダウンロードできます。

02 追加学習

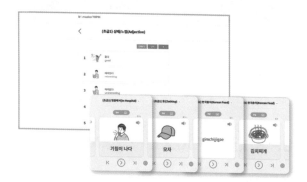

単語カード

・どのように勉強すればよいですか?
サイト内でVOCA CARDからカテゴリーを選んでください。

・どんな勉強ができますか?
実際によく使われる単語です。
カードにイラストがあり、付属の音声で発音も確認でき
るので、簡単に単語が覚えられます。

03 実践練習

AI SPEAK

・どのように勉強すればよいですか?
サイト内のAI SPEAKから本のカテゴリーを選んでください。

・どんな勉強ができますか?
単語、文、会話と体系的なスピーキング練習ができます。
自分の発音についてネイティブスピーカーと比べての
フィードバックも受けられます。ブラッシュアップしな
がら、韓国語でどんどん会話をしてみましょう!

youtube @MasterTOPIK

より多くの学習方法や講座の最新情報を入手したい場合は、YouTubeチャンネルにアクセスしてください。

master TOPIK